诉讼方法论

知识产权律师
执业思维与办案逻辑

袁真富 著

清华大学出版社
北京

内 容 简 介

本书从律师成长的角度，以务实可用的内容、生动有趣的细节、印象深刻的"金句"，阐述了知识产权律师的职业特质和职业素养，总结了律师营销的操作模式和客户体验的提升路径，介绍了律师执业必备的法律检索技能和诉讼须知的方案设计思路，以帮助青年律师迅速掌握入门要领，快速实现职业进阶。

同时，全面梳理了客户会见、收案立案、庭审准备、开庭审理、结案归档等各个办案环节的作业流程及经验教训，解读了其中蕴藏的执业思维和策略考量，以传承知识经验、改善工作效率、提升客户体验为目标，系统勾勒了知识产权律师的知识体系、技能体系和方法体系。

基于"小而精""小而细"的定位，以及"小而美""小而优"的视角，本书再现了律师实务操作的生动场景，致力于打造一本法科学生的实战教科书、一本青年律师的入门进阶书、一本资深律师的培训参考书、一本企业法务的诉讼指引书。

本书封面贴有清华大学出版社防伪标签，无标签者不得销售。
版权所有，侵权必究。举报：010-62782989，beiqinquan@tup.tsinghua.edu.cn。

图书在版编目(CIP)数据

诉讼方法论：知识产权律师执业思维与办案逻辑/袁真富著. —北京：清华大学出版社，2020.6（2023.2 重印）
 ISBN 978-7-302-55596-4

Ⅰ. ①诉… Ⅱ. ①袁… Ⅲ. ①知识产权—民事诉讼—研究—中国 Ⅳ. ①D923.404

中国版本图书馆 CIP 数据核字(2020)第 089929 号

责任编辑：李文彬
封面设计：傅瑞学
责任校对：刘玉霞
责任印制：丛怀宇

出版发行：清华大学出版社
　　　网　　址：http://www.tup.com.cn, http://www.wqbook.com
　　　地　　址：北京清华大学学研大厦 A 座　　邮　　编：100084
　　　社　总　机：010-83470000　　邮　　购：010-62786544
　　　投稿与读者服务：010-62776969, c-service@tup.tsinghua.edu.cn
　　　质量反馈：010-62772015, zhiliang@tup.tsinghua.edu.cn

印　装　者：三河市东方印刷有限公司
经　　　销：全国新华书店
开　　　本：170mm×240mm　　印　张：19.5　　字　数：390 千字
版　　　次：2020 年 8 月第 1 版　　印　次：2023 年 2 月第 6 次印刷
定　　　价：89.00 元

产品编号：087276-02

序一

办案虚实 实战经纬[*]

今年国庆长假期间,读真富送来的《诉讼方法论:知识产权律师执业思维与办案逻辑》书稿,引人入胜,手不释卷。之后掩卷沉思,感悟良多。作为一名从1992年兼职执业起至今已逾27年执业律师体验的知识产权老律师,读到此书中串珠成链的一系列律师办案技能时,那种时而仿佛似曾相识,时而又觉棋高一着的观感油然而生,益发希望先睹为快,学归所用;而作为一名从1984年起就从业知识产权教学与研究迄今已有35年的老教师,读到此书中提纲挈领之律师执业思维时,即时反应就是这书可作为面向高校知识产权专业学生之诉讼实务课程和相关知识产权专业实务讲座的优选教材之一,马上就想将该书引入我所指导的知识产权研究生的阅读参考书单。

有人说,迄今我国也许是世界上出版知识产权书籍数量最多的国家,既不乏大部头的知识产权研究专著,又颇多各类型的知识产权高校教材,更多见林林总总的知识产权普及书籍,但应用性强、系统性好、实务性高、操作性佳的知识产权应用书籍还为数不多。所以,当前我国不仅需要破石惊天、攻坚克难之知识产权理论研究的鸿篇巨制,不仅需要提纲挈领、引经据典之知识产权大学教材,更需要或者更缺少能征善战、真抓实干之知识产权应用的实操宝典。而这本着力凝聚了实务操作技能的《诉讼方法论:知识产权律师执业思维与办案逻辑》实在是一本读之趣味、品之易懂、读后能用、用之善战的知识产权诉讼实务方面的导航手册与技巧指南。

我与真富相识二十年来,在知识产权的教学与研究方面多有共知和常见共鸣,其中基本共识之一就是法律的真谛在于实践,知识产权的精髓在于应用。律师实务既是知识产权教学实践的上好平台,更是知识产权课题研究的重要源泉,相辅相

---

[*] 本序作者:陶鑫良教授系上海大学知识产权学院名誉院长,上海第四届"东方大律师",中国知识产权法学研究会副会长,中国知识产权研究会副理事长。

成，彼此交融，所以我们也都选择了"教师的一半是律师，学者的一半是行者"的知识产权专业进路。记得真富已相继在华诚、协力、万慧达等著名律师事务所兼职律师十多载，教学办案两相欢。而在上海大学法学院/知识产权学院，近年来真富一直给本科生讲授"知识产权诉讼实务"课程；2016年我从上海大学退休以后，原来由我承担的研究生课程"知识产权诉讼与仲裁"也归真富接手而更上了一层楼。而去年缘于和源于这门课程的、主要由我俩与春明教授、李红教授等一起完成的"基于知识产权重大问题的同步实战教学法——以'著名商标制度存废'教学过程为例"课题，也获得"上海市高等教育教学成果奖一等奖"。实践出真知，勤业结硕果，加上真富的强项之一又是勤于总结和善于提炼，所以本书应运而生。恰如真富自己所言：此书的写作成因正在于他"仰赖资料累积，灌注个人思考，结合教学实践，创新律师实务著作的结构和体例，总结诉讼实务的精要，梳理律师执业的精华。"

真富对这本书的定位是法科学生的实战教科书、青年律师的入门进阶书、资深律师的培训参考书、企业法务的诉讼指引书！期望春播一本好书，秋收万人进步，春种秋收，春华秋实，迎来一片好收成。

陶鑫良

2019年10月

序 二

授人以鱼不如授人以渔*

我与真富相识多年,也深知他在知识产权前沿领域的研究与探索,当他提出最近有一本新书,需要给他作序,我感到诚惶诚恐。我所从事的主要是知识产权实务工作,偶有知识产权理论方面的问题还需经常向他和其他老师请教。真富以他招牌式淡淡的微笑告诉我,你不用担心,这本书是写实务的。当我拿到这本书的大纲时委实有点吃惊,也有点担心,吃惊的是这本书确实都是有关律师实务的,担心的是他作为兼职律师是否能够很好地把握这些问题。带着这样的担忧和期待,我在国庆长假期间等来了真富书稿的快递。应该说我是一口气把它读完的。

读完这本书,我陷入了深深的思考,应该说这本书里讲的很多知识,很多律师都知道,但就是没有把它们表达出来,更没有把它们整理出来并系统化,我觉得这主要有几方面的原因:一是惰性,与业务无关的整理,只有少部分律师会去做;二是这属于自己领悟的知识,从某种程度上讲属于商业秘密,不可以示人,更不会成书;三是缺乏体系化思考的时间与能力。我觉得这本书把知识产权律师想讲而没有讲的内容都说出来了,具有很强的实用性。这本书的可贵之处正如标题所言,在于方法论,授人以鱼不如授人以渔,阅读全书有如一个资深知识产权律师手把手教你如何入门,内容虽然比较多,但经过真富的精心梳理,简洁易懂。

本书分为上下两编,上编为律师的执业基础,主要是介绍行业的基本状况和入行所需的基本技能;下编属于进阶篇,讲述了律师从收案到结案全过程所需要掌握的技能,非常实用。很多章节很容易引起共鸣,比如第 2 章讲到了如何营销,这个问题非常有意义,随着律师人数的不断攀升,行业内的"二八现象"在知识产权领域也不能幸免,但好在律师是一个结构更新、知识更新很快的行业,只要你肯努力,掌握了制胜的法门,就可以在竞争中脱颖而出。但是如何做好市场拓展呢,回想起

---

* 本序作者:游闽键律师系上海市协力律师事务所创始人,历任协力律师事务所主任,管理委员会主席,上海首届律师辩论赛最佳辩手,上海首届"东方大律师",全国优秀律师,全国劳动模范。

二十年前,我们讲客户拓展的时候大家都觉得很奇怪,因为那个时候律师少,法律服务业的市场化程度不高,律师基本上不需要市场拓展,即使有市场宣传也是简单直接的报纸广告。但是现在客户选择更加多元,不仅可以从互联网、公众号中获得律师信息,也可以通过知名评级机构的排名来获得信息,还可以通过大数据的胜诉率来获得律师执业能力的评价,这对于律师来说无疑是个极大的考验。如何能在激烈的竞争中赢得客户的关注与青睐,本书给出了几种行之有效的路径,其中有一种方法就是开会。开会可以分成参会和办会,办会的成本比较高,且要求有较强的组织能力,通常以事务所或者团队作为组织者更为合适;参会则适用于初级、中级的律师,我们俗称在行业内混个脸熟。这一点我很有体会,在一些研讨会中经常可以见到一些熟面孔,他们成长就很快,尤其是有准备地在会议中发言的,既可以赢得潜在客户的青睐,又可以赢得行业内的尊重。当然发言质量要有保证,否则就适得其反。再如,人工智能和大数据在律师行业的应用,使得现在的检索大大区别于传统的法律检索,现有工具的使用节约了我们大量的时间,但是也减少了年轻律师思考锻炼的机会。其实法律检索的方向、步骤、目的和最终报告的形成,是很看得出一个律师的执业功底的,好的律师在每一个案件中会给案件类型画像,会给法官画像,会给对方律师画像,这样的律师还愁案件会败诉吗?还愁没有案源吗?所以方法很重要。本书关于法律检索的方法很值得学习与借鉴。

律师业是现代服务业,客户是衣食父母,律师在接受当事人委托后,所做的所有工作就是为了维护当事人的合法权益,但是维护当事人的合法权益未必能让当事人感到满意,所以就会产生误解,就需要在沟通中去管理客户的预期,进而获得客户的满意与信任。和客户沟通是一个非常难的工作,面对不同的客户可能需要不同的沟通方式,本书专章讲了客户体验,书中总结出与客户交往的六大原则,每一项原则都值得大家去细细品味。

关于收案与结案,本书笔墨不少,其中尤其值得一提的是诉讼可视化,这是近几年提出来的新概念。其实这种方法很早就有,只是当时没有现在这么好的制图工具,没有这么好的再现条件,可视化的作用就是把纷繁复杂的关系简单化,让法官一目了然,在看完展示后,初步结论已经形成。这个可视化不能偏离事实,不能偏离法理,既要美观清晰,又要简洁明了。

本书中类似的亮点还有很多,真富主要从律师角度给出了不同维度的诉讼方法(对企业法务同样具有启发),这是一本难得的工具书,更是一部实用的知识产权律师操作手册。

如果你想成为一名优秀的知识产权律师,那就打开本书一睹为快吧!

游闽键

2019年国庆

目 录

上编 律师执业基础

第 1 章 入行须知 / 3

1.1 知识产权诉讼形势 / 4
    1.1.1 知识产权案件的增长趋势 / 4
    1.1.2 知识产权诉讼的赔偿趋势 / 5
    1.1.3 知识产权案件的区域特点 / 8
    1.1.4 知识产权诉讼的司法环境 / 9

1.2 知识产权律师行业 / 11
    1.2.1 知识产权服务的主要业态 / 11
    1.2.2 律师职业的优越性 / 13
    1.2.3 知识产权律师的吸引力 / 14

1.3 知识产权律师的基本功 / 16
    1.3.1 律师执业思维和素养 / 16
    1.3.2 律师执业的基础技能 / 21
    1.3.3 律师助理的好习惯 / 24

第 2 章 营销思维 / 30

2.1 律师也需要营销 / 31
    2.1.1 律师营销的痛点 / 31
    2.1.2 律师营销的目标 / 33
    2.1.3 精准营销与面上宣传 / 33

2.2 体面的营销方式 / 34
    2.2.1 选择适当的营销方式 / 34
    2.2.2 体面营销的特点 / 35
    2.2.3 拜访：捅破窗户纸 / 36

2.3 会议营销：渠道为王 / 37
    2.3.1 为什么是会议营销 / 37
    2.3.2 赞助什么会议 / 38
    2.3.3 举办一场成功的会议 / 38

2.3.4　打造一场优秀的演讲 / 41
　2.4　案例营销：会办案最重要 / 42
　　　2.4.1　打造"会办案的律师" / 42
　　　2.4.2　用第三方的信用背书 / 43
　2.5　内容营销：流量就是机会 / 43
　　　2.5.1　自媒体已经是基础设施 / 43
　　　2.5.2　做一个合格的"标题党" / 44
　　　2.5.3　"干货"才能脱颖而出 / 44
　　　2.5.4　好内容需要好时机 / 47
　　　2.5.5　小心版权成为绊脚石 / 47
　2.6　荣誉营销：用实力推广 / 47
　　　2.6.1　荣誉即广告商品 / 47
　　　2.6.2　荣誉也有马太效应 / 48
　2.7　口碑营销：从老客户做起 / 49
　　　2.7.1　老客户的口碑效应 / 49
　　　2.7.2　老客户要常联系 / 49
　　　2.7.3　老客户的新业务 / 51
　　　2.7.4　有意积累客户感言 / 51
　2.8　青年律师的"内部营销" / 52
　　　2.8.1　打造律师的个人品牌 / 52
　　　2.8.2　面向所内的"内部营销" / 53
　　　2.8.3　面向同行的"内部营销" / 54

第 3 章　客户体验 / 56

　3.1　与客户交往的基本原则 / 57
　　　3.1.1　合规原则 / 57
　　　3.1.2　书面原则 / 58
　　　3.1.3　同步原则 / 58
　　　3.1.4　对等原则 / 59
　　　3.1.5　中立原则 / 59
　　　3.1.6　保密原则 / 60
　3.2　改善客户体验的秘密 / 60
　　　3.2.1　客户为何抱怨律师 / 60
　　　3.2.2　客户如何管理律师 / 61
　　　3.2.3　从客户服务到客户体验 / 62
　　　3.2.4　打造难忘的峰值瞬间 / 65

3.3 提升客户体验的途径 / 67
 3.3.1 管理好客户预期 / 67
 3.3.2 提高共情能力 / 69
 3.3.3 及时响应客户需求 / 70
 3.3.4 可视化：让客户看见价值 / 71
 3.3.5 认真对待客户第一单 / 72
3.4 始终保持汇报习惯 / 73
 3.4.1 保持沟通的最佳方式 / 73
 3.4.2 向客户汇报的节点 / 74
 3.4.3 正确的汇报方式 / 76

第 4 章　法律检索 / 83

4.1 法律检索概述 / 84
 4.1.1 法律检索的应用 / 84
 4.1.2 法律检索：器、术、道 / 86
 4.1.3 法律研究 / 87
4.2 法条检索 / 89
 4.2.1 法条检索的操作 / 89
 4.2.2 法条检索的方法 / 92
4.3 案例研究 / 94
 4.3.1 案例研究的准备 / 94
 4.3.2 案例检索的基本方法 / 95
 4.3.3 案例筛选与比对 / 97
 4.3.4 类案研究的应用 / 99

第 5 章　方案设计 / 105

5.1 方案设计的内容 / 106
 5.1.1 方案设计概述 / 106
 5.1.2 是否诉讼的评估 / 108
 5.1.3 确认诉讼目标 / 112
 5.1.4 确认案由及诉讼请求 / 114
 5.1.5 发动诉讼的时机 / 115
 5.1.6 发动诉讼的事由 / 116
5.2 确定诉讼当事人 / 118
 5.2.1 审查当事人的适格性 / 118
 5.2.2 选择被告的考量因素 / 121

5.2.3　共同被告的考虑 / 124
5.3　确定案件管辖 / 127
　　5.3.1　知识产权案件管辖的依据 / 127
　　5.3.2　知识产权诉讼管辖的复杂性 / 130
　　5.3.3　知识产权案件管辖的抉择 / 134
5.4　确定侵权责任 / 137
　　5.4.1　如何主张侵权责任 / 137
　　5.4.2　如何提高侵权赔偿 / 139

下编　从收案到结案

第 6 章　客户会见 / 145

6.1　初次会面 / 146
　　6.1.1　会面前的客户审查 / 146
　　6.1.2　和客户预约会面 / 147
　　6.1.3　有备而去的会面 / 149
　　6.1.4　与客户面对面会谈 / 152
6.2　客户跟进 / 155
　　6.2.1　常规事项 / 155
　　6.2.2　初步建议 / 156
　　6.2.3　接受委托 / 158
6.3　如何报价 / 161
　　6.3.1　收费的主要模式 / 161
　　6.3.2　律师报价的考量 / 163
　　6.3.3　客户的支付能力 / 166
　　6.3.4　报价的谈判策略 / 168
　　6.3.5　报价的时机 / 169
　　6.3.6　报价方案的设计 / 171

第 7 章　立案准备 / 174

7.1　以立案为中心 / 175
　　7.1.1　立案重要在哪里 / 175
　　7.1.2　让立案更快速 / 176
7.2　证据收集 / 177
　　7.2.1　证据收集概述 / 177
　　7.2.2　客户证据指导 / 179

    7.2.3 保全证据公证 / 183
  7.3 证据整理 / 188
    7.3.1 证据排列 / 188
    7.3.2 证据审核 / 189
    7.3.3 证据目录 / 190
  7.4 诉状撰写 / 192
    7.4.1 起诉状的规范性要求 / 192
    7.4.2 诉讼请求的撰写 / 195
    7.4.3 事实与理由的撰写 / 199
  7.5 申请立案 / 201
    7.5.1 齐备立案的材料 / 201
    7.5.2 前往法院立案 / 202

第 8 章 庭审准备 / 205

  8.1 如何举证 / 206
    8.1.1 将举证进行到底 / 206
    8.1.2 举证的主要原则 / 210
    8.1.3 证据管理精细化 / 215
    8.1.4 赔偿主张 6 步法 / 216
  8.2 质证准备 / 219
    8.2.1 质证概述 / 219
    8.2.2 质证方法 / 221
    8.2.3 质证内容 / 224
    8.2.4 设问清单 / 226
  8.3 诉讼可视化 / 227
    8.3.1 可视化：一种诉讼思维 / 227
    8.3.2 诉讼可视化的方法论 / 230
    8.3.3 可视化图表的基本类型 / 233
    8.3.4 诉讼可视化的要求 / 233
  8.4 代理意见 / 235
    8.4.1 代理意见的提前准备 / 235
    8.4.2 代理意见的表达逻辑 / 237
    8.4.3 代理意见的内容要求 / 238
  8.5 庭审工具 / 240
    8.5.1 打造庭审工具箱 / 240
    8.5.2 《案情大事记》/ 242

8.5.3 庭审提纲：书面的模拟法庭 / 242

8.6 出庭准备 / 243
    8.6.1 需要实施的程序事项 / 243
    8.6.2 可以提交的文件 / 244
    8.6.3 疑难案件的专家论证 / 244

第 9 章 开庭前后 / 246

9.1 庭前安排 / 247
    9.1.1 庭审事务安排 / 247
    9.1.2 庭前汇报 / 249
    9.1.3 庭前联系 / 250
    9.1.4 前往法庭的准备 / 250

9.2 庭审环节 / 252
    9.2.1 庭审流程 / 252
    9.2.2 开庭陈述 / 254
    9.2.3 法庭调查 / 256
    9.2.4 法庭辩论 / 258
    9.2.5 最后陈述 / 260

9.3 庭上发言 / 261
    9.3.1 庭上表达的要求 / 261
    9.3.2 法官注意力争夺 / 264
    9.3.3 庭上发言的礼仪 / 266

9.4 庭审结束 / 268
    9.4.1 证据材料清点 / 268
    9.4.2 庭审笔录核对 / 268
    9.4.3 庭上记录整理 / 269

9.5 庭后工作 / 269
    9.5.1 庭审复盘 / 269
    9.5.2 庭后汇报 / 270
    9.5.3 代理词完善 / 271
    9.5.4 与法官保持联系 / 274

第 10 章 结案前后 / 276

10.1 调解之道 / 277
    10.1.1 诉讼调解的优势 / 277
    10.1.2 诉讼调解的达成 / 278

10.1.3 当事人参与原则 / 283
   10.2 一审判决 / 283
         10.2.1 判决收件 / 283
         10.2.2 汇报客户 / 284
         10.2.3 上诉决策 / 284
   10.3 结案工作 / 287
         10.3.1 结案的程序 / 287
         10.3.2 结案后的宣传 / 288
   10.4 案卷管理 / 289
         10.4.1 案卷整理 / 289
         10.4.2 案卷保管 / 290
         10.4.3 案卷移转 / 291
         10.4.4 案卷归档 / 291

后记： 小而精的定位　小而美的视角 / 292

上编
律师执业基础

第 1 章 入 行 须 知

关键词：诉讼形势　职业优势　执业思维　基础技能　工作习惯

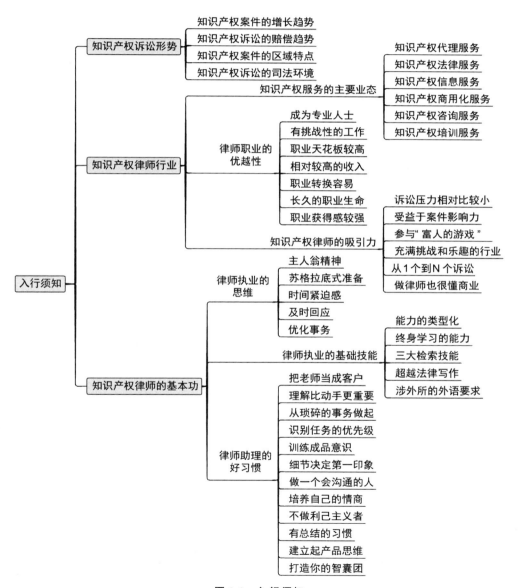

图 1-1　入行须知

1.1 知识产权诉讼形势

1.1.1 知识产权案件的增长趋势

2019年,全国法院共新收一审知识产权案件420 808件,其中民事案件占94.82%,达到399 031件,比2018年的民事案件数量上升40.79%。知识产权民事案件中涉及著作权的293 066件,商标权的65 224件,专利权的22 223件,其他类型的18 518件。此外,新收知识产权行政案件16 134件,知识产权刑事案件5 242件。

2019年,北京、上海、广州知识产权法院共受理一、二审案件38 542件,共结案39 835件,比2018年分别上升24.74%和54.78%。北京知识产权法院在2019年受理专利行政案件1 672件,同比增加10.22%;结案1 376件,同比增加36.64%。受理商标行政案件14 335件,同比增加19.72%,结案16 880件,同比增加67.34%。[①]

虽然我国每年知识产权案件总量相对而言并不多,但除在2013—2015年有过短期盘整外,每年的增长速度都非常快。统计数据显示,我国知识产权民事一审案件从2009年的3.06万件,大幅攀升至2019年的42.08万件(表1-1)。事实上,知识产权案件的急剧攀升有经济转型发展、法律意识增强等多方面的因素推动,但也与同期中国专利授权量、商标注册量的快速增长成正相关的关系(图1-1)。

表1-1 中国知识产权民事案件及知识产权拥有量

年份	当年新收知识产权民事一审案件(万件)	当年有效专利拥有量(万件)	当年有效商标注册量(万件)
2009	3.06	152.00	340.45
2010	4.29	221.61	460.40
2011	5.96	273.99	551.01
2012	8.74	350.85	640.00
2013	8.86	419.51	723.79
2014	9.55	464.25	839.00
2015	10.94	547.76	1 034.39
2016	13.65	628.52	1 237.64
2017	20.10	714.76	1 491.98
2018	28.34	838.06	1 804.89
2019	42.08	972.25	2 354.35

[①] 林广海:《2019年全国法院共新收一审知识产权案件420 808件》,中国知识产权杂志(公众号),2020年1月11日。

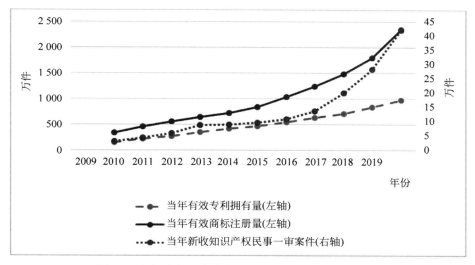

图 1-1　知识产权民事案件与知识产权拥有量的相关性

1.1.2　知识产权诉讼的赔偿趋势

2016 年,美国特拉华州联邦地区法院的陪审团(Federal Jury)裁定美国制药巨头吉利德科学公司(Gilead Sciences,Inc.)侵犯了另一家制药公司 Idenix Pharmaceuticals LLC 的专利,赔偿金额高达惊人的 25.4 亿美元,[1] 成为美国史上最高的专利侵权赔偿。[Idenix Pharmaceuticals LLC v. Gilead Sciences Inc.,14-846,U.S. District Court,District of Delaware(Wilmington)] 普华永道在 2014 年公布的美国专利诉讼研究报告中表明,1995—2013 年美国专利侵权判赔平均数额为 550 万美元。[2] 普华永道在 2016 年公布的美国专利诉讼研究报告显示,2015 年美国专利诉讼损害赔偿额的中位数是 1 020 万美元,达到了 10 年来的最高点。

没有对比,就没有伤害。从调查统计的情况来看,此前中国法院对知识产权侵权的判赔金额的确不容乐观。中南财经政法大学知识产权研究中心的研究表明,在 2008—2012 年这五年的专利权侵权案件中,采取"法定赔偿"的平均赔偿额只有 8 万元,通常只占到起诉人诉求额的 1/3 甚至更低。[3]

---

[1] Jeff Montgomery:"Idenix Wins $2.5B Verdict In Gilead Hep C Drug Patent Fight",Law360:http://www. law360. com/ip/articles/873098/breaking-idenix-wins-2-5b-verdict-in-gilead-hep-c-drug-patent-fight? nl_pk=7602ee70-a639-490f-81f5-3b6bcbbd4968&utm_source=newsletter&utm_medium=email&utm_campaign=ip(2017 年 4 月最后访问)。

[2] 公为良:《中美知识产权侵权赔偿对比》,来源:IPRDAILY(公众号),2016 年 12 月 24 日。

[3] 张维:《97%专利侵权案判决采取法定赔偿平均赔偿额只有 8 万元》,《法制日报》,2013-04-16。

中南大学法学院刘强教授等学者以 1993—2013 年我国法院受理的一、二审专利民事侵权诉讼案件为样本,共搜集到专利侵权案件判决书 1 674 份,分析结果显示:发明专利案件的平均判赔金额为 24.31 万元,实用新型专利案件的平均判赔金额为 12.36 万元,外观设计专利案件的平均判赔金额为 6.38 万元。① 如果去统计著作权侵权案件,平均判赔金额应该会更低。

但是,在我国近年来的司法实践中,高额判赔的案例越来越多,俯拾即是。

——2017 年 12 月,福建省高级人民法院经审理作出二审终审判决,法庭审理认为,三星违反了标准专利谈判中的 FRAND 原则,故意拖延谈判,三星和华为通信领域的标准专利实力相当,但其许可给华为的授权使用费是华为许可给三星的三倍。法院判决三星需支付华为 8 050 万元侵权赔偿额,同时,判决停产、停售共计 23 款三星手机。

——2018 年 3 月,苏州市中级人民法院认为由天象互动开发、爱奇艺运营的手游《花千骨》侵犯由蜗牛数字开发的《太极熊猫》的著作权,判决天象互动与爱奇艺赔偿蜗牛数字经济损失 3 000 万元人民币。

——2018 年 5 月,浙江省高级人民法院就浙江新和成股份有限公司诉福建省福抗药业股份有限公司、福建省海欣药业股份有限公司、俞科侵害技术秘密纠纷案作出二审终审判决,维持一审判令三被告连带赔偿原告 3 500 万元经济损失及 22 万元合理费用的判决结果,这是迄今为止判赔数额最高的侵害商业秘密案件。

——2018 年 7 月,广东省高级人民法院就广州医药集团有限公司诉广东加多宝饮料食品有限公司、浙江加多宝饮料有限公司、加多宝(中国)饮料有限公司等商标侵权纠纷案作出一审判决,判决前述被告赔偿广州医药集团有限公司经济损失及合理维权费用共计 14.4 亿元人民币。

——2018 年 8 月,山东省潍坊市中级人民法院就山东世纪阳光纸业诉浙江山鹰纸业有限公司等侵害发明专利权纠纷案作出一审判决,判决浙江山鹰纸业有限公司赔偿原告经济损失及合理开支共计 6 165 万元人民币。

——2018 年 12 月,山东省高级人民法院就山东广电网络有限公司诉中国联合网络通信有限公司山东省分公司、山东海看网络科技有限公司不正当竞争一案作出二审判决,支持广电网络公司主张的 5 000 万元损失赔偿请求。

——2018 年 12 月,广州知识产权法院就深圳来电科技有限公司诉深圳街电科技有限公司等侵害实用新型专利权纠纷案作出一审判决,判决深圳街电科技有限公司赔偿深圳来电科技有限公司经济损失(含合理费用)每案 1 500 万元,两案合计 3 000 万元。

——2019 年 6 月,南京市中级人民法院就小米科技公司、小米通讯公司诉中

---

① 刘强,沈立华,马德帅:《我国专利侵权损害赔偿数额实证研究》,南湖论坛会议论文,2015 年 4 月。

山奔腾公司等侵害商标权及不正当竞争纠纷案作出一审判决,认为被告中山奔腾公司的侵权行为具有明显恶意,情节极为恶劣,所造成的后果亦十分严重,应当适用惩罚性赔偿,故判决被告中山奔腾公司等赔偿原告经济损失5 000万元及合理开支41万余元。

——2019年12月,杭州市中级人民法院就杭州联安安防工程有限公司诉小米通讯技术有限公司、小米科技有限责任公司等侵害商标权纠纷一案作出一审判决,认定小米通讯公司、小米科技公司因使用他人已注册商标"米家",构成商标侵权,判决小米通讯公司赔偿给原告联安公司1 200万元,同时还需要承担原告的维权开支10万余元,小米科技公司应就680.38万元赔偿金额承担连带责任。

总体上看,无论是专利法、商标法等立法修改,还是最高人民法院(以下简称最高法院)新近一些知识产权司法政策的颁布,都在鼓励加大知识产权的保护力度,包括损害赔偿力度。虽然知识产权强保护不等于高赔偿,但仍然可以预期,我国未来的知识产权赔偿力度会进一步加强。

专栏:中国侵害专利权案件高额赔偿研究报告(摘录)

2019年6月,在"2019中知实务论坛——专利审判实务难点问题研讨会"上,由刘庆辉、陈志兴、陈君执笔完成的《中国侵害专利权案件高额赔偿研究报告(2016—2018年)》发布。该报告以知产宝数据库为统计数据来源,经检索发现,2016年1月至2018年12月期间作出高额赔偿裁判(指赔偿金额在100万元及100万元以上)的侵害专利权裁判文书共88篇,在知产宝收录的同一时期的36 144篇侵害专利权裁判文书总量中占比为0.24%。

在这88篇侵害专利权高额赔偿裁判文书中,最低判赔金额为100万元(是这里统计的高额赔偿金额下限),最高判赔金额为8 050万元,平均判赔金额为562.31万元,判赔金额的中位数为120.67万元。

综合比较2016年至2018年侵害专利权高额赔偿裁判文书的平均判赔金额、判赔中位数,尽管个别高额判赔金额裁判文书的出现导致平均判赔金额的增长不具有连续性,但判赔中位数一直连续增长,这表明2016年至2018年侵害专利权高额赔偿裁判文书的判赔金额在整体分布上处于连续增长趋势(表1-2)。

表1-2 历年侵害专利权高额赔偿裁判文书的平均判赔金额与判赔中位数

年度	平均判赔金额(万元)	判赔中位数(万元)
2016	407.44	102.8
2017	796.77	120.23
2018	504.86	200.3

在这88篇侵害专利权高额赔偿裁判文书中,判赔金额分布在100万元～300万元区间的有59篇,占比67.05%;分布在300万元～500万元区间的有12篇,占比13.64%;分布在500万元～1000万元区间的有9篇,占比10.22%;1000万元以上的有8篇,占比9.09%(表1-3)。

表1-3 侵害专利权高额赔偿裁判文书的判赔区间分布

区间(万元)	$100 \leq x < 300$	$300 \leq x < 500$	$500 \leq x < 1000$	$1000 \leq x$
裁判数量	59	12	9	8
占比	67.05%	13.64%	10.22%	9.09%

从各地法院作出的侵害专利权高额赔偿裁判文书数量来看,北京最多,有36篇;广东次之,有17篇;山东和江苏并列第三,有7篇;上海则位居第五,有5篇。作出侵害专利权高额赔偿裁判文书数量最多的五家审理法院依次为北京知识产权法院(20篇)、北京市高级人民法院(16篇)、广东省高级人民法院(9篇)、广州知识产权法院(5篇)、山东省高级人民法院(4篇)。

——摘自刘庆辉,陈志兴,陈君:《中国侵害专利权案件高额赔偿研究报告(2016—2018年)》,安杰律师事务所发布,2019年6月。

1.1.3 知识产权案件的区域特点

2016年,北京、上海、江苏、浙江、广东五省市法院收案数量一直保持高位运行态势,新收各类知识产权案件数合计107 011件,占全国法院知识产权案件总数的70.37%。2017年,北京、上海、江苏、浙江、广东五省市法院知识产权收案数量占全国法院知识产权案件总数的70.65%。由此可见,北京、长三角和珠三角是中国知识产权诉讼重镇,也表明知识产权案件具有强烈的区域集中分布特点。从这个角度来看,有志于从事知识产权业务的律师,更应当重点关注自己未来执业的区域选择。

知识产权案件集中在北京、长三角和珠三角等地,主要原因如下:

——知识产权与经济发展和科技发展水平密切相关。北京、长三角和珠三角经济发达,当地企业更重视知识产权。

——外资企业主要分布在北京、长三角和珠三角等沿海地区,而外资企业是高度重视并通过诉讼保护知识产权的先行者和推动者。

——北京、长三角和珠三角的法院拥有丰富的知识产权审判经验,具有很高的知识产权审判水平,而这又与当地知识产权诉讼发生早、案件多,以及企业重视知识产权、知识产权律师水平高等因素有关。

——知识产权律师目前大量集中在北京、长三角和珠三角,他们在考虑管辖法院时也会优先考虑这些区域。

1.1.4 知识产权诉讼的司法环境

近年来,我国不断加强审判改革创新,完善知识产权审判体系,一些标志性的事件如下:

——最高人民法院知识产权法庭挂牌成立

2018年10月26日,第十三届全国人大常委会第六次表决通过了最高人民法院提请审议的《关于专利等案件诉讼程序若干问题的决定》(以下简称《决定》),自2019年1月1日起施行。为实施《决定》,中央批准最高人民法院设立知识产权法庭(与现有的"知识产权审判庭"独立并列)。2019年伊始,最高人民法院知识产权法庭挂牌成立,作为最高人民法院派出的常设审判机构,统一审理全国范围内专利等技术性较强的民事和行政二审案件。

最高人民法院知识产权法庭挂牌成立将促进有关知识产权案件审理专门化、管辖集中化、程序集约化和人员专业化,有利于统一和规范裁判尺度,加大知识产权的保护力度,为建设知识产权强国和世界科技强国提供有力司法服务和保障。

北京、上海、广州成立知识产权法院

2014年8月31日,第十二届全国人大常委会第十次会议表决通过了《全国人大常委会关于在北京、上海、广州设立知识产权法院的决定》。2014年11月6日,中国第一家知识产权法院即北京知识产权法院正式挂牌成立,并于12月16日首次开庭;2014年12月16日,中国第二家知识产权法院即广州知识产权法院正式挂牌成立;2014年12月28日,中国第三家知识产权法院即上海知识产权法院挂牌成立。

地方法院设立跨区域管辖知识产权法庭

2017年1月4日,最高法院印发《最高人民法院关于同意南京市、苏州市、武汉市、成都市中级人民法院内设专门审判机构并跨区管辖部分知识产权案件的批复》(法〔2017〕2号),同意上述4市中级人民法院内设专门审判机构并跨区域管辖部分知识产权案件。从此以后,截至2019年5月,最高人民法院先后批复在南京、苏州、武汉、成都、杭州、宁波、合肥、福州、济南、青岛、深圳、天津、郑州、长沙、西安、南昌、长春、兰州、乌鲁木齐、海口20个市设立跨区域管辖的知识产权法庭,[①]集中优势审判资源,跨区域管辖专利等技术类案件。[②]

知识产权审判"三合一"全面推进

知识产权民事、行政和刑事案件审判"三合一"是指由知识产权审判庭统一审

---

① 除武汉和成都官方称呼为知识产权审判庭外,其他18家均为知识产权法庭。专门知识产权法庭是地方中级人民法院的内设机构,不是独立的法院。

② 目前,深圳、天津、兰州知识产权法庭严格上不存在跨区域管辖,只管辖本市范围内的知识产权案件。

理知识产权民事、行政和刑事案件。1996年,上海市浦东新区人民法院率先开展了知识产权审判"三合一"改革试点工作,为全国法院的知识产权审判提供了可复制、可推广的宝贵经验。20年后,知识产权审判"三合一"工作机制在全国渐次开花。2016年7月,最高法院印发了《最高人民法院关于在全国法院推进知识产权民事、行政和刑事案件审判"三合一"工作的意见》,标志着知识产权审判"三合一"工作在全国全面推开。

相继成立杭州、北京和广州互联网法院

2017年8月18日,全国首个互联网法院——杭州互联网法院挂牌成立。该院运用互联网技术,起诉、立案、送达、举证、开庭、裁判,每个环节全流程在线,在化解涉网纠纷、推动诉讼机制创新等方面都取得了显著成效。2018年,再度增设北京互联网法院、广州互联网法院,标志着我国互联网法院建设将进入一个新阶段。这三家互联网法院均受理互联网著作权权属、侵权纠纷,互联网域名权属、侵权及合同纠纷。①

链接:习近平总书记谈知识产权

1. 2019年11月5日,习近平在第二届中国国际进口博览会开幕式上发表主旨演讲时指出:为了更好运用知识的创造以造福人类,我们应该共同加强知识产权保护,而不是搞知识封锁,制造甚至扩大科技鸿沟。

2. 2019年4月26日,习近平在第二届"一带一路"国际合作高峰论坛开幕式上发表主旨演讲时指出:加强知识产权保护,不仅是维护内外资企业合法权益的需要,更是推进创新型国家建设、推动高质量发展的内在要求。中国将着力营造尊重知识价值的营商环境,全面完善知识产权保护法律体系,大力强化执法,加强对外国知识产权人合法权益的保护,杜绝强制技术转让,完善商业秘密保护,依法严厉打击知识产权侵权行为。

3. 2018年11月5日,习近平在首届中国国际进口博览会开幕式上发表主旨演讲时指出:中国将保护外资企业合法权益,坚决依法惩处侵犯外商合法权益特别是侵犯知识产权行为,提高知识产权审查质量和审查效率,引入惩罚性赔偿制度,显著提高违法成本。

4. 2018年4月10日,习近平在博鳌亚洲论坛2018年年会开幕式上发表主旨演讲时指出:加强知识产权保护。这是完善产权保护制度最重要的内容,也是提高中国经济竞争力最大的激励。对此,外资企业有要求,中国企业更有要求。

---

① 比如,北京和广州互联网法院的管辖范围就包括:(1)在互联网上首次发表作品的著作权或邻接权权属纠纷;(2)在互联网上侵害在线发表或传播作品的著作权或邻接权而产生的纠纷;(3)互联网域名权属、侵权及合同纠纷等。

5. 2017年10月18日，习近平在中共十九大报告中强调：倡导创新文化，强化知识产权创造、保护、运用。

6. 2017年7月17日，习近平主持召开中央财经领导小组第十六次会议时指出：产权保护特别是知识产权保护是塑造良好营商环境的重要方面。要完善知识产权保护相关法律法规，提高知识产权审查质量和审查效率。要加快新兴领域和业态知识产权保护制度建设。要加大知识产权侵权违法行为惩治力度，让侵权者付出沉重代价。要调动拥有知识产权的自然人和法人的积极性与主动性，提升产权意识，自觉运用法律武器依法维权。

1.2 知识产权律师行业

1.2.1 知识产权服务的主要业态

根据国家知识产权局、发展改革委、科技部、原农业部、商务部、原工商总局、原质检总局、版权局、林业局2012年印发的《关于加快培育和发展知识产权服务业的指导意见》，知识产权服务业的主要业态可以划分为6大类型：

——知识产权代理服务

主要从事专利、商标、著作权或集成电路布图设计等申请、注册、登记、异议、复审、无效等代理服务。典型服务机构：专利代理所、商标代理公司。

——知识产权法律服务

主要从事知识产权诉讼与非诉的法律服务，如打假维权、诉讼代理等。典型服务机构：律师事务所。

——知识产权信息服务

主要从事知识产权信息检索分析、数据加工、文献翻译、数据库建设、软件开发、系统集成等信息服务。典型服务机构：专利信息或数据库公司。

——知识产权商用化服务

主要从事知识产权评估、价值分析、交易、转化、质押、投融资、运营、托管等商用化服务。典型服务机构：知识产权评估机构、专利运营机构。

——知识产权咨询服务

主要从事知识产权战略咨询、政策咨询、管理咨询、实务咨询等服务。典型服务机构：知识产权管理咨询服务公司。

——知识产权培训服务

主要从事知识产权教育培训、技能研修、会议策划等服务。典型服务机构：会议举办商、培训机构。

链接：知识产权律师的优秀雇主

虽然目前律师事务所排名机构及榜单不少，但诸如著名法律评级机构钱伯斯（Chambers and Partners）等机构发布的各类榜单仍然不失为一种参考，能够挤进这些榜单的律师事务所或公司，可以认为是值得各位青年律师（包括知识产权律师）向往的优秀雇主。

2019年12月5日，钱伯斯发布了《2020亚太法律指南》（2020 Asia-Pacific Guide），在知识产权诉讼和非诉领域，中国大陆地区中资律所的排名情况如表1-4所示。

表1-4 钱伯斯中国大陆地区中资律所排名（知识产权）

知识产权：诉讼	知识产权：非诉
Band 1 方达律师事务所 金杜律师事务所 立方律师事务所	Band 1 中国贸促会专利商标事务所 中国专利代理有限公司 金杜律师事务所 柳沈律师事务所
Band 2 金诚同达律师事务所 君合律师事务所 联德律师事务所 万慧达知识产权 中伦律师事务所	Band 2 铸成律师事务所 康信知识产权代理有限公司 永新专利商标代理有限公司 集佳律师事务所 万慧达知识产权 中咨律师事务所
Band 3 安杰律师事务所 铸成律师事务所 协力律师事务所 华诚律师事务所	Band 3 北京三友知识产权代理有限公司 中原信达知识产权代理有限责任公司 上海专利商标事务所有限公司
Band 4 罗杰律师事务所 隆安律师事务所 集佳律师事务所 正见永申律师事务所	
受认可律所 锦天城律师事务所 环球律师事务所 浩天信和律师事务所 柳沈律师事务所 永新专利商标代理有限公司	受认可律所 中伦律师事务所

1.2.2 律师职业的优越性

成为专业人士

不同于多数从事公务或辅助性事务的职业,律师职业是拥有特定的专业技能,并以其专业技能作为生存发展的职业。律师职业需要不停地学习新的法律法规、判例,甚至行业新知,使得律师处于"终身学习"的状态,活到老也得学到老。

有挑战性的工作

律师总是面临新的问题,在不太成熟的、新兴的行业更是如此,新的案情、新的争议、新的裁判动态、新的理论视角,层出不穷。即使是一个司空见惯的法律问题,你也能从新的案件中找到新的兴趣点去琢磨。当然,由于时间紧迫,律师不可能悠闲地研究这些问题,因而忙碌又成为律师的烦恼。

职业天花板较高

很多行业的职业天花板,不仅是职业晋升受到极大的限制,甚至长期停滞不前,而且在经验获得上,只是重复学习已有的东西;在经济收入上,收入可预期难突破;在价值感受上,逐渐对工作价值缺乏认同,等等。但律师的工作如同创业,有无限的发展可能性。虽然初入行业的律师需要时间去熬,但一旦熬出来,有自己独立的业务,做到合伙人级别,有自己的团队,就会开辟出属于自己的天地。

相对较高的收入

律师在刚入行时,收入大多比不上公务员或大公司的法务助理,但是,律师的收入增长相对较快,特别是那些能力强的律师,职位和收入可以迅速提高,收入甚至可以爆炸式增长。这对于企业法务、法官、检察官、大学教师等这些在收入方面循序渐进的职业而言,是难以实现的。当然,律师职业也只能实现中产阶层的收入,最多能实现富人阶层的梦想,成为顶级富豪是不太可能的。

职业转换容易

律师不仅要求具有专业知识,更要面对客户开拓、业务谈判、证据调查、法庭辩论,甚至著书立说、发表演讲的工作,接触的领域相对广泛,从事的业务相对专业,历练的素质相对综合,因此,律师不仅换所方便,而且转行进入企业法务等行业也相对容易。反过来,企业法务要转行做律师相对不是那么容易。

长久的职业生命

律师和医生、会计一样是专业技术人士,这使得律师的职业生命非常漫长。只要愿意，律师工作到 70 岁，甚至 80 岁都不鲜见。特别资深的律师或合伙人，往往有自己的团队和比较自由的工作时间，以及较多的收入来源，往往不会在 60 岁就退出江湖。事实上，经验丰富、客户众多、知名度高的大律师在别人 60 岁退休时，往往还正处于事业发展的黄金时期。当然，也意味着选择律师职业可能"终身受累"。

职业获得感较强

虽然在中国，律师的职业地位不能和欧美相比，但仍然拥有相对较高的社会地位，往往是亲朋好友法律咨询的首选帮手。抛开社会地位不谈，律师在完成一个诉讼案子，并取得预期的效果，或者帮助客户解决棘手的问题后，往往也会有较强的职业获得感。

1.2.3 知识产权律师的吸引力

诉讼压力相对比较小

知识产权律师，特别是代表原告的律师，诉讼压力相对较小。一方面，在代理权利人时，权利人往往与被告（侵权人）实力不对称，即权利人实力相对较强，被告作为侵权人实力相对较弱。加之，在知识产权侵权诉讼中，多数情形下侵权与否较易识别，因此，代表权利人诉讼的胜诉率比较高，打官司的压力较小。

另一方面，大多数知识产权案件对公司经营还不能产生致命的影响。虽然有的知识产权诉讼标的很高，但毕竟只是少数，甚至是个别现象。因此，与房地产、金融案件或刑事案件不一样，知识产权诉讼一般不会弄得你死我活，对方为案件找关系的情形相对较少，加上知识产权法官队伍整体上素质比较高，这都减轻了知识产权律师的诉讼压力。

受益于案件影响力

青年律师的梦想自然是成为名律师、大律师，而名律师、大律师的衡量标准无外乎以下几种：一是做过大案子，案件的社会影响大、媒体曝光率高，案件上过最高人民法院公报或获得级别较高的十大案例之类的荣誉；二是拥有高收入，即使在社会上"默默无闻"（做非诉律师有此可能），也不妨谓之"大律师"；三是写得一手好文章，如果一个律师既没有做过特别有名的大案子，又没有做到收入不菲，财富自由，但也可能因为写得一手好文章，而成为"名律师"。

目前，做知识产权律师要获得高收入可能并不容易，但做大案子的概率较大，因为不少知识产权案件的社会影响都很大，比如苹果公司与深圳唯冠的"IPad"商标案，王老吉与加多宝长达数年的诉讼战等。很多知识产权案社会影响大、争议多、热点不断、难点较多，也极易催生不少点击量惊人的论文、评论或杂谈。因此，知识产权律师可以有很多机会受益于案件本身的影响力。

参与"富人的游戏"

业内有种说法：专利是富人的游戏。虽然 IBM、高通公司等业界巨头通过经营专利，获得了令人惊羡的经济收益，使得专利不再只是一纸尘封的证书，而是可以创造企业利润的商业宝藏。然而，在看到专利经营的财富回报时，也要看到专利经营的成本负担。20 世纪初的一项统计表明，财富 100 强的大公司在全球一些主要国家或地区，从获得一项发明专利到维持发明专利的 20 年有效期，要花费 25 万到 50 万美元。① 一家公司如果拥有成百上千件专利，其维护费用不难想象是十分惊人的。因此，专利被称为富人的游戏，在某种程度上似乎的确如此。

总体上看，重视知识产权的公司，且愿意主动投身知识产权诉讼战的，一般拥有以下一种或几种特质：企业规模通常较大、产品科技含量较高、企业外资背景较多、企业负责人学历较高，等等。相比于承接交通事故纠纷、家事纠纷、医疗纠纷等一般民事纠纷的律师，知识产权律师的客户在诉讼预算方面相对充足，在文化素质方面相对较高，简直就是"高富帅"或"白富美"。通常，知识产权律师在处理案件的过程中较少接触到人生艰苦、人情冷暖，这对保持积极的人生态度和良好的工作热情可能大有裨益。

充满挑战和乐趣的行业

在知识产权日益重要的今天，各个行业、各项产业都嵌入了知识产权的因子，商业创新、技术创新都离不开知识产权的考量，因此，知识产权的法律问题也随之不断产生，并变得日益复杂。新颖有趣的案件事实、源源不断的疑难问题、模糊不清的法律适用、层出不穷的理论解释，既让知识产权律师的工作充满专业上的挑战，也给知识产权律师带来探索未知的激情。

当然，这并不是说所有的知识产权诉讼案件都很有趣，有些批量商业维权类的案件（如批量的图片侵权诉讼）让主审法官都觉得无聊至极。不过在很多时候，知识产权与高新科技、娱乐产业、文化艺术、时尚元素密切关联，让案件不会那么枯燥，或许是案件事实，或许是案件背景，或许是案件争议，都有可能让你感受到乐趣。

从 1 个到 N 个诉讼

这不是假设：一名知识产权律师在接手一件知识产权侵权诉讼案件后，他可能陷入（或者他会将客户拖进）源源不断的诉讼旋涡之中，比如商标撤销注册案件、

---

① 陈筱玲，萧添益，简明德等：《科技导向企业的智慧资本制度》，2002 年培训科技背景跨领域高级人才计划海外培训成果发表会论文，http://iip.nccu.edu.tw/mmot/upload/file/5paper.pdf.

专利无效宣告案件、不正当竞争诉讼等。在某种程度上,这或许是知识产权律师的幸运,因为一旦客户卷进知识产权官司,基本上,律师会收获更多的案件代理机会。在知识产权领域,以诉讼对抗诉讼,从而达成某种目标,几乎是公开的秘密。当原告起诉被告时,被告可能反过来起诉原告,原告又可能开辟新的诉讼战场。无论是做原告的律师,还是做被告的律师,你都有很大的机会包揽这一连串的诉讼。

为什么面临原告的诉讼攻击,被告能够轻易找到反击原告的诉讼武器?一方面,被告可能早就储备了大量的知识产权武器(比如大量的专利),一旦受到原告的知识产权攻击,当然会全力反击,通过诉讼平衡,实现相互制约。另一方面,原告的知识产权可能存在各种瑕疵,比如,专利权利要求没有撰写好、商标注册后三年没有使用等,这给对方制造了釜底抽薪(无效专利或撤销商标)的机会。此外,原告在其他方面稍不注意,也会惹火上身。比如一些企业在发布声明时,经常超越维权界限,无端评论甚至攻击对方,招来不正当竞争的麻烦。无论如何,律师代理客户的案件,最终都有可能从1个发展到N个。从某种意义上讲,知识产权诉讼业务的客户还真是个"富矿"。

做律师也很懂商业

许多成功的企业,尤其是跨国公司早已意识到,知识产权并不只是一种单纯的法律权利,更是一种可以广泛运用的竞争工具和商业策略,可以成为增强企业技术能力、竞争能力和获利能力的法律筹码,因此,知识产权已经深度嵌入企业的商业模式和业务环节之中。在此背景之下,多数知识产权诉讼的庐山真面目,正如上海"东方大律师"陶鑫良教授所言:"法律背面是商业,案件背后是利益。醉翁之意不在酒,讼争本质是商战。"归根结底,知识产权诉讼就是一种竞争方式。

作为知识产权律师,长期和客户讨论的当然不只是纯粹的法律问题,同样包含知识产权案件所嵌入的商业和业务问题,甚至要为客户的市场行为和商业战略提供知识产权法律支持。虽然律师和企业客户打交道,必然也会了解和熟悉相关领域的商业思维,但知识产权与企业、商业的联系是如此紧密,在经年累月的互动之下,更能培养和促进知识产权律师的商业思维。

1.3 知识产权律师的基本功

1.3.1 律师执业思维和素养

律师执业思维

高度专业的律师执业思维是律师执业高度的基石。华滨律师在《跨越:律师执业思维·方法·规划》一书中,从主人翁精神、苏格拉底式准备、时间紧迫感、及时回应和优化事务五个方面,从理论和实践的角度专章阐述了如何形成国际律师的执业思维,[①]对于青年律师颇有启发,兹作摘录,以飨读者。

专栏：律师执业思维（摘录）

- 主人翁精神（ownership）

主人翁精神（ownership）是律师精英执业思维习惯的共性。可以毫不夸张地说,具备了主人翁精神,律师至少在专业意识上已经达到和优秀合伙人及跨国公司高级管理人员一致的水平。在律师工作中,主人翁精神的行为表现为:

(1) 穷尽其智慧和时间去完成其所能及的工作。

如果律师在每项工作上都能穷尽其智慧和时间,该律师一定会通过时间和业务量的积累而不断发掘、提升其执业潜能,创造出更多的服务价值,进而获得更高的报酬,以及为自己的职业生涯空间制造出更多精彩的机会。比如,撰写法律文件时,一遍又一遍地细致检查,总能通过修改错误或精简文字等方法进一步完善法律文件,最后在交付期限前达到令作者认为满意的程度。

主人翁精神的首要标准是我们是否准备交付完美的法律作品。如果没有完美主义导向,很难想象该律师的法律作品质量会很高。

(2) 不出现不合理地依赖其他同事或上级来加工、翻新或重新进行法律研究、分析或监督。

年轻律师应当视每项工作为提升自己的机会,独立并尽其所能完成被指派事项,节省合伙人的审阅时间,这样才能很快参与到更重要的工作。

——要有负责人的定位,想象自己就是直接面对客户的负责律师,自己独立承担工作成果的法律责任。

——要有最后成果的定位。把自己提交的工作成果视为最终成果,不要总是假定其上级律师会帮助其校对、检查和复核。只有如此,才不会草率行事,才会注重语句的清晰度、思路的逻辑性和版式的美观性,才会反复检查、修改、完善。

(3) 采取积极主动的工作态度和方式。

律师对自己处理的法律事务应当以积极主动的态度和方式去完成,而不是做完一阶段工作后就消极等待上级律师或其他团队成员提醒或督促。把事情做在前面会培养律师的全局观和统筹意识。达到积极主动的标准有:

——前瞻思考:律师在接到工作任务时,应尽量向其上级律师或客户了解律师工作成果的最终用途,并在思考法律建议的过程中充分考虑各种可能出现的情形并提出相应的应对措施。

——及时跟进:对于所有被指派的法律工作,律师都应当具备及时跟进的意识和行动,直到事情告一段落。律师怠于向客户汇报案情进展或怠于沟通,通常占

---

① 华滨:《跨越:律师执业思维·方法·规划》,法律出版社2015年版,第3~36页。

据了客户投诉类型的首位。

——进程把握：律师刚入行时应培养制定工作进程表的习惯，主动了解其经办具体工作所涉及的交易或诉讼从开始到最后完成的具体工作流程和所涉及的各种法律文件，并制作图表进行理解和消化。

——大局导向：年轻律师在完成自己的工作任务之外要多问或多主动承担更多的工作任务，在力所能及（工作小时强度和承受压力程度）范围尽量超越上级律师或客户的预期值，为自己创造更大的职业发展空间。

——正向推进：从积极解决问题的角度，以勇于克服困难的态度接受工作安排并推进工作进程，是律师高级的职场技能。比如，"这件事情虽然很棘手，但如果我们获得必要的支持会有助于解决这些棘手的问题"。积极的心态和工作方式会提高律师看问题的角度及拓展律师的宏观视野，也能培养律师从正面解决问题的能力。

（4）对其负责递交的工作成果承担全部责任。

年轻律师应当以未来成为项目主管律师及合伙人的心态从事每一件法律事务，为未来职业空间奠定坚实的基础。对工作责任承担程度的高低直接决定了一名律师成长的高度和空间。

——合伙人心态：负全责方式的培养要求律师时刻以合伙人的心态完成任务，并在自信和灵活中寻找解决问题方案。

——风险意识：律师应当意识到任何细小的疏忽都可能对客户财产或经济活动等产生重大风险。

——勤勉尽责：律师不勤勉易导致疏忽，疏忽易导致执业过错，执业过错易导致赔偿或行业惩罚（暂停执业直至停止执业）。

——独立担当：对法律作品的质量、准确性及后果愿意独立承担完全的责任，而不是找借口推脱。只有如此，律师才会小心翼翼做法律调查、分析，遣词造句并审慎得出答案。

- 苏格拉底式准备（Socratic preparation）

律师执业生涯，再怎么强调律师准备的重要性都不为过。律师对各项事务准备的重视程度也会直接决定律师的执业高度。国际顶级律师的共同特征在于对他们所经手的法律事务或非法律事务，都会做苏格拉底式的详尽准备，确保每项事务都尽量按计划或按预备方案进行，尽量将可能发生的意外控制在计划中。

比如，在庭审前，应当把交通路线图、所有文件、所有可能适用的法条、发言及提问提纲、庭审演练（开庭陈述、证据陈述及反驳、抗辩观点及理由、结案陈述等）等准备好。

- 时间紧迫感（sense of urgency）

时间紧迫感是全球顶级律师所的特定要求，它能养成律师高效率的习惯，让律师在高压中表现依然出色。执业时间长的律师可能会发现,其周围大部分合伙人或公司高级管理人员都对工作质量和交付速度很苛求(demanding)。

律师在刚接到工作指令时首要思考的内容是该事项的重要性和紧迫性,以及初步判断需要花多长时间递交合格的报告。律师在处理法律事务的过程中应及时向上级律师或客户沟通,保守并准确判断工作成果的递交时间。在收到没有期限的工作指令时,律师不能假定没有期限,而应假定工作是紧迫的,可以主动联系主管律师或客户,确定合理期限。

- 及时回应(responsiveness)

及时回应是律师在客户及法律界建立信任的基础。在收到邮件时,及时回应是对发件人的尊重,也是对法律职业的尊重。

在律师工作中,及时回应表现为:在工作时间保持所有通信工具畅通;及时并定期查看电子邮件或电话留言,尽快回复;时刻准备为紧急工作调整个人时间;尽可能在每个工作日休息前及周末合理的间隙时间回复完所有邮件或电话留言,回复留言可以包括"收到,我会处理"的简单回复,而不一定是回复已完成了被指派的工作。

- 优化事务(prioritizing/multi-tasking skills)

同时处理多项法律事务,是律师必须具备的能力。对多项法律事务根据紧急性、重要性、所花时间长短以及指派律师之间的沟通进行优化处理,对律师的成长很关键。律师执业初期的技能偏重战术性的优化事务能力,所有事情都要处理;而律师执业成熟期则更多考虑战略性的化事务能力,不仅要判断事情的重要性和必要性,而且还要作出战略取舍,把最多的资源放在最能体现律师价值的事务上。

——摘自华滨:《跨越:律师执业思维·方法·规划》,法律出版社2015年版,第3~36页。

律师执业素养

围绕会见、咨询、谈判和有说服力的事实分析这四大主题,斯蒂凡·克里格和理查德·诺伊曼撰写的《律师执业基本技能:会见、咨询服务、谈判、有说服力的事实分析》详细地讲解了律师几乎都要用到的四种技能,堪称一本律师执业技能研究的经典著作。[①] 按张学兵律师的说法,通览此书以后,将让你回归"明察秋毫之末后的大局观"。该书在"第2章 职业化"中重申了高效的律师应该懂得的一些执业素养。兹作摘录,以飨读者。

---

① [美]斯蒂凡·克里格,理查德·诺伊曼:《律师执业基本技能:会见、咨询服务、谈判、有说服力的事实分析》(第二版),中伦金通律师事务所译,法律出版社2006年版。

专栏：高效的律师懂得的一些东西（摘录）

- 律师能为某种局面提供的最重要的东西就是好的判断力

好的判断力是"法律职业的首要基础"。它是"律师能提供给客户最有价值的东西——比对法律知识或条文的熟练分析更有价值"。好的判断力促使我们"在正确的时间做正确的事"。好的判断力，是知道什么行动最有可能解决问题的能力。好的判断力亦是认识到何事不可为的能力，而不论这些事是何等的具有诱惑力。判断力是领会到该做什么和说什么的能力。

- 律师的工作就是尽可能地为客户找到控制情况的方法

客户往往在情况已经失控时才请律师，客户想从律师那里得到的是尽可能地控制事态的方法。律师仅仅懂得成文法和判例法是远远不够的，律师还要有提前计划的能力、驾驭事件的能力、果断（压力之下采取行动的能力）、沉着（压力之下反思各种选择的能力），以及解决问题的技巧。

- 高效的律师为实现具体目标而工作

高效的律师对各个具体目标胸有成竹，并集中精力实现这些目标。他们不会漫无目的地做手头上的任何文件。

- 法律执业的成功与否，取决于高效的工作习惯

在各个行业——法律是一个行业——只有高效的人才能在竞争中脱颖而出。高效率的律师业务蒸蒸日上，而低效率的律师辛苦工作但却收获寥寥。

- 充分的准备是必要的

"赶快做"是马马虎虎和危险的法律执业习惯。许多律师的执业任务就像冰山：旁人看到的（冰山一角，或律师工作看得见的那部分）是整个支持工作（冰山在海面下的部分，或准备工作）的一小部分。在律师执业中，准备和表现的比例很容易就达到15∶1或20∶1。

在准备工作中，丰富的资源比聪明才智更重要。极少有法律问题是通过前无古人的敏锐洞察力解决的。多数法律问题是通过学习有关内容，作出归纳，进而得出结论的。

- 事事围绕事实

法学院会误导你。你花费了大量时间学习法律和如何分析案例，以至于给你的感觉可能是，事实要点很简单。事实要点不简单，且非常重要。事实分析贯穿整个法律执业。

- 做假设会破坏出色的法律执业水平

当律师做假设时，自己和客户都可能受伤害，因为这些猜想最后往往被证明是错误的。由于客户是为重要的事才请律师，这种错误将会导致实质性的伤害。

当然，有时律师会平衡风险，并作出假设，因为只是小决定而已，而找出真相的

成本太大了。有时律师会做假设,因为真相不得而知。

• 要提高效率,律师必须懂得如何——以及在什么时候——采用询问式和说服式工作

说服式问题的典型答案是简短并且可能是防御性的。询问式问题的典型答案就长得多了,也包括更多信息。① 说服式和询问式在法律执业中各有千秋。成为一名高效的律师需要懂得恰当运用这两种模式。

律师在会见客户和咨询中做的大部分(但并非全部工作)通过询问式会做得最好。在这些场合及类似场合,由于许多律师采用强势的说服式问题,从而抑制了客户的自由回答。

• 数字很重要

律师所做的大量工作都涉及对金钱的再分配。在咨询过程中,你开列一个选项清单,供客户挑选。如果金钱是做出决定的一个重要部分,每一选项应能以金钱计量。没有数字,客户无法做出决定。

在大多数领域里,金钱通常都是焦点问题,一位高效的律师应当深知如何计算数字,并向他人提出和解释数字。

• 过于计较的律师风格(overlawyering)与敷衍了事的律师风格(underlawyering)一样有害

敷衍了事的律师工作起来马虎草率,心不在焉。过于计较的律师则事无巨细都爱挑起争论。

商务人士用"交易杀手"来形容过于计较的律师。"律师们并非真的想扼杀交易。他们只是想……确保每个细节都保持正确……他们想要比对方律师'略胜一筹';在这种竞技中,成为最后一个增加合同条款的人,会非常有面子。"这种情况实在是糟糕,以至于"有些商务人士……从不让自己的律师在没有监督的情况下单独与别人交谈——目的就是避免律师来回争论,把合同搞到十多页,把交易也搞砸了"。请将精力集中在实现客户的目标真正需要的事情上。把握好尺度——不多不少。

——摘自斯蒂凡·克里格,理查德·诺伊曼:《律师执业基本技能:会见、咨询服务、谈判、有说服力的事实分析》(第二版),中伦金通律师事务所译,法律出版社 2006 年版,第 7~14 页。(为行文方便,摘录时省略了原著中的注解)

1.3.2　律师执业的基础技能

能力的类型化

从事律师职业应当具备哪些基本素质?肖微律师列举了 11 项:专业、法律意

---

① "贵公司不是在广告上说这种轮胎可用于警车吗?"这是说服式问题。"广告上对在警车上使用这种轮胎是怎么说的?"这是询问式问题。

识强/有悟性、语言能力、综合知识、责任心、创造力、身体素质、记忆力、心态、社会经验、外在形象。① 这些能力固然很重要，但不是所有的能力都是可以通过专业培养或技能培训来实现的。我们可以把一个律师应当具备的能力划分为几个类别：

——天生型能力，比如：亲和力、悟性、微笑魅力、高颜值、演讲风格、社交能力等。当然，有的天生型能力可以通过后天努力部分改善或强化。

——经验型能力，比如：沟通与谈判能力、团队协作能力、客户管理能力、即兴口头表达能力等。这些能力需要时间的历练和经验的积累，当然，不同的人积累经验的时间有快有慢。

——智识型能力，比如：法律论证和研究的能力、分析解决法律问题的能力、法律文书的撰写能力等。这些能力可以"学校前期培养、实务后期提升"，当然，不排除这些能力的提升，与天资、经验等有密切关系。

有志于成为一名律师的朋友，首先，要通过在校学习和终身学习，持续提升智识型能力；其次，要通过实习和工作的积累，不断提升经验型能力；最后，可以适当改善或调整天生型能力。这里主要介绍一下律师应当具备的智识型能力，包括学习能力、检索能力、写作能力和外语能力等。

终身学习的能力

在这个知识爆炸、迭代迅速的时代，学习能力显得越发重要。对知识产权律师而言，新的法律法规不断发布，新的大案要案不断涌现，新的司法政策不断更新，新的侵权形态不断产生，自媒体发布的观点文章源源不断。如果律师稍不留意学习，就会落后于信息的潮流，甚至缺乏与同行、客户进行对话的知识基础。因此，终身学习对律师而言不是一句空洞的口号，而是一种切实的行动。

事实上，无论是对法律的了解，还是对案例的熟悉，都不能完全指望"临时抱佛脚"的即时检索，而必须依赖于终身学习的方式，比如通过专业报刊、新媒体等持续了解法律动态、积累典型案例。有的律师甚至将平时接触到的案例进行表格化整理，作为积累案例的好方法，方便随时调取，成为活的案例库。

经验：律师谈办案

一位上海的知识产权律师感叹：熟悉案例很重要啊，像昨天谈的这个案子里，没有法条可以直接支持被告的诉求，只有最高法院发布的一个指导案例适合援引。如果律师不知道这个案子，就无法给客户提供信心。如果客户已经知道这个案子，而律师你还不知道，那就不用谈价格，事儿（收案）基本就黄了。现在的客户都太专

---

① 君合律师事务所：《律师之道：新律师的必修课》（第2版），北京大学出版社2016年版，第21～28页。

业了。上次一个客户是带着外地的法官哥哥来谈案子的,昨天这个客户带着自己20年的律师朋友来谈案子。虽然这个法官和律师不是搞知识产权的,但人家这身份就会对你形成强大的专业压力。

(本内容由律师匿名提供)

三大检索技能

"法律研究"是很多知识产权律师的必备工作内容,其目的是为制作诉讼方案、进行诉讼活动提供法律和理论支持。而开展法律研究,首先离不开检索能力。法律(条文)检索、案例检索和文献(理论)检索,可谓律师(特别是律师助理)必备的三大检索技能。检索能力的强弱、检索结果的优劣对于律师有效完成、高效完成法律业务具有重要的影响。

超越法律写作

起诉状或答辩状、举证意见或质证意见、代理词或辩护词……写这些法律文书都需要律师拥有一定的法律写作能力。当然,律师需要写作的各类法律文书不胜枚举,幸运的是,很多常规的文书都有格式和模版可以"照搬"或模仿。但是,诸如代理词、法律意见等文书,却很考验律师的写作水平和逻辑表达等能力。

尤其令人沮丧的是,随着自媒体时代的到来,人人都可以成为作家、专家或记者,律师更是被推上了自媒体的舞台。现在,律师需要像记者一样撰写事务所的活动新闻或案例资讯,还需要像专家学者一样不断发表论文或评论,这对律师的写作能力提出了进一步的要求。

涉外所的外语要求

在北上广深等一线及强二线城市,外语能力(多数情形下主要是英语能力)也是律师的核心竞争力之一。随着中国的法律服务市场专业化分工越来越细化,有一些业务领域,包括知识产权、外商投资、海外投资、跨境并购、境外上市、国际贸易等业务领域,对外语听、写、说等方面的能力有很高的要求,甚至不亚于对法律专业能力的要求。通常,对外语要求较高的事务所主要包括以下情形:

——集中在北京和上海等地的外资律师事务所。外资所对外语的要求自不待言,因为外资所都是以外国客户、涉外业务为主,基本上所有的邮件往来、工作汇报和法律文书,包括与外国同事、外国客户的电话和会谈都是以外文(主要是英文)进行的。

——以外资企业为主要客户的中资律师事务所。越是高端的中资所,其外资客户也越多,多数情形下需要以英文与客户甚至同事沟通。

——开拓国际业务的本土律师事务所。越来越多的中国本土律所正与其中国客户一起,在从事和开拓国际业务,英文也成为重要的工作语言之一。

1.3.3　律师助理的好习惯

绝大多数律师都是从律师助理做起的,这是通往成功律师的必由之路。对于律师助理(或实习生)而言,作为老板的律师不会一开始就指望你在专业上给予他较多的协助,因此,考验律师助理的更多是专业之外的软实力。因此,对于青年律师的忠告是首先从律师助理开始。

将老师当成客户

一名律师会有很多客户,但对律师助理来说你唯一的客户就是你的带教老师(或者向其汇报工作的老板,下同)。以高度的责任心和严谨的工作态度来完成老师安排的工作,对你的老师来说是极大的帮助。此外,律师助理还应有一种主人翁意识,"先老师之忧而忧",替老师考虑还有哪些事项没有顾及,进而超安排完成。能超出老师的预期,必然也能超出客户的预期。[①]

因此,刚入职的律师助理,应当思考如何在极短的时间内让带教老师建立起对你的信任。带教老师刚开始会交代一些简单的事项,得到不错的反馈后,才会给你更复杂或更有难度的任务,这是一个阶梯式的信任建立过程。只有通过勤勉工作,不断积累起信任,律师助理才能更早地被大胆启用、放权使用、饱受重用。

理解比动手更重要

律师助理在接受任务之初不应急于动手工作,而应认真思考和理解本次任务的解决途径、目的、难点及重点,以及成果的表现效果。如果对老师的指令理解有偏差,到交付任务的时候才发现问题,不仅费时费神,还有可能耽误了老师或团队向客户提交成果的时间。

带教老师交给你任务时,也未必清楚应该做到什么程度,什么结果。这是考验助理"天赋"的时候,助理应该花点时间想一下工作的方向。比如,老师让你整理一下涉案系列商标的申请和核准等时间节点,显然,整理这些时间的目的是更清晰地向法官展示案情。如果你能结合案情制作一个可视性极强的时间轴,无疑会为你的助理工作加分。

从琐碎的事务做起

初入律师行业的律师助理由于实践经验较少,常被安排一些辅助性事务,比如送交文件、整理材料、查阅资料、所内行政类事务等。这些事务层级较低、繁杂琐

[①] 卢刚,施效梅:《致律师助理的信》,长江律所联盟,2017-04-28。

碎，甚至无关专业。不要埋怨整天深陷这些琐碎的事务，因为合伙人的时间比你的珍贵，等你的时间更值钱时，自然就会摆脱这些"杂务"。

其实，如果仔细做好每一项工作且注意学习，都可以累积经验，并成为被带教老师，甚至大老板认可的本钱。比如，律师助理跟老师开庭的时候，帮老师把开庭期间的矿泉水准备好，这些贴心的举动，带教老师自然会看在眼里，记在心里。

经验：实习生谈体会

在工作上，首先拿到一个案件之后，最需要做的就是法律检索工作。这一工作不仅仅是检索之后将文件打包发给律师就完事儿的，更需要的是成果的精细化。按照地域、罪名、法官、案由等关键词检索到相关资料后，最好能对资料进行分析整合，将整合过的成果发给律师，这一过程中，律师助理所进行的也就不再是简单的复制粘贴的机械化工作，而是加入了自己的分析与整理，无论是在成品展示还是学习过程上都会上升一个层次。

——时为上海政法学院刑事司法学院的大四本科学生李杰楠分享的实习体会。摘自：《如何做一名优秀的助理？》（分享篇），三海刑辩团队，2017-01-17。

识别任务的优先级

要事第一（put first thing first）——把最重要的事放在第一位，这是有效管理的重要原则。律师助理的工作任务不可能是单一的，往往是同一时间段多任务并存。公证保全、整理证据、查找案例、撰写文书、会务安排……还有更多难以穷尽的杂务。为确保不延误工作进度，一定要与老师沟通并确认任务的重要性及完成时限，从而安排好各项工作的优先次序，有计划地逐一完成。

很多时候，带教老师不会明确告诉你这个任务的最后期限，要自己学会根据任务本身的情况识别轻重缓急，评估该项任务的优先级，安排好任务完成时间，并及时汇报，避免等到老师追问时才临时赶工。天下武功，唯"快"不破，对助理而言，效率高同样是赢得老板青睐的法宝。

训练成品意识

以终为始（begin with the end in mind）也是律师应当养成的思维方式——做任何事情之前，先要想好追求的结果是什么，然后从最终的结果出发，反过来思考应该去做什么，怎样去做。站在以终为始的角度，律师助理尤其需要培养成品意识，以直接交付给客户的成品标准来要求自己提交的工作成果。成品意识不仅要体现在内容上，更要体现在形式上。比如，字体、间距等版式，以及发送工作成果的邮件标题及正文，都应当按照成品标准来要求。

毫无疑问，由于律师助理的业务能力和经验不够，其工作成果很难达到直接面向客户的水准，所以需要老师或者团队其他律师审查把关后才会交付客户。但在观念上，律师助理要从"Thinking like a lawyer"到"Working like a lawyer"，把自己当作主办律师，当作老板，放弃依赖之心，才能快速成长，并为带教老师节约大量的宝贵时间。

细节决定第一印象

律师助理刚入行的工作成果，带教老师一般不会寄予厚望，但一些低级错误是不能容忍的。比如，不断出现的错别字、语句不通、引用失效的法律条文、序号标错、行距不一等，这完全不符合律师职业的严谨性要求。成功的律师助理必须要重视细节处理，特别是初入职时，细节处理的习惯会给带教老师留下深刻的第一印象。反过来，长期忽略细节关注，带教老师也会逐渐对你失去信任。

做一个会汇报的人

对于律师助理而言，知道何时汇报工作、怎么汇报工作，是最为可贵的品质之一。汇报可以让带教老师知道你的工作进展，了解工作成果，便于信息共享、团队协同。同时，对于不明确的地方要及时与老师沟通汇报，也能确保最终成果不偏离任务主旨并达到预期的目标。会汇报就是会沟通、会反馈，不要让老师追着你问事情的进展。

经验：老师谈助理

问：在您接触的实习生或助理中，有印象深刻的吗？是什么让您对他/她做出较高的评价？

陈哲（德恒律师事务所律师）：实习生、助理或者低年级律师最重要的品质是什么？对老板来说最重要的是"件件有交代，事事有回应"。毕业以后进入工作岗位，都是从零开始。所谓简历中的学习能力强、性格开朗等，都不如有回应来得重要。"好的"谁都会说，但是反馈并非每个人都会做。带教老师交代的事情也许不着急，有可能会忘记，但是作为助理不能忘记。坐一部电梯从一楼到十九楼，为什么显示一楼、二楼、三楼等，这就是过程的重要性，让人不那么焦虑，让人知道这部电梯在运行。做事情也是一样，要让人知道这件事情你在关注，至于做得怎么样是另一个事情。反馈是最重要的品质，这决定以后未来的发展方向，其他所有的事情都可以学，但任何事情都不能石沉大海。（访谈人：尹佩霖、张扬，时间：2019-04-18）

王奎宇（百一知识产权执行合伙人）：我们会发现有些人的沟通能力很强，有很好的主观能动性和很强的反馈能力，这是我们喜欢的。为什么？就是做任何事情,都有一个闭环,闭环是什么?这件事情交给你以后,我不需要过多的过问,你会不断地给我反馈。当然,如果你反馈的东西一看有问题,我会告诉你。有的助理或实习生是比较被动的,交给他一个事情,虽然这个事情往往是不大的,但是他没有那么主动地反馈,你就需要跟着去问:这个事情怎么样了?那件事情怎么样了?做到什么程度了?我问一两次没问题。当我安排很多事情的时候,我要天天去问,那可能就不是你在辅助我做事情,而是我在辅助你做事情,这个角色就颠倒了,可能他自己还不知道。(访谈人:韩颖、李子昂,时间:2019-04-18)

慎理(华诚律师事务所律师):之前有过一个实习生,擅长思考,我当时让他做一份产品的技术分析,他不仅很好地完成了技术分析,还在技术分析的过程中进行了技术比对,以及如何应用这些技术特征来抗辩去取得一个比较好的诉讼效果。律师有一个基本要求,就是具有丰富的想象力和逻辑性,也就是说,从一个点出发,你可以迅速反映到各种可能出现的情况,这样才能有备无患,制定出最佳的诉讼策略。在这个方面,这个实习生做得还不错,不仅仅是完成了交代的工作,还愿意去多思考一点。(访谈人:王苏、胡婕,时间:2019-05-24)

培养自己的情商

做一个贴心的助理会更容易获得关注和欣赏,比如,发出邮件后,不忘发个微信提醒老板邮件已发过去了。此外,尊重同事,尤其是尊重带教老师,是应有之义,但内心的尊重必须通过某种形式表达出来。作为一名让人喜爱的律师助理,要积极主动,要眼中有"活"儿。比如,下班时间到了,你的老师还没有走,最好在下班离开前问一下老师,还有没有什么事需要协助,而不是悄悄地溜走了。再如,和老师一起在会客室接待,如果客户的茶水快喝完了,要主动去续水,不要让老师提醒。

不做利己主义者

人品是做人做事的第一位,要主动作为、勇于担当,不做选择性的工作,不当精致的利己主义者。不要小聪明,不打小算盘;不要试图与自己的老板去拼智商,老板毕竟阅历丰富,你的小聪明很快就会被识破。不要轻易抱怨任务太重,没有老板喜欢抱怨的助理,跳出自己的舒适区,接受现实的磨砺。

有总结经验的习惯

一些管理完善、业内领先的律师事务所会有很多经验分享的资料,如公证保全业务操作指南、工时描述指引等,提供给新人学习。在这信息爆炸的时代,律师助理应当培养学习前辈经验分享、总结亲身经验体会的好习惯,巩固已有知识,积累新的知识,建立自己有序的知识储备库,为做好专家型律师做好前期准备。记忆并不完全可靠,及时总结经验教训,也可以在将来为新人提供培训信息、分享经验,甚至撰写专业文章、办案指南打下基础。

建立起产品思维

这是一个不断涌现"活雷锋"的时代,很多人在网上输送了很多有价值的资料,包括文书范本、合同范本等,可以供律师助理参考使用。律师助理一方面可以借鉴网上提供的参考资料,另一方面更要结合自身工作的实践,以客户法律需求为导向,以法律服务产品为目标,建立可重复性使用的知识模块,特别是要收集和积累各种范本,勤动手、细分类,建设自己的法律文本库,为将来的客户服务和产品开发提供支持。

需要指出的是,网上的信息可谓浩如烟海,不要一不小心陷入"知识管理"或"档案管理"的陷阱,忙于资料检索、知识挖掘,忙于资料整理、分类保存,结果就像"只买书、不读书"一样,忘记了"初心"——应该不断学习,而不是不断"囤积"。

打造你的智囊团

如果身边有个"智囊团"帮你出谋划策,是不是更容易事半功倍,化险为夷?然而,初入律师职场的新人何以建立"智囊团"?事实上,"打造你的智囊团"并不是要你去组建或雇用一个团队,而是说,你要有一个"寻求帮助"的意识,并且能找到可提供帮助的人。西班牙著名作家塞万提斯就曾这么说:"重要的不在于你是谁生的,而在于你跟谁交朋友。""智囊团"的思路,能让你时刻保持敏感:我需要怎样的帮助?谁可以帮到我?我如何结交到这些朋友或老师?当然,这需要一定的人际交往能力。

哪些人可以成为你的"智囊团"?你的老师(特别是研究生导师)、学长、学弟、资深律师、业界专家、公司法务,甚至法官朋友等,都可以成为你的"智囊团"。当你有需要的话,可以找他们咨询或求助。当然,这种需求必须是合理、合规的,比如,你查了半天也没有弄明白某个法院的管辖范围,你可以向认识的法官一般性地咨询该院的管辖范围,然后评估客户的案子是否可以到该院立案,但你不能去向法官求助:"我这个案子,怎么才能立到你们法院?"

延伸阅读:

1. 最高人民法院:《中国法院知识产权司法保护状况》(白皮书),每年 4 月发布。

2. 肖微:《律师职业漫谈》,载《律师之道:新律师的必修课》(第二版),第 1 章,北京大学出版社 2016 年版。

3. 华滨:《跨越:律师执业思维·方法·规划》,第一篇第一章,法律出版社 2015 年版。

4. [美]斯蒂凡·克里格,理查德·诺伊曼:《律师执业基本技能:会见、咨询服务、谈判、有说服力的事实分析》(第二版),第2章,中伦金通律师事务所译,法律出版社2006年版。

5. 卢刚,施效梅:《致律师助理的信》,长江律所联盟,2017-04-28。

6. 冯清清:《新律师进阶之路:非诉业务的思维与方法》,第1~3章,中国法制出版社2019年版。

第 2 章 营 销 思 维

关键词：会议营销　案例营销　内容营销　口碑营销　内部营销

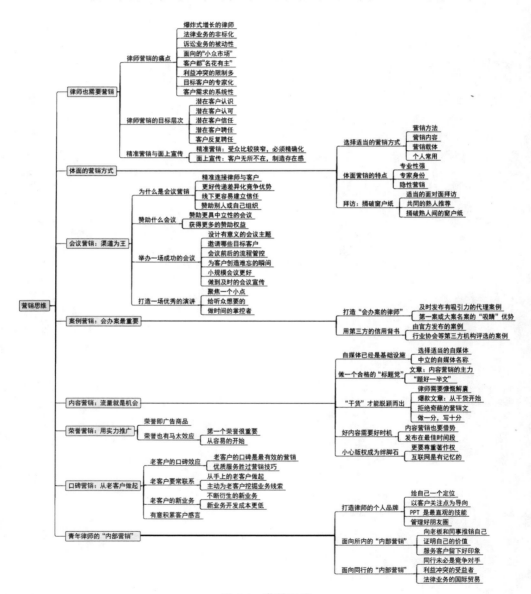

图 2-1　营销思维

2.1 律师也需要营销

2.1.1 律师营销的痛点

爆炸式增长的律师队伍

根据司法部发布的 2018 年度律师、基层法律服务工作统计分析情况,截至 2018 年年底,全国共有执业律师 42.3 万多人,比 2017 年年底增长了 14.8%。北京、广东两省(市)律师人数超过 3 万人;上海、江苏、浙江、山东、河南、四川六省(市)律师人数超过 2 万人。全国共有律师事务所 3 万多家,其中合伙所 2 万多家,国资所 1 100 多家,个人所 9 140 多家。上海律师行业的数据显示,从 1980 年至 2018 年,上海律师事务所的数量从 2 家增长至 1 605 家,完成了 800 余倍的增长;上海执业律师的数量从 15 名增长至 23 975 名,完成了近 1 600 倍的增长。律师行业呈爆炸式的高速成长,也意味着法律市场的竞争日趋激烈,因此,营销或者说法律市场营销,已经成为律师不可或缺的选择。对于青年律师而言,更是如此。

法律业务的非标化

虽然律师业务流程和法律文书可以尝试进行标准化作业,但法律业务特别是诉讼业务本身具有强烈的非标准化色彩。即使在知识产权领域,每个案件的案情也迥然不同,解决方法的法律争议和提供的诉讼方案也差异甚大。这使得规模化、常规化的法律市场营销成为不可能的任务,你很难找到一个可以广而告之的营销方案,来吸引和满足不同的潜在客户群体。营销方案的定制化和个性化,成为律师营销的特点。

诉讼业务的被动性

法律业务特别是诉讼业务,很多都是被动的,难以通过广告去培养消费需求。如果没有商标侵权行为,就不会有商标侵权诉讼产生。即使你的广告漫天飞舞也没有用,因为绝大多数看到广告的客户都没有购买法律服务的需求。更何况,诉讼业务的高风险性,以及背后纠结的利益,使得客户并不是简单地看广告选择律师,客户需要的是找到一个让他值得信任的律师。显而易见,报纸杂志、广播网络上的广告大多难以让客户建立起认同和信任,越是大客户,越是大案子,越是如此。

面向的"小众市场"

为什么法律市场的营销很少有像"小罐茶"那样狂轰滥炸地打广告?因为类似"小罐茶"的市场营销追求的都是大众市场,要尽可能地让更多的人了解产品,并为之埋单。但是,法律业务的专业性极强,在北京、上海等发达城市,律师的专业化分工更加明显，比如，万慧达律师事务所号称"只做知识产权业务"，而越来越多的客户也是按业务的专业性去匹配不同专业的律师。显然，面对这种专业化分工明确的法律市场，律师的营销活动不必也不能兼顾不同的客户群体，只能聚焦一个特定领域，甚至规模并不大的细分法律市场。这对营销活动如何定位以及如何策划个性化的内容提出了挑战。

客户都"名花有主"

除预算紧张外，或者只希望获得免费咨询的初创企业而言，很不幸的现实情况是，在目前已经达到充分竞争的法律市场上，大多数你接触到的有价值的客户都"名花有主"，他们通常都拥有相对固定的法律服务供应商，甚至不止一家。因此，如何通过律师营销，让你的客户作出改变，是一个值得挑战的任务，因为大多数客户往往会做出"惯性选择"，换律师、换律所往往意味着"有一定风险"。

利益冲突的限制多

如前所述，很多优质客户或者大客户都"名花有主"，已经被业内知名的律师所垄断或者建立了长期的合作关系。而对于新入行的律师，如果加盟了大所、名所，一方面，不可能挖自己事务所其他律师的客户；另一方面，还受到利益冲突的限制，连代理这些优质客户的对手都没有资格——通常一个律师事务所的不同律师也不能分别代理同一诉讼双方的当事人。大型律师事务所由于已经与很多的优质客户都建立了合作关系，因而留给本所新律师的可能大多只是一些连给那些优质客户当对手的资格都没有的其他客户了。在某种程度上，加盟大所的新律师也有烦恼。

目标客户的专家化

当律师打算通过一系列营销活动——无论是会议演讲还是内容营销，把自己打造成为业内的专家时，令人沮丧的是，你面对的目标客户恰恰都是"专家"。在知识产权领域，政府主管部门、行业协会和社会机构等主办方每年都提供了数不清的专业会议、讲座和培训班，而且大多数都是面向企业知识产权经理人的，也有越来越多的知识产权经理人走向演讲台。同时，大量的网络媒体和公众号不停地传播各种知识产权专业文章和案例——可能恰恰是律师有意撰写和传播的，打开了企业知识产权经理人的知识视野。总之，每天大量专业信息的输入，以及各种专业活动的举办，已经将你的目标客户塑造成了"专家"。这对从事线下会议营销和线上内容营销的律师而言，专业素质和知识储备面临着更大的挑战。

客户需求的系统性

随着中国企业知识产权水平的整体提升，客户的知识产权需求也发生了巨大的变化，已经从单纯的诉讼服务需求趋向于系统化、集成化的法律服务需求。很多时候，客户需要的不只是法律诉讼服务，还有与之相关的调查取证、商务谈判、行政执法等需求，诉讼可能只是客户整个知识产权战略中的一环，甚至都不是关键的一环。年轻的律师很难具有如此多方位、全面性的从业资历和专业经验，也就很难对接和满足客户系统性、集成化的需求，而留给律师了解客户真正需求的时间和机会又非常有限，因此，有的律师（特别是年轻律师）即使屡屡有接触客户的机会，也很难达成真正有效的委托。这对律师的经验能力、事务所的综合性等都提出了更高的挑战和要求。

2.1.2　律师营销的目标

"世界上有两件事最难：一是把自己的思想装进别人的脑袋里；二是把别人的钱装进自己的口袋里。"这句话实在太适合形容律师的工作了，前一"难"说的是律师如何说服法官，后一"难"说的是律师如何拉到客户和案源。要解决这一难题，律师就必须学会营销。

律师营销是一种有组织、有计划的宣传，以说服客户购买法律服务为目标。但营销并非一蹴而就的，建立客户的信任是一个渐进的过程。一般而言，可以将律师营销的目标分为五个层次：

——让潜在客户认识你：有效的市场营销能帮助律师获得关注，这也是最初级的目标。如果在潜在客户眼里寂寂无闻，显然难以推动业务的发展。

——让潜在客户认可你：让潜在客户相信你的业务能力和人格品质是建立信任的基础。

——让潜在客户信任你：让客户不仅相信你的业务能力，更相信把案子交给你是可靠的、放心的。对于知识产权律师这种复杂的专业服务提供者来说，信任才是最有价值的货币。

——让潜在客户聘任你：从信任走向聘任，还需要机会，甚至缘分。通过营销可以创造机会，缔结缘分。

——让客户反复聘任你：客户需求和信任并不是一成不变的，随着业务的发展，可能会产生新的法律需求，也可能因为律师的一个严重失误，而导致信任关系的疏离。所以，律师营销是一个长期而持续的工程，不存在一劳永逸的捷径。

2.1.3　精准营销与面上宣传

根据 BTI Consulting 的调查，"美国律所30强"都在逐渐加大在市场营销上的投入，尤其是加大了专门针对某些客户的市场营销"投资"。有些律所甚至会将 50%～60% 的预算都"押"在这类针对具体客户的市场活动上。[①]

律师营销的受众比较狭窄，因此，必须制定精准的营销策略，将有限的预算用

---

① 张逸群：《2018，法律市场营销出现了六大新趋势，你信吗？》，律所管理资讯，2018-01-23。

在有用的地方,比如邀请目标客户举办小范围的沙龙,进行有效的沟通和互动。有效的法律市场营销策略最好满足以下三个条件:①(1)传递的信息精准。精准的信息需要合适的内容＋合适的形式,这样才能引起潜在客户的共鸣。(2)传递的对象精准。他们已经意识到自己需要聘请律师了,而且他们有意愿、有能力支付你的律师费。(3)传递的时间精准。潜在客户刚好有法律需求,正在寻求解决方案。

但是,除了精准的营销活动外,不时刷一下存在感的宣传也是必要的。毕竟,你也很难定位潜在客户到底在哪里,何况再精准的营销策略也难以抵达所有的潜在客户。

因此,在潜在客户聚集的地方,仍然需要依靠市场营销策略去制造一种极强的"存在感",尤其网上的存在感。在市场营销材料和活动中"植入"精准的市场信息,也是持续宣传实力,并取得客户信任的重要路径。这也是为什么很多律师通过公众号、微信群和朋友圈传播案例报道、专业文章或荣誉获得等资讯的原因。即使没有点开文章正文,但让别人看到标题即已完成初步的营销目标——标题已经镶嵌了营销的关键词:律师姓名或事务所名称、专长的领域等。

2.2 体面的营销方式

2.2.1 选择适当的营销方式

看起来,能做法律营销的地方似乎很多。从营销方法上区分,有学术营销、活动营销、会议营销、网络营销、公益营销等;从营销内容上区分,有服务营销、产品营销、案例营销、荣誉营销等。从营销载体上看,从线下到线上丰富多彩,线下从广播到报刊图书,不一而足;线上营销更是不断延伸,电子邮件、电子杂志、竞价排名、线上广告、领英、微信公众号、微信朋友圈,甚至抖音营销等。

具体到律师个人而言,营销的方式也很多,比如:熟人营销,定期组织或参加法学院老同学的聚会,不同专业领域的同学或许会带来更广的案源;媒体营销,接受记者采访,让自己成为业内法律专家;内容营销,发表专业文章;案例营销,发布成功案例;论坛营销,发表主旨演讲。甚至眼光放长远些,以做公益的心态多去大学的法学院讲课或分享,这不仅有益于你的经验总结和业务改进,更可能会让你的听众成为你未来的客户。当然事务所营销或团队营销,与个人营销不可能泾渭分明,事实上,本书阐述的律师营销,也不仅仅是律师个人的营销,同样包括律师事务所的营销。

在为知识产权业务寻找最佳法律市场营销策略之前,可以先尝试回答以下几

---

① 张逸群:《如何制定一套完美的律所市场营销策略?掌握这三步就可以!》,LEGALSMART,2018-10-12。

个问题,从而为制定营销策略提供一些参考。

1. 你能为客户提供哪些知识产权法律服务?

是商标业务,还是专利业务?你精通娱乐行业的知识产权业务,还是能够为客户解决疑难复杂的案件?

2. 潜在客户(或目标客户)有哪些?

是外资企业,还是内资企业?是创业公司还是大型企业?这涉及你的客户定位。有的律师专注于外资企业,有的则精通和内资企业打交道。

3. 潜在客户的法律服务需求通常是如何产生的?

是常年有法律服务的预算安排,还是被诉后才会请律师?是不是通过确权业务产生民事法律服务需求?

4. 这些潜在客户在遇到知识产权问题的时候,一般如何寻找律师?

是网上查找律师,还是通过朋友介绍?还是通过会议或一些专业活动结识律师?或者是通过其合作律师转介绍?

如果你是一家定位于为中国内地客户提供澳门商标注册代理服务的机构,显然这些客户数量总体不多,且分散在全国各地,不成规模,最佳的营销策略显然是和内地的商标代理机构合作,因为这些客户的澳门商标注册需求多数是通过内地商标代理机构转介绍的。因此,你的客户恰恰不是注册商标的企业,而是内地的商标代理机构,尤其是规模较大的代理机构,双方没有利益冲突,只有合作双赢。这会决定你的营销策略更适合向聚集了大量内地代理机构的会议提供赞助。

2.2.2 体面营销的特点

毕竟法律服务,特别是知识产权服务,不是兜售小商品,所以必须体面地营销,以令人尊敬的方式出现在潜在客户的视野里。除极个别情况外,陌生拜访和陌生电话是最差的律师营销方式。虽然一些地方晚报上经常出现豆腐干大小的律所广告,主要面向的是家事服务,但很多事务所老板甚至认为,刊登报纸广告会自掉身价。

因此,除公众号、朋友圈这种不怎么额外花钱的营销方式外,下面四种营销方式最受知识产权律师青睐:会议营销、案例营销、内容营销,以及荣誉营销。这些律师营销的方式有着以下显著的共同点,从而让律师以一种比较体面的方式从事营销。

——**专业性强**

这些营销活动都是在展示律师的专业能力,无论是主旨演讲,还是发表文章。在法治越来越昌明的时代,律师吸引客户的首先是专业能力。

——专家身份

即使在营销活动上,律师也更愿意以业内专家的身份出现,而不是像小广告那样成为一个纯粹的推销员。特别是受邀专题授课或发表专题演讲,更是彰显律师专家身份的好方式。

——隐性营销

宣传自己的获奖情况或者发布专业分析文章,即是向客户展示专业能力和社会声誉,从而间接地、隐蔽地推广业务。比起那些毫不掩饰的显性营销,比如一页硬广告,隐性营销的商业气息没有那么浓郁,更符合律师特别是知识产权律师的形象定位。

2.2.3 拜访:捅破窗户纸

适当的面对面拜访

无论是会议营销、案例营销,还是内容营销、荣誉营销,营销活动总体上是面向多数人的,在获得客户关注、赢得认可,直至建立信任后,走向"聘任"可能还需要最后一步。此时,面上的营销还不足够,在和线下活动中认识的客户建立信任后,可以寻找机会面对面拜访,建立更紧密的私人关系。

面对面拜访虽然耗费时间,但让你有充裕的时间,并不受干扰地向目标客户尽情地"推销"你的专业优势和业务能力,并给客户留下难忘的印象。考虑到时间问题,作为律师每年安排的面对面拜访也必须是有限的,而且能够判定目标客户确实有业务需求,且和自己的专业服务相匹配。

共同的熟人推荐

对于目标客户来说,面对面拜访有可能被视为占用时间的"业务骚扰",因此拜访的前提是你和目标客户已经有了一定的信任基础,这种信任基础很可能是在多次线下活动中形成的。对于不太熟悉的客户,或者为提高拜访的成功率,最好请一名双方共同的熟人——自己的老客户或业内受到赏识的专家——引荐。

捅破熟人间的窗户纸

在有些情况下,律师和目标客户已经建立了良好的信任,甚至是较好的私人友谊。但是,客户源源不断的法律业务仍然流向了竞争对手那里。事实上,这需要律师主动捅破那层"窗户纸",不要含蓄地等待,适时地勇于索要案源,也许你就成功了,因为你的客户朋友可能喜欢维持现状,只有捅破窗户纸,才能给他逃离现状、做出改变的勇气。

2.3 会议营销：渠道为王

2.3.1 为什么是会议营销

精准连接律师与客户

渠道为王。在律师营销体系中，有效的渠道同样居于核心地位。律师有好的案例、好的资源、好的品牌、好的团队、好的服务，但如果没有渠道找到客户，传递给客户，就没有与客户交流的机会，也没有与客户成交业务的可能。

如果说律师是用优质的法律服务来为客户创造价值，而客户需要优秀的律师为其实现价值（解决问题、提供方案等），那么会议（包括培训，下同）就是连接律师与客户的有效渠道，是律师向客户传递价值的重要平台。会议作为线下活动的重要载体，与"无特定目标大规模轰炸"的线上营销相比，为律师更精准地创造了和现有客户、目标客户建立实际联系的机会。

更好传递差异化竞争优势

一个法律服务产品竞争力的真正来源，是这个产品中包含的垄断性资源。比如在诉讼业务中，对某个法院的裁判习惯特别熟悉，并且有非常好的胜诉率，那么这些经验就可以构成一项垄断性资源。再比如，对某种特定类型的诉讼特别有经验，也可以构成垄断性资源。[①] 会议演讲可以更好地向客户传递律师及事务所拥有的独特的垄断性资源，这样才能让客户印象深刻，记住你差异化的竞争优势。

线下更容易建立信任

信任是客户选择律师的基础。哈佛商学院教授弗朗西斯·弗雷（Frances Frei）认为，建立信任有三个关键要素，就是真实性、逻辑严谨性和同理心。如果你感觉到对方很真实，对方的逻辑很严谨，或者对方在用同理心和你沟通，你就更有可能会相信对方。

虽然不排除客户看到你的案例或文章慕名而来，但线下会议交流的真实性，更能让客户了解和认可律师的专业能力，以及更多影响交易的个性化因素。总之，经常见面肯定比经常看你的文章更能建立信任。不像单向的阅读，线下会议的交流更有互动性，也更能在这种互动中建立起友谊。

赞助别人或自己组织

对于知识产权业务营销而言，会议营销估计是最受青睐的首选方式。会议营

[①] 张健：《酒香也怕巷子深：四步搞定律师营销》，iCourt 法秀，2016-04-03。

销,顾名思义是通过会议这个平台实现与潜在客户的交往。如果从会议主办的角度来看,会议营销分为对他人主办会议的赞助,和自己主导的会议策划与组织。前者作为会议赞助者,通常是作为赞助商参与业内较有盛名或者规模较大的专业会议。后者作为会议组织者,通常是按照自己期望的目标去组织一场会议,往往是人数不多的小型沙龙,或者是更具个性化色彩的线下活动。

也有一些折中的情况,律师事务所可以拉上一些相对中立的机构,比如高校或行业协会一起主办会议。此时,律师事务所虽然是会议费用的主要提供人,但可能需要向其他主办方让渡一些权限,从而没有自己独立组织会议那么自由。

会议赞助也有一些变形的形式。比如,在长三角颇有声望的东方知识产权俱乐部(OIPC),在 2019 年拥有 5 家年度赞助商。这些赞助商虽然赞助的是 OIPC,但实质上赞助的是 OIPC 一年举办的大大小小的年度论坛、沙龙或茶座活动。

2.3.2 赞助什么会议

赞助更具中立性的会议

会议赞助其实是会议营销的非常重要的形式,会议赞助营销活动的成功取决于三个条件:第一是会议组织者的权威地位,第二是潜在客户对会议的关注程度,第三是会议发言的质量和水平。由于律师事务所作为会议主办方会有强烈的商业性色彩,从而让潜在客户望而却步,因此寻求通过第三方组织的会议来认识潜在客户,是一种相对平衡的选项。

获得更多的赞助权益

目前许多知识产权大型会议动辄数百人,甚至上千人,无论赞助一个广告位、布置一个展台,还是获得一个演讲席位,都是持续获得关注的方式。如果赞助金额足够大,你会获得更多的赞助权益。不过,在会议赞助中,演讲权益非常重要,因为律师的演讲能够更好地面向庞大的观众,展示专业能力、分享成功案例,以及发表专业见解,这对形象塑造和客户积累非常重要。因此,在专业能力还不过硬的时候,去发表专题演讲要谨慎,如果无法有效控场,效果可能适得其反。

2.3.3 举办一场成功的会议

设计有意义的会议主题

虽然商业色彩浓厚,但律师事务所仍然可以自己独立组织会议,这种方式可能更适合大型的律师事务所。当然最关键的是,会议主题必须有吸引力,发言嘉宾足够有号召力。

组织会议通常需要投入大量的人力和物力。必须事先仔细评估是什么类型、什么主题的会议，甚至在哪儿举办会议，对客户来说是有价值、有意义的，或者是有趣的。能够摆脱俗套当然最好。可以找一些关系较好的客户征询一下意见，如果在发布会议通知前就锁定了八九个客户参会，那你的会议举办就已经成功了一半。

邀请哪些目标客户

律师自己举办会议，显然不是为了成功地举办会议本身，而是为了成功地抓住客户，包括巩固老客户、挖掘新业务，也包括结识新朋友、争取新客户。从不同的角度看，客户可以分为很多种：常年顾问单位、老客户、潜在客户、重要客户、次重要客户、普通客户、新客户。不过，对于会议营销而言，把客户区分为有固定法律服务预算的客户和无固定法律服务预算的客户，可能更有意义。当然，通常设立有法务部门或知识产权部门的公司都或多或少会有购买法律服务的预算，只不过有没有专门的诉讼服务预算就很难讲了。

多数会议会采取散发通知接受开放式报名的方式。但如果有足够的目标客户基础，那么最佳的方式是定向邀请目标客户参会，或者以定向邀请为主，这样更容易与参会的客户进行交流。以下客户或潜在客户应当优先邀请：

——过去贡献业绩较大的老客户
——有固定诉讼服务预算的客户
——容易发生法律纠纷的客户
——诉讼预算与事务所收费匹配的客户
——法律需求与律师竞争优势匹配的潜在客户
——符合事务所定位的潜在客户（比如你的客户80%都是外资企业）
——对预算审批权限很大的法务负责人
——在业内有号召力的法务负责人（他可能会介绍其他客户）
——没有利益冲突的外资所同行
——有影响力的业内明星人物（这也会提高其他客户参会的欲望）
——其他基于会议特点而需要优先考虑的客户

会议前后的流程管控

站在参会人员的角度，整个会议流程有各种细节需要考虑（经常办会的律师可以制作一份《小型会议组织指南》）。比如，会议邀请至少包括两次沟通：一次充满仪式感的邀请和一次活动临近的友情提示。会议进行中，可以为与会的目标客户提供一些"干货"，比如知识产权法律汇编手册、最高法院公报案例汇编、研究报告等。例如，万慧达持续编纂并更新的法律汇编，很多业内人士都人手一册。会议结束后，可以跟进一份表示感谢的邮件，或者微信转发活动的新闻报道。

为客户创造难忘的瞬间

在《瞬间的力量》这本书当中，两位作者——奇普·希思（Chip Heath）和丹·希思（Dan Heath）讨论了"创造难忘的瞬间"对于提高客户体验的重要性，特别是那些带有强烈主观情绪色彩的瞬间，比如感动、震撼、惊喜、愉悦……

律所可以从线下会议活动的形式、主题、主讲嘉宾，甚至带走的礼品、发朋友圈的素材……大大小小，各方各面入手，试着在那些好不容易来参加活动的客户头脑当中尽可能多地创造一些"难忘的瞬间"。①

假设律所定向邀请一些客户，举办了一场20人左右的相对封闭的小型沙龙。如果提前根据参会确认名单，定制一个小礼品——个人专属的古典檀木质书签，上面刻有参会嘉宾的个人姓名，以及律所的LOGO和服务理念，比如"万慧达：专业创造可能，沟通成就品质"，相信一定会让人印象深刻。

小规模会议更好

会议赞助还有一些刷存在感的目的，因此很多律所认为会议规模越大可能投入越值得。但自己做主自己举办的会议，未必人越多越好，甚至恰恰相反。因为会议规模越小——比如控制在10~30人的范围，以下优势就越明显：

——高级别的律师或合伙人可以更好地照顾到每个客户。最好在会议之前拿到参会者名单，挑选出你最想先认识和深入交流的客户。

——小规模会议更能促进律师在茶歇时间与参会客户的深度交流。

——小规模会议可以给客户提供更好的"待遇"，比如小礼品或精心准备的惊喜，毕竟这样的支出也可以承受。

——小规模会议更方便举办方为参会的客户创造和实施难忘的瞬间。

不过，小规模会议组织起来并不容易，客户都很忙，万一很多客户都请假或缺席，又担心出现冷场的情形。特别是定向邀请的小规模会议，既要筛选目标客户，又要目标客户对会议主题亦有兴趣，难度不小。

会议宣传要及时

一场会议举办完，如果间隔了几天之后才发布新闻，它的关注度就必然会下降。毕竟已经是旧闻了，甚至连事务所内部的同事都不愿意转发。因此，让会议新闻报道"新鲜出炉"十分重要。

要做到这一点，其实非常容易，秘诀就是提前把新闻稿写好。新闻稿无非需要会议时间、地点、演讲嘉宾、参会人员，以及演讲（或发言）内容等信息。会议时间、地点、演讲嘉宾名单一般都会提前确定，参会人员名单（一般是写参会人员的单位或行业，不写参会人员的姓名）也会提前确定，如果演讲（发言）的课件已经提前获得，那么，完全可以提前两三天把新闻稿写好，在交付审核后，在公众号上提前编辑

---

① ［美］杰伊·哈林顿（Jay Harrington）著：《如何举办一场成功的线下律所活动？掌握这两个秘密你就成功了一半》，张逸群编译，LEGALSMART，2018-11-06。

好。如果演讲嘉宾(连同演讲内容)或参会人员有临时调整,可以在会议期间及时调整,然后在会议结束后,甚至会议结束前(一般要等到最后一名演讲嘉宾在发表演讲时)就可以发布新闻。

即使没有提前拿到演讲的课件,也可以在新闻稿中预留空间,现场根据演讲内容补充到新闻稿中。不过,需要提醒的是,由于会议临时出现调整的情况非常多,一定要及时根据情况进行调整,并在发布前确认一下,否则就会闹出笑话。比如,事前邀请的一名重磅级演讲嘉宾临时有事取消了演讲,如果新闻稿没有调整,仍然将他列在新闻里,不仅与事实不符,更可能产生异议,从而不得不删除已发布的新闻。

2.3.4 打造一场优秀的演讲

聚焦一个小点

很多时候,演讲的主题本身就决定了演讲的效果。比如,演讲主题是"论商标侵权赔偿",比较空洞而宽泛,不知道到底要讲商标侵权赔偿的什么知识点。假设换一个主题"提高商标侵权赔偿的 6 步法",可能对公司法务、律师同行更有吸引力。事实上,在精细化程度日益纵深的法律行业,聚焦在一两个小点上,讲深讲透,讲出故事,更有可能带来一场优秀的演讲。对"撒胡椒面"式的面上普及型主题演讲,已经到了说告别的时候。

给听众想要的

对于作为律师的演讲人而言,听众想要听什么?当然是执业的干货经验,是有用的案例故事,总之,是值得分享的内容,而不是教科书式的讲理论。用"精辟的金句"把干货总结出来,用"震撼的细节"把案例分享出来,更能满足听众的求知欲、好奇心,更能争夺听众的注意力和兴奋点。

当然,演讲角度的切入和演讲内容的组织很重要,多一些数据,多一些案例,更能引来一波听众的拍照声。再辅以精美的幻灯片展示,则又略胜一筹。不要小看了幻灯片的作用,在你没有足够强大的气场,没有挥洒自如的控场能力时,做得精致美观的幻灯片,完全可以弥补你的这个"短板",让你的演讲更有吸引力。

做时间的掌控者

会议议程通常都会设定主题演讲的时间长度。演讲者一定要注意时间的均衡分配,不要做了 20 页幻灯片,讲了 25 分钟才讲 3 页,结果最后 5 分钟讲了十几页,这样的演讲效果可想而知。同时,一般不要结束得太早,预留了 40 分钟演讲时间,结果讲了 20 分钟就结束了,这也是一个比较尴尬的局面,搞不好主持人还得临阵救场——增加评论、增加提问,打发你节约下来的时间。除非你是会议最后一个演讲人,并且前面已经拖堂太久,才可以见势不对,提前收尾。当然,演讲更不要拖堂,不要高估自己演讲的受欢迎程度,更要考虑到你后面可能还有其他人要发言。

2.4 案例营销:会办案最重要

2.4.1 打造"会办案的律师"

及时发布有吸引力的代理案例

案例营销是律师营销的"王道"。客户需要的是"会办案"的律师,而不是"会营销"的律师。所以,将自己代理的案例发布出来,是最好的营销方式。发布的这些案例可能是案件事实有趣,可能是争议焦点特别,可能是裁判要旨新颖,可能是法律程序独特,可能是赔偿数量较高,可能是法院态度转变,可能是最新前沿动态……总之,只要在某一方面具有吸引力,都应该及时发布。当然,即使案例平庸无奇、乏善可陈,也未必不可以发布,毕竟定期通过案例刷一下存在感也是必要的。

因此,律师经常喜欢"晒"一下自己那些胜诉的、取得高额赔偿的、认定驰名商标的案例,以展示最新战绩,这是用真实的案例向潜在客户展示自己靠谱的业务能力。特别值得公开的,应该将这些案例撰写成文,而不是在朋友圈转发一个判决全文链接,然后配上几句自我表扬的评论就行了。

不过,发布自己代理的案例,一般最好在案件审结之后,而且要评估客户的反应,甚至要直接征询客户的意见,避免发生客户事后要求删除案例资讯的窘况。

第一案或大案名案的"吸睛"优势

无论哪个法律领域,都有所谓的"第一案"或"首例",哪怕前面加了一串限定词,或者是故意缩小到一个很窄的范围,因为"第一"胜过"更好",从媒体营销的角度更有新闻轰动效应,在注意力日益分散的移动网络时代更能"吸睛"。在一些细分行业,代理第一案积累的经验更容易获得同业公司的信任,从而第二案、第三案……源源不断。

除第一案的先占优势外,代理大案名案,由于曝光度高,本身就是一种营销。所以,有的律师不惜低价承接大公司、明星公司的案件,希望做成一个"爆款",为将来业务宣传输送营销炮弹。这甚至导致代理一些明星、大公司的案子并不赚钱,这些公司正在利用律师的"出名"心理故意压低价格。

知识产权法律服务由于与新兴业态、最新科技、明星公司、品牌事件、娱乐行业等关系密切,因此,也最容易产生轰动一时的案件。比如,苹果公司与深圳唯冠的iPad商标转让之争,广药集团与加多宝公司的王老吉商标之争,几乎达到家喻户晓、尽人皆知的程度。但是,无论是代理了第一案还是代理了大案名案,律师都得有主动营销的意识,在合规合理的范围内主动"爆料",获得更多关注度。

2.4.2 用第三方的信用背书

在知识产权领域,以下参与代理的由官方发布的案例是必须广泛宣传的:
- 最高人民法院指导案例
- 最高人民法院公报案例
- 最高人民法院案例报告
- 最高人民法院十大知识产权案例
- 各地高等人民法院十大知识产权案例
- 专利复审委员会十大案件
- 各地知识产权局发布的知识产权案例
- 其他类似的由官方发布的知识产权案例

当然还有其他行业协会、媒体或第三方机构评选的案例,如:
- 优质品牌保护委员会(QBPC)年度十佳案件
- 中华商标协会优秀商标代理案例
- 中华全国律师协会知识产权专业委员会年度十佳知识产权典型案例
- 上海知识产权研究所"中国十大最具研究价值知识产权裁判案例"等

2.5 内容营销:流量就是机会

2.5.1 自媒体已经是基础设施

选择适当的自媒体

对于大多数律师而言,最具备实操性和可复制性的法律市场营销手段大概就是内容营销了,在自媒体时代,这是门槛较低的营销方式。自媒体的平台很多,包括新浪微博、微信公众号、搜狐号、百度百家号、今日头条号等。此外,还可以加上以前的官网。虽然自媒体平台很多,但绝大多数律师或律师事务所都不可能全面开花,否则投入分散,效果反而不好。在大多数情况下,"官网"尤其是官方公众号是律师市场营销的基础设施。

在自媒体时代,律师不仅是商人,还是文人。你会发现,很多熟悉的律师都在写文章,很多事务所也会给律师、律师助理,甚至实习生下达撰写文章的指标。官方公众号不时发布律师的文章,以及各种奖项、排名、活动等内容,再结合朋友圈(或微信群)的转发,不断地刺激和加深客户对律师专业能力的认可。在网上(目前更多的是在微信上)发布专业文章、最新案件、专业荣誉,并保持一定的频度,已是一些律师事务所的例行工作。

中立的自媒体名称

几乎每个律师事务所都已经或者正在考虑开设公众号,但现在才着手建设已经有些"为时已晚"了。所以,在下一波新媒体平台兴起时,记得看准机会先吃"螃蟹"。当然,有干货、有爆款的公众号依然可以脱颖而出。然而,即使有干货,也得取个好名称。设想一下,如果一家法律服务公司的官方公众号名称取名为"××公司"或"法务收藏家",哪个名称更容易吸引用户关注呢?

显然是"法务收藏家"!

如果你家孩子不在"××幼儿园"就读,你肯定不会关注名为"××幼儿园"的公众号。但你可能愿意关注一个提供"幼儿教育"内容的公众号,因为你正在寻求这方面的育儿知识。一样的道理,没有人(特别是陌生用户)愿意关注一家律师事务所的官方公众号,这和他有什么关系?因此,把律师或律师事务所的公众号名称取得更中立一点,从名称一看就是更有诚意提供内容的,而不是提供律所官方新闻的。

2.5.2 做一个合格的"标题党"

文章:内容营销的主力

专业文章就是内容营销的重要载体,它可以帮助律师在一个行业或者一个领域内建立权威性。应该多发布一些对你的目标客户真正有用的文章,包括热点问题透视、疑难案件分析、新法新规解读等,而不是一味地发布律师的各种新闻——这些新闻当然需要,但绝对不要成为主打内容。专业文章的发表不能限于事务所的官方公众号或网站,毕竟关注量过万的事务所公众号并不多,发布在行业内的媒体更容易引起关注。

"题好一半文"

回想一下,是什么让你点击了那篇公众号文章?

多半是因为标题!即使在内容为王的时代,仍然要遵循"题好一半文"的规则。想一个好的标题有可能要花大量时间。好标题要满足"覆盖人群大、突出关键词、多用疑问句"等原则,才能挑起读者的好奇心。当然,再好的标题也不能与内容脱离或者发生严重偏差,否则,换来大量阅读点击的同时,也必然引来一大片骂声,与营销的目标背道而驰。在新媒体时代,仍然要做一个合格的"标题党"。

2.5.3 "干货"才能脱颖而出

律师需要慷慨解囊

律师想当行业引领者,首先需要慷慨。这是一个信息爆炸的时代,如果想要在一个行业当中竖起"行业专家""行业引领者"的大旗,就势必要定期、频繁地和市场分享一些有干货的、有教育意义、具备一定启发性的文章或者内容。律师通过稳定的、慷慨的分享,让目标客户产生共鸣,总会获得一定回报,而且客户相信你背后还有一套专业的解决方案。真正的客户即使读了你慷慨分享的内容,也不会自己上手解决这些法律问题。分享这些内容,不必担心"教会徒弟,饿死师傅"。所以,越来越多的律师开始把压箱底的好东西,都拿出来分享了。①

当然,对于青年律师,经验并不那么丰富,可以从手头做过的案件点滴做起,逐渐积累,因为写自己经历过的东西比较熟悉,容易驾驭,而且有很多现成的内容可以使用。比如,你为这个案子检索的法律法规、以往判例和参考文献,已经成为你写作的积累。你为这个案子起草的代理词,里面有很多内容可以直接抽离出来成为你写作的内容。

爆款文章:从干货开始

如果一篇文章写成了爆款,点击量在 10 万以上,可以极大地推广律师的个人品牌。当然,在相对小众的知识产权领域,点击量上万已足以傲视群雄了。怎么写成爆款文章呢?

对于青年律师而言,专业积累和权威性并不够,因此,要想依靠专业分析文章来提高曝光度可能有些困难,不妨从整理"干货"内容开始。以下这些内容,都是企业法务和同行律师需要的"干货":

——法律整理类,如:史上最全知识产权管辖规定汇总,诉讼时效的 67 条规则;

——案例整理类,如:最高人民法院指导案例汇编,2018 年最高法院公报案例裁判要旨汇总;

——工具整理类,如:法律尽职调查查询工具总览,青年律师都用的笔记;

——案例研究类,如:中国平行进口商标侵权案例分析;

——数据分享类,如:2018 年度上海市知识产权案件大数据分析报告,北京知识产权法院司法保护数据分析报告;

——经验分享类,如:给律师助理的 12 个建议等。

拒绝奇葩的营销文

著名的刷屏文章《深夜,男同事问我睡了吗?》,实际上是网易有道翻译官的广告,但这类标题或文风适合律师行业吗?有人说,律师营销要"奇","跟着干"不如"对着干",内容营销可以出奇招、怪招,偶尔的逆向思维也许效果更佳。不过,知识产权律师接触的客户往往是收入和教育程度比较高的群体,相对也是比较理性的

---

① 张逸群:《拒绝"维持现状",10 大原则助你拓展业务》,iCourt 法秀,2019-01-24。

群体,那种虽然点击量不低但比较奇葩的爆文,还是不建议操作。

做一分,写十分?

俗话说,"做五分,说十分",意思是吹的总比做的好,律师写文章分享经验也会如此,这可以理解,毕竟写出来的东西要比实际操作的更接近理想状态。但是,近年来,一些律师大约是为了标榜自己的专业性,或者为了知识传播的体系性,在一些自媒体发表的专业文章,特别是执业方法、技能及经验分享的文章,已经开始脱离实际,为了体系化而体系化,变成了"做一分,写十分",成为"中看不中用"的绣花枕头,甚至有点"走火入魔"。略举几例,以为警醒:

——把执业方法过度理想化地操作

律师办案毕竟不是电视剧上的表演,过于理想化的操作恐怕不符合常理。比如,有律师撰文讨论"怎么谈案最有效",推荐的操作模式是,在首次会见客户洽谈案件时,团队分工配合,由一名律师快速梳理案情,通过某智能系统(不知是不是为了推销该款软件应用)当场构建出时间轴,当场形成事件分析图。这效率倒是很高,但不知道实践中形成的图表质量如何,是否敢于当场给客户展示?再说,向客户展示一张事件分析图有必要如此着急吗?——客户自己其实很了解事件的经过。

——把执业实践过度理论化设计

有的律师甚至比书房里的学者更擅长纯理论建构,完全脱离了律师对成本—收益的考虑,或者忽视了客户的认可度和承受力。比如,有律师撰文介绍"法律检索"的应用场景,似乎律师做一件案件要生成一大堆检索报告,接案时检索要生成《接案报告》、检索对方当事人情况要生成《对手分析报告》、检索主审法官情况要生成《法官分析报告》,诸如此类。如果不是客户特别要求并愿意付费,不知道要不要计算一下撰写这些报告的时间和成本?

——对律师执业过度艺术化地想象

有的文章介绍的所谓成功做法或经验,似乎是把律师执业过程当作"艺术创作"来对待,精益求精的"艺术效果"倒是很好,但该撰文的律师自己是否如此实际操作都令人怀疑。比如,有律师撰文讨论"法律检索"时,提出在结案时可借助案例检索对比突出办案效果,提升委托人满意程度。简言之,就是检索类案进行对比,形成分析报告,强调自己的办案效果最好,如代理原告针对相似的侵权行为获得了更多的赔偿。要知道,任何书面的分析报告都会耗时不菲,律师作为一个"出卖时间"的职业,有必要在结案后还花费大量时间做这项工作吗?——客户肯定不会付费让律师做一份表扬他自己的分析报告,除非客户自己需要这份报告向其上级邀功,但此时就不是所谓律师执业的成功经验,而是个别客户的任务交办了。

——对办案方法过度无意义地探索

探索更好的办案方法当然是值得鼓励的,不过,律师办案是以解决问题为目的有偿服务,不能完全沉浸在无意义的探索中。比如,有律师撰文介绍,以"法院+案由"为关键词,检索出某法院审理某类案件的审理期限和承办法官信息,并生成图表或报告,即可告诉客户"这一类案件一般审理期限在 31～90 天,我们这个案件预计要花 61 天左右"以及"我们这个案件可能由甲、乙、丙、丁、戊、己、庚、辛这几位法官审理"。作者认为,在客户委托阶段就能解答客户日常询问的两大问题(案件要审理多久、案件可能由谁审理),可以极大提升客户体验。不过,这类宏观统计意义上的数据分析,对于特定的个案判断有多大的法律意义?或者说这些不确定性很大的结论,有必要调动法律检索的资源去获取吗?

2.5.4　好内容需要好时机

趁热打铁,不失为最好的时机。比如,2018 年 12 月山东省高级人民法院就山东广电网络有限公司诉中国联合网络通信有限公司山东省分公司等不正当竞争纠纷案作出 5 000 万元赔偿判决后,该案因诉讼案由和赔偿数额而颇受业内关注,如果乘机推出一组案例研究,把近年来因擅自通过互联网直播他人电视信号而发生争议的判决梳理出来,稍作点评,即可达到很好的关注度,此即借势营销。

从发布时间来看,通过观察微信公众号后台的数据,可以发现在上午 10 点到下午 5 点之间发布公众号文章,通常能获得更高的阅读量。因此,在最佳时间段发布文章可能会取得更好的传播效果。

2.5.5　小心版权成为绊脚石

更要尊重著作权

即使是一些从事知识产权服务的机构,它的公众号也经常发生侵权事件,典型的就是未经许可转载他人的文章,最恶劣的是还把作者的姓名去掉了,弄得像是他们自己撰写的一样。这样做不仅不会带来声誉,反而成就恶名。如果一家从事知识产权服务的律师事务所被版权人告上法庭,就可能会成为业内的大笑话。

互联网是有记忆的

特别是在内容营销的时候,不要尝试走捷径,大段地抄袭或洗稿,否则,极有可能在某些时候被人挖出来公示,到时候,尴尬的就不只是你了,你的带教老师、事务所,甚至你的研究生导师都会为此蒙羞。也不要轻易在文章里面批评某个公司,说不定哪天它就可能成为你的客户,因为,"互联网是有记忆的"。

2.6　荣誉营销:用实力推广

2.6.1　荣誉即广告商品

除"全国优秀律师""上海市优秀青年律师"等官方(政府主管部门或律师行业

协会）评定的荣誉之外，为律师事务所或律师个人提供奖项、排名等荣誉的商业机构不胜枚举，比如国际知名法律评级机构钱伯斯的排名、The Legal 500 亚太地区中资所排行榜、《世界商标评论》(World Trademark Review)的"年度全球领先商标法律服务排行榜"、中国知识产权杂志的"中国杰出知识产权服务团队"等。为律师个人提供的荣誉也不在少数，比如 ALB（亚洲法律杂志）中国十五佳诉讼律师、《智力资产管理》"全球知识产权战略家 300 强""年度 LEGALBAND 中国律界俊杰榜三十强"等。

不能否认，如今这些商业机构评选的荣誉已经像"商品"一样，形形色色，让人眼花缭乱，这不是说这些荣誉都是花钱买来的，而是说在大多数情况下，这些荣誉是颁奖机构整个商业活动的一部分。但必须承认，这些荣誉仍然比较真实地反映了一些客观情况，而且也会受到客户的关注，甚至成为一些公司法务经理说服老板的"有力证据"。事实上，每次有关律师的榜单、排名一经发布，都会形成一定规模的传播，所以，越来越多的律师希望能够在上面占据一席之地。

2.6.2 荣誉也有马太效应

第一个荣誉很重要

马太效应（Matthew effect）是指好的越好，坏的越坏，多的越多，少的越少的一种现象。美国科学史研究者罗伯特·莫顿(Robert K. Merton)归纳"马太效应"为任何个体、群体或地区，一旦在某一个方面（如金钱、名誉、地位等）获得成功和进步，就会产生一种积累优势，就会有更多的机会取得更大的成功和进步。

在法律服务市场，同样也有马太效应。在同等条件下，声誉通常再次给予那些已经出名的律师。对于青年律师而言，拿到你的第一个荣誉非常重要，它将是你荣誉不断加身的基础。

从简单开始

荣誉也分层次，有的荣誉肯定是重磅级的，不仅靠实力，还可能靠运气、人脉资源和所在平台。但有的荣誉只要肯努力，一般还是比较容易获得的。比如：全国律协知产委每年年会评选的"十佳论文"奖，以及地区性的各种奖项。

很多时候，能否拿到奖项与是否了解评奖规则有关，如果你从来都不关心这个奖项，自然也没有机会接触和评上。那么，请"以终为始"，去看一看那些获奖的青年律师，有没有你熟悉的朋友或者师兄师姐，赶紧找机会和他们聊一下，他们是如何拿到"LegalBand 中国律界俊杰榜 30 强"等荣誉的？

2.7 口碑营销：从老客户做起

2.7.1 老客户的口碑效应

老客户的口碑是最有效的营销

口碑(word of mouth)源于传播学。所谓"口碑传播"指的是用户个体之间关于产品与服务看法的非正式传播，其最重要的特征就是可信度强、成功率高。对于律师而言，老客户是法律服务的体验者，是良好口碑的发源地，更是品牌推广的担保人。

所谓老客户，是指已经和律师有过业务委托的客户，从这个意义上看，你正在为其提供服务的客户都是老客户。老客户的好评，就是对律师专业素养的认可，对律师人品修养的认可，对律师办事作风的认可，可以说胜过千言万语的宣传。法律服务尤其是诉讼服务的客户，一般不轻易相信来历不明的陌生律师，因此，老客户是为律师信用背书的最好人选，最好的广告当然是老客户对律师的宣传。

优质服务胜过营销技巧

律师要想让老客户成为自己的推销员，就必须主动创造良好的口碑效应，而提高客户的服务体验是最直接和有效的方法。认真细致地做好每个案子，在法律服务的每一个细节，让客户感知到律师认真的态度和有效的成果。通过服务让客户感动和信任，甚至忍不住赞美，这本身就是差异化，就会有客户的转介绍，甚至让客户的供应链、生态圈客户也选择你。优质的法律服务，可以击败营销技巧，达到不销而售的境界。

2.7.2 老客户要常联系

从手上的老客户做起

无论是会议营销、内容营销，还是案例营销、荣誉营销，虽然也会照顾老客户，但更多的是为了开拓新客户，把潜在客户、目标客户转化为新客户。但是，把市场营销资源集中放在开拓新客户身上，可能是严重的错误。开拓新客户，勿忘老客户。

如果没有预算去从事会议营销等开支较大的营销活动，那么，首先从手上的老客户做起，才是明智之举。比如：

——主动挖掘老客户的需求，并从客户的角度筛选最佳方案。

——满意不等于重购，注意定期回访老客户，提升忠诚度和二次购买服务的概率。

——定期或不定期通过电话、聚餐等方式联系老客户(甚至是尚未成为客户的老朋友),说不定会有惊喜。总之,让客户永远记住你。

——举办沙龙等活动,不能忘记老客户,哪怕手上暂时没有他的业务。

主动为老客户挖掘业务线索

对于客户而言,发现知识产权侵权问题的方式多种多样,比如,他的销售团队是发现侵权事件的一线人员,售后部门发现要求维修的假冒产品,通过海关备案发现侵权,在招投标时发现侵权,巡视展会时发现参展商侵权,收到侵权产品举报,甚至通过侵权监控软件(维权骑士等)发现侵权等。

如今的网络和电子商务,为律师向老客户主动挖掘业务线索提供了便利。一方面,可以监控淘宝、天猫、京东等电商平台/网站,或者各类有侵权线索的公众号(自媒体)、网络媒体(今日头条等)、短视频平台(抖音等)、网络社区等;另一方面,检索官方信息平台,如商标局、CNNIC的网站,有的侵权人可能会提交相同或近似商标申请或域名注册。在检索或监控到侵权线索后,经过筛选提交给客户,供其参考是否采取侵权调查、侵权警告或诉讼等法律行动。

专栏:图表管理客户

律师可列出一张动态图表来对所有客户进行系统化和科学化的管理。有条件的律师事务所可以使用专业的客户管理软件,对案件及项目的流程、客户的沟通和关系维护做定期量化的细分。该图表包含:

- 客户的重要信息:公司负责人或经办人员联系方法、爱好、家庭情况及生日等;
- 按等级列出客户的重要程度,合理安排不同客户的关注级别,从战略上考虑如何科学有效地为客户提供法律服务:是对所有的客户都倾尽全力,还是把大量资源服务于优质客户,如何对那些律师收费不高或难以收费的客户作出准确评估并作出相关决策,是一如既往地服务,还是把重心转到高质量的客户;
- 列出每个客户可能继续挖掘的律师服务项目;
- 列出除了法律事项沟通时间外的定期联络表,可以参考以下方式:

——定期每周或每两周五的下午2:00到4:00给所有客户通电话问候,如因其他事项错过,在当日再找两个小时时间补上;

——每季度最后一周定期拜访所有客户(请客户吃饭喝茶),如错过,再用一周补上,用以正式了解客户需要和其对法律服务的感受及建议;

——重大节日或生日或客户值得纪念的重大日子给客户发贺卡祝贺;

——定期编制和客户业务运营相关的法律法规、行业动态并发给客户;

- 关注相关动态并及时评估客户可能停止聘用关系的风险因素及相应措施，根据客户对法律服务的满意度、竞争对手抢走客户的可能性、客户主要负责人是否会被更换、客户内部管理流程对收费和继续聘用的影响，采取相应的措施进行管理。

——摘自华滨：《跨越：律师执业思维·方法·规划》，法律出版社2015年版，第129~130页。

2.7.3 老客户的新业务

不断衍生的新业务

知识产权案子最富有吸引力的地方，就是一个案子可以演变成几个案子。你的客户诉对方专利侵权，对方可能请求专利无效，或者反诉你商标侵权；然后你的客户可能发动第二轮攻击，拿出第二专利再诉对方，或者在打赢这个专利官司后，又用同一个专利去起诉其他也侵权的竞争对手……这样的场景是不是很熟悉？在与对手的诉讼攻防中，案子源源不断地涌进来。此外，如果老客户拥有庞大的专利、商标或版权储备，那么，案件就像矿藏一样，等待律师去开发。

新业务开发成本更低

老客户对你已经建立了信任，各方面都比较了解，所以沟通效率更好，营销成本更低。据统计，开拓一个新客户要花费的成本是维护一个老客户、并从老客户那里拿到新业务的5~25倍（不同研究机构发布的报告倍数不同，但意思大体都是一样的）。另外有一项贝恩咨询做出的研究发现，如果客户的留存率提高5%，那对应的利润率就能提高25%~95%。因此，不要一味地追着新客户跑，应先把老客户服务好。[①]

2.7.4 有意积累客户感言

相信在日常的业务交流中，老客户可能会通过邮件或对话，对律师的某一个服务细节或者出乎意料的判决结果，发出由衷的赞叹。记得收集和整理这些"客户感言"，不过要切记：对外书面公开时，必须征得客户的同意。否则可能弄巧成拙。

张逸群指出，既然老客户的背书通常比那些付费广告更可信、更可靠，不如大胆一点儿，向你的老客户索要"客户感言"。通过客户感言，你可以向潜在客户传递一些可能是你自己一辈子都不好意思说出口的话。比如：

"我一开始也觉得这家律所的报价太贵了。但现在回想起来，如果当时没有请

---

① 张逸群：《拒绝"维持现状"，10大原则助你拓展业务》，iCourt法秀，2019-01-24。

这家律所，而是找了一家报价比较低，但对于这类融资问题经验有限的律所，我们付出的代价恐怕要大得多。因为我们可能需要浪费大量宝贵的时间，去帮助外聘律师摸清这笔交易当中的门道。A律所的的确确为我们创造了真实的价值。"

"A律所帮助我们拿下了一份非常重要的知识产权许可协议，依靠这份协议，我们开发了新的市场，达成了三项重要的战略合作协议。去年，我们公司的利润率提高了64%。"①

2.8 青年律师的"内部营销"

2.8.1 打造律师的个人品牌

给自己一个定位

律师营销，就是要打造律师的专业品牌。特别是在一线城市，现在已经不是"万金油"律师的时代，所以最好结合自己的专业、兴趣和事务所的定位等情况，给自己贴个专业标签，通过案例积累和内容营销等方式，打造自己的个人品牌。但是，仅仅标签为知识产权律师，对个人品牌而言可能已经过时了，有的律师已经往更细分的市场发展，比如网络游戏专家、娱乐法专家。对内给自己做好专业定位，对外才好进行市场营销和业务拓展。

律师有很多类型，如学者型、专业型、社交型、红顶型、江湖型等，但知识产权青年律师首先应该努力去做学者型、专业型律师。有真功夫才是青年律师营销成功的前提。当然，如果你把自己定位于公司制事务所的授薪律师，而不是合伙制事务所的提成律师，可能短期内没有营销的紧迫感，但只要做到合伙人的级别，营销的责任就会降临，所以，还是趁早做好营销的准备，包括做好自己的形象管理。任何一名成功的律师，都首先是一名成功的营销专家。

以客户关注点为导向

除律师本身的专业素质、业务能力外，客户还关心律师的交易记录、平台高低和团队配备情况。无论是诉讼还是非诉业务，以前做过什么业务、代理过什么案件，以及达到了怎样的结果，都是证明律师专业能力最有说服力的"证据"，因此，青年律师要善于积累出一个华丽的交易记录，如果自己没有好的案子，那就协助资深律师做出几个好案子。

依托一个好平台（有品牌的事务所）同样重要，而且一个好的平台往往也意味着有好的团队配备。律所的品牌效应越来越厉害，越来越多的大客户倾向于选择

---

① 张逸群：《法律市场营销中最被低估的工具——客户感言：让人说好，才是真的好》，LEGALSMART，2018-10-18。

大所、品牌所,因此,如果职业生涯从一个好的事务所(特别是红圈所)开始,肯定能接触更多的大案子、好案件,也能更快地成长,并积累起自己的个人声誉。

Powerpoint 是最直观的技能

网上有人调侃——"贴发票当属办公室最受欢迎的技能之二,第一则是制作Powerpoint"。Powerpoint 是传递信息的工具,并且是将信息传递实现可视化"最廉价"和"最具性价比"的工具之一。在任何可能涉及信息视觉化的场景中,Powerpoint 可以帮助你更好地实现个人信息的传递,并进行体系化的个人品牌塑造。[1]

管理好朋友圈

朋友圈(微博亦如此)并不像看上去那么简单,朋友圈其实在某种程度上反映了你的职业、你的价值观,甚至你的趣味。因此,对律师而言,在朋友圈发布、转发内容不能任性,否则客户看到后可能会影响对你的判断,进而影响你的业绩。

朋友圈也是一个极好的营销渠道,即使没有多少人点赞,朋友圈发布的内容仍有可能有效地传递给你的"好友"——包括你的潜在客户。因此,如果有一个很好的素材,比如你刚刚胜诉了一个案件,思考一下如何设计发布内容,这是发挥创意的时刻。但是,请切记,不要让你的朋友圈像一个广告集散地,特别是像一个硬广告发布平台,"润物细无声"效果更好。

特别注意的是,不要在朋友圈或微信群转发对客户(包括潜在客户)不利的新闻、评论或其他文章。很多时候新律师(或律师助理)这样做,很可能是因为他还不清楚这家公司是自己事务所的客户,因此,新入职的律师了解自己的事务所及客户群非常重要。

2.8.2 面向所内的"内部营销"

向老板和同事推销自己

市场营销虽然和业务拓展密切相关,但并不等于一定、必须直接面对外部客户。张逸群指出,无论是法律专业能力,还是人脉资源积累,还是与人沟通的软实力方面,执业第 1~3 年的律师都处于"积累阶段"[2]和"内部营销阶段"。所谓的"内部营销",就是把你的老板、其他合伙人、其他团队当作你在执业第 1~3 年的"客户"。通过完成他们交付的各种各样的任务,去树立专业负责、积极上进的"青年律师领头羊"的个人品牌。你的老板、其他合伙人或者其他团队,通过你的内部营销,

---

[1] 无讼学院小秘书:《如何打造律师的个人品牌形象 | 从 PPT 开始》,天同诉讼圈,2017-11-19。
[2] "积累"最重要的是不要忘了"往日的情分",尤其是不要舍弃自然形成的人脉关系,如老师同学、校友同乡、众多亲朋好友等。

才能有机会知道你对哪个方向有兴趣,在哪个领域有专长。所以对于青年律师来说,不要总是低头做事,也要抬头看看周围和远方。不要总是一个人对着电脑吃午饭,也要想方设法和同事喝喝咖啡、聊聊天。①

证明自己的价值

内部营销其实并不是跟所内的律师争取业务,而是要营销你的价值。很多成功人士发展的道路上,都有贵人相助。不少大律师都会回忆起初入职场时提携自己的带教老师,也许你的贵人就在事务所内部,但这同样需要你先证明自己。

在《青年律师必备市场营销指南》这本书里,作者罗斯(Ross)的观点非常明确:"执业第1~3年的律师,主要任务和基础目标就是'成为一位出色的执业律师'。律所、团队、个人的市场营销和业务拓展并不是需要被你优先考虑的事情。"

在一些大型事务所里,不同业务领域的团队之间,不同地域的相同业务领域的团队之间,甚至同一办公室但竞争优势有所差异的相同业务团队之间,都有可能发生内部的法律业务交易。比如,金融业务团队将他遇到的专利侵权纠纷的客户介绍给知识产权业务团队。这也需要通过内部营销取得信任,否则即使是同一办公室的同事也担心你把他客户的事搞砸。

服务客户留下好印象

依托于一个好的事务所平台(无论是公司制还是合伙制),初级律师也有机会接触到事务所大客户的案件负责人,需注意给事务所已有的客户留下良好的印象。或许在未来,机缘巧合,这些你曾经参与服务的大客户,可能在适当的时候,就成为你自己的客户。如果留下不好的影响,可能永远不会有合作的机会,甚至还会影响事务所继续与该客户签约的机会。当然,本着最基本的职业道德,律师离职后不能去挖自己前老板的墙角,更不能背地里说老板的坏话,否则只会给客户留下非常差的印象。

2.8.3 面向同行的"内部营销"

同行未必是竞争对手

相对于企业客户,律师也可以把面向同行的营销称之为"内部营销"。你的律师同行本来是竞争对手,但任何事情都是相对的,同行也可以成为你的客户,成为你转介客户的来源之一。更何况,现在的律师以后也可能成为公司法务,甚至是法务负责人。

---

① 张逸群:《青年律师到底应该什么时候开始做市场营销和业务拓展?》,LEGALSMART,2018-09-17。

利益冲突的受益者

律师事务所都建立有利益冲突审查制度,有的事务所基于客户利益的考虑,对利益冲突的界定非常宽泛。受制于利益冲突制度,一些律师无法为自己找到的客户提供法律服务。越是全国性的大型律所,利益冲突越厉害。比如,同一案件的原告找到了某一律师事务所北京分所的律师,那么该案件的被告找到该所上海分所的律师,就产生利益冲突了。

发生利益冲突的律师极有可能将客户转介给其他律师。由于青年律师一时难以成为有力的竞争对手,因此,在业务能力可靠的前提下,转介给青年律师的机会相当大。但律师只会给自己认识的律师同行推荐案子,如果他们没有见过你,就不会想起你。

法律业务的国际贸易

按照法律,各国的诉讼业务通常由本国律师代理,因此,德国律师可以把他德国的客户在中国的法律业务转介给中国律师代理,中国律师同样也可以把他中国的客户在德国的法律业务转介给德国律师代理。这可以视为一种法律业务的国际贸易。

为什么国际商标协会(INTA)的年会在全球具有如此巨大的号召力?每年都吸引了全球成千上万的律师、商标代理人去参加。其中之一的秘密就是,这是各国律师/代理相互认识,并交换案源的重要平台。这也是一些大所的高级合伙人、资深律师喜欢出席各类国际会议的原因。

延伸阅读:

1. 邵春阳:《如何开拓业务和管理客户》(第 2 版),载《律师之道:新律师的必修课》,第 11 章,北京大学出版社 2016 年版。

2. 罗云:《网络上,有案源吗?》,luoyun-iplaw,2015-8-11。

3. 张逸群:《2019 年想要靠市场营销腾飞?你需要这 10 条原则保驾护航》,LEGALSMART,2018-12-21。

4. 张逸群:《如何制定一套完美的律所市场营销策略?掌握这三步就可以!》,LEGALSMART,2018-10-12。

5. 冯清清:《新律师进阶之路:非诉业务的思维与方法》,第五章,中国法制出版社 2019 年版。

6. [美]杰伊·哈林顿(Jay Harrington)著,《律师想要客户不请自来?那就按照这 5 个方法做好内容营销!》,张逸群编译,LEGALSMART,2018-11-22。

7. 古城:《综合型律所如何开发"律所内部市场"?》,iCourt 法秀,2019-7-22。

第 3 章 客户体验

关键词：客户管理　客户体验　预期管理　峰值瞬间　汇报习惯

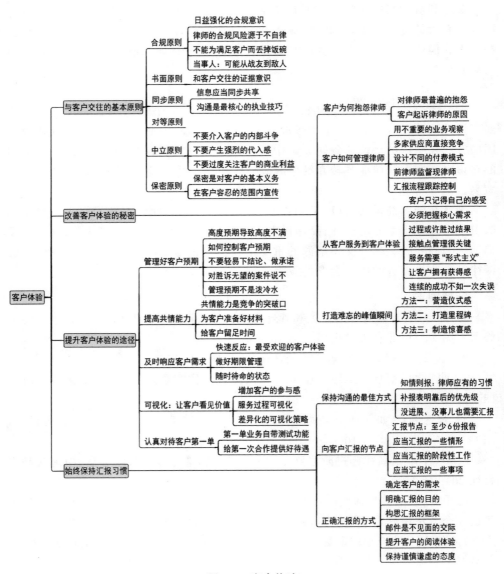

图 3-1　客户体验

3.1 与客户交往的基本原则

律师的日常事务一是为客户处理案子,这是"硬"业务;二是与客户沟通、交往,这是"软"业务。客户是律师的"衣食父母",以客户为中心,客户至上是律师的服务宗旨,必须紧紧围绕着提升客户体验的原则开展客户管理工作。律师应当了解与客户交往的一些基本原则,正常情况下,只要律师能做到审慎专业、勤勉尽责,即使案件败诉,一般也会得到当事人的理解。

3.1.1 合规原则

日益强化的合规意识

随着国内外监管要求日益提高,不仅企业要强化合规管理的意识,律师也同样要建立合规管理体系。违法违规的行为不仅会给律师的品牌、名誉造成难以估量的损失,更会给律师带来巨大的职业风险,甚至民事、行政和刑事责任。《中华人民共和国律师法》《律师执业行为规范》《律师办理民事案件规范》对律师执业的合规性提出了较多的要求。虽然知识产权律师的执业风险肯定比刑事辩护律师的执业风险小很多,但仍然要注意合规的问题。

律师的合规风险源于不自律

律师要避免与客户之间发生合同之外的金钱或贵重财物方面的来往,并避免以关系等非专业服务的优势去说服客户,否则从一开始就把自己置于违规的境地。事实上,有的律师之所以触犯合规风险,有其自身的原因,比如:

——一开始就以有关系、有资源等非专业服务手段,去说服、诱导或拉拢客户。
——向客户宣传自己与行政、司法相关部门或官员存在特殊关系。
——向客户的法务负责人行贿或给予律师费回扣等方式拉案源。
——向客户作出不可能做到的保证或承诺。
——私下接受委托,私自接受客户的财物,等等。

不能为满足客户的需要而丢掉饭碗

有的客户误以为找律师就是找关系,因而会主动提出一些过分的要求,比如要求律师约法官出来吃饭,帮助客户贿赂——为了防止这种状况发生,律师最好从一开始就不要告诉客户你和法官关系不错,否则这会诱导客户对律师找关系的期望。还有的客户要求律师倒签文件,篡改有关事实,诸如此类,律师都要勇于说"不"。不要为了满足一个客户的要求,而毁掉终身的饭碗。事实上,经常有律师因犯帮助伪造证据罪而被判处刑罚。

当事人：可能从战友变成敌人

事实上，本来是律师亲密战友的当事人（客户），很有可能在案件败诉或出现重大问题时，摇身一变成为你的"敌人"。比如：

——当事人的目的没有达到，可能将所有的不满、怨恨通通迁怒于自己的律师。

——当事人的相关负责人为了推卸责任，可能把责任都归咎在律师身上。

——对方当事人败诉，他也有可能来挑律师的刺儿。

——当事人犯罪时，很可能以举报律师的违法犯罪行为换取立功表现。

此时，一旦律师有不合规的把柄在当事人手上，在某种情形下，即有可能被向律协或司法局投诉。

3.1.2 书面原则

律师在服务过程中要建议客户具备证据思维，即事先留好、留足证据，使自己做过的事情能够得以固定，在出现各种可能的风险时，能够在裁判者面前充分还原事实。而且，律师在和客户交往的过程中，也要有证据意识。

书面沟通和汇报就是一个很好的习惯，这样可以避免和客户争执到底是谁的问题。很显然，永远不要和客户争执对与错，这会损害客户体验。

——与客户交流、沟通或汇报案件及相关的事宜，应当尽可能采取邮件等书面形式，以避免事后无法查核和厘清责任。

——立案、举证、上诉等法律程序上的通知、证据材料的交还等，须有书面的通知及确认程序。

——如果是以会议或者电话的方式与客户就案件达成了意见或结论，也应当在事后及时发送邮件回顾和确认会议或电话交流的要点，形成相对正式的会议纪要当然更佳。

——法律文书必须让当事人亲自签字，否则，事后可能会说不清楚。比如，侵权案件的调解书，律师即使有特别授权，一般也不宜代表客户直接签字，不排除客户后来会指着调解书的某一条说"这可不是我的意思"的情况发生。

3.1.3 同步原则

信息应当同步共享

同步原则其实就是强调沟通的及时性，一是尽量让客户同步了解案件的进展情况，与客户交往最重要的是信息沟通和工作汇报，要让客户和承办律师一样对案件进展的每一阶段、每一环节以及相应的结果，都保持相等的知情程度；二是让参与案件的团队成员同步共享案件的信息，防止信息不透明引发误解。因此，与客户来往的邮件，应当同时抄送给参与承办本案的律师或律师助理。

沟通是最核心的执业技巧

律师的大部分工作都涉及与人沟通的问题，不仅仅是书面的沟通，口头沟通同样重要。研究结果表明，那些不经常与客户沟通的律师，或者没有与客户形成良好沟通的律师，会发生更多的律师费纠纷，被客户因不当执业而起诉的次数更多。客户对正在发生的事情了解得越少，就越是焦虑和不快。① 这也表明了律师与客户同步沟通案件信息的重要性。

3.1.4 对等原则

和客户沟通要讲究地位对等原则。在会见和收案后，要了解与认识客户方的联系人与负责人。要注意跟律师打交道的是客户的总法律顾问，还是他们的高级管理人员，还是职级一般的法务。如果由低年级律师回复客户总法律顾问（General Counsel）或者副总经理这样高级管理人员的邮件，或者由低年级律师负责与对方沟通和汇报案件进展，有可能会被客户认为不够尊重。

再如，现场汇报的律师应当与听取汇报的客户负责人有对等的地位，如果大公司的CEO亲自听取汇报，那么可能需要把高级合伙人带上撑场面——即使该高级合伙人并未实质性参与案件。

3.1.5 中立原则

不要介入客户的内部斗争

各类公司，无论大小，都有可能存在所谓的"政治斗争"问题。律师千万不能参与客户公司内部的"政治斗争"，要始终保持中立，而不要"旗帜鲜明"地支持某一方。先不说律师能否站对队，更关键的是，一旦出现什么问题，律师就是"背锅侠"。

不要产生强烈的代入感

代入感指在小说、影视作品或游戏中，读者、观众或玩家产生一种自己代替了小说或游戏之中的人物的身临其境的感觉。初入行的青年律师很容易过度关注客户的利益，仿佛不是在为客户而是在为自己打官司，把客户的胜败视为自己的胜败。事实上，这会增加你的执业压力，在尽职尽责的同时，保持一定的超脱感，轻装上阵可能更好。

---

① ［美］斯蒂凡·克里德、理查德·诺伊曼著：《律师执业基本技能：会见、咨询服务、谈判、有说服力的事实分析》（第二版），中伦金通律师事务所译，法律出版社2006年版，第26页。

不要过度关注客户的商业利益

不少律师在和客户的交往过程中,过度关注客户的商业利益,甚至在商业合同谈判、诉讼和解谈判中,为支付条件、支付费用、支付时间等"商业"条款,与对方当事人争执不休。这些"纯商业"的条款还是交由客户自己决定为好,律师不了解客户的商业逻辑,未必能作出最佳的商业判断,因此不要越俎代庖,否则可能会引起客户商务部门的反感。

3.1.6 保密原则

保密是对客户的基本义务

即使客户未与事务所签订《保密协议》,也须注意保密。除客户要求或同意外,不得将知悉的案件相关情况披露给他人。一般不对外谈论和介绍具体的未决案件,尤其是对外披露当事人信息、案件细节等。为特定需要(比如疑难问题请教咨询专家或同行时)谈论特定未决案件时,应当抽象性地总结相关案情,并模糊指代当事人。

在客户容忍的范围内宣传

已决案件需要在公开场合对外宣传时,应当核实客户是否有保密或非公开宣传的要求,特别是撰文宣传时,最好书面征询客户的意见。如果经过评估,可以对外宣传或讨论已决案件,原则上应以判决书公开的内容为限,并聚焦法律适用问题,而不是背后的商业问题。

有的律师可能为了吸引眼球,在结案后撰写文章,披露案件背后的细节,比如客户起诉的动机和意图、案件背后的各方博弈、代理过程中的谈话要点等,这未必符合客户的要求。有的客户并不想让自己的案件成为新闻事件或"爆款文章",因此应当把握好尺度,把宣传放在客户可容忍的范围,不得披露不适合公开的信息。

3.2 改善客户体验的秘密

3.2.1 客户为何抱怨律师

《律师执业基本技能》指出:这是每个碰到法律问题的人潜意识的恐惧——就是如果你聘请一位律师,你将碰到两个问题。第一个问题是当初你找律师要解决的问题,第二个问题就是律师本身。《消费者报告》(*Consumer Report*)杂志曾经做过一个调查,内容是关于读者们对其律师的满意度。结果令人失望:"这些年里,我们做过调查的服务行业中,只有关于减肥计划的调查得到的分数低于律师"。①

有国内律师检索了 85 份律师事务所被客户起诉的判决文书,发现律师事务所被客户起诉主要是以下几个原因:(1)未尽职履行义务;(2)超越代理权限;(3)违背职业道德;(4)违反执业纪律;(5)解除委托后未及时退款。从这个统计结果来看,未尽职履行义务占比例最大,因此,律师办理业务时勤勉尽责是第一要务。②

除这些升级到诉讼的矛盾外,客户对律师最普遍的抱怨还有,律师不重视客户,例如未能及时回复电话或者没有就下一步计划询问客户的意见;忽略案件本身及其进展情况;不能准确地预测结果;收取了不必要的、高额的律师费等。还有一些不满来自客户与律师交往当中产生的不舒适体验:

客户也看不起无力实现承诺的律师、爱吹牛的律师、爱讲法律行话的律师、傲慢的律师、自己讲得太多而听别人讲得太少的律师。对于必须费尽力气才能引起律师的注意,客户深感痛恨。当你和客户谈话时,敲门声或电话铃声都会降低客户的身份。让客户等你,也是对客户不尊重的表现。……就为了一个简短的会见,而律师却迟到了一个小时。这时候,对于律师的专业能力是否合格,客户可能无从知晓,但是,客户能确定的是,对于这些客户的需求,这个律师根本毫不在意……③

3.2.2 客户如何管理律师

知己知彼,百战不殆。了解客户的法律服务供应商管理机制,了解客户如何评价、监督和管理自己的外聘律师,再有针对性地改善客户体验,自然十分重要。下面是一些相对常见的客户管理律师的方式,与其被动接受,不如主动采纳。

用不重要的业务来观察对方的能力

法律业务持续性较强的企业,有可能尝试着先委托一两个不那么重要的案件给新聘的律师,借此了解一下律师的专业能力、敬业精神、管理水平、沟通能力等,从而决定是否可以作为长期合作的伙伴,或者是否属于交付重要业务的对象。

多家供应商直接竞争

越来越多的大公司同时拥有多家律师事务所作为供应商,在同一业务领域也可能把多家竞争性的律师事务所同时列在供应商名单上,甚至在一些重要案件的评估阶段会同时委托两家以上的事务所进行分析评估。

---

① [美]斯蒂凡·克里格、理查德·诺伊曼著:《律师执业基本技能:会见、咨询服务、谈判、有说服力的事实分析》(第二版),中伦金通律师事务所译,法律出版社 2006 年版,第 25 页。
② 稼轩律师事务所:《大数据解析律师执业风险》,iCourt 法秀,2016-11-12。
③ [美]斯蒂凡·克里格、理查德·诺伊曼著:《律师执业基本技能:会见、咨询服务、谈判、有说服力的事实分析》(第二版),中伦金通律师事务所译,法律出版社 2006 年版,第 26 页。

设计不同的付费模式

不同的付费模式也会影响律师的工作热情,甚至工作质量。比如,风险代理费或"基础代理费+风险代理费"的费用支付模式,有可能会激励律师的工作热情,风险越大,收益越大。但也不是那么绝对,比如,原告以判决赔偿金额的 30% 作为风险代理费提成,但如果律师在办案过程中发现连胜诉的机会没有,更何况赔偿,也即当风险大到已经无利可图时,反而完全浇灭了律师风险代理的办案热情。

前律师监督现律师

很多企业的法务其实就是由律师转行的,甚至是资深律师转行过去的。这些"前律师"对于公司外聘的"现律师"的工作质量和服务水平,自然洞若观火,什么都逃不过他们的火眼金睛。

汇报流程跟踪控制

即使律师不主动沟通,客户也会定期要求听取律师的诉讼进展汇报,从而鞭策律师不断完成工作成果,持续推进诉讼进展。一些大企业的强势法务,更是时时掌握案件进展,不只是担当汇报听取人的角色,更是参与诉讼攻防策略的指挥者。

3.2.3 从客户服务到客户体验

客户只记得自己的感受

客户服务是一种行为的过程,在适当的时间和场合、以适当的价格和方式为客户提供合适的产品和服务,以满足客户的需求。客户体验则是客户购买产品/服务过程中所有心理感受的总和。客户服务是具体的,客户体验是感性的,而恰恰是这种感性的体验决定了客户的品牌忠诚度,决定了他们的口碑和回头率。

2017 年美国 Temkin 集团对美国和英国 488 家大企业的 15 000 个用户进行了抽样调查,发现企业的客户体验越好,用户的回头率越高,二者的相关性达到 0.78(美国)和 0.89(英国),更高的客户回头率正是每家企业都追求的梦想。[1]

著名作家玛雅·安吉洛(Maya Angelou)说过:"人们可能忘记你说了什么,可能忘记你做了什么,可他们永远不会忘记自己的感受。"因此,律师必须重视与客户的每一次交往,给客户留下好的印象和看法,至少先不要留下不好的印象。

当客户第一次进入律师事务所时发现前门紧闭,没有行政前台接待,敲了半天门也进不去,还需要和律师电话联络后才能进入;当客户坐下后,前台接待人员只提供了一杯开水,没有茶水、咖啡等选项。显然,这有可能会给一些要求苛刻的客

---

[1] 叶京生:《从客户服务到客户体验》,《今日工程机械》,2018-01-16。

户留下不是很愉快的第一印象。

必须把握核心需求

有一个著名的段子描述男女恋爱的情况："你给了我一车苹果，可我只想要一个梨。"这就是没有理解对方的核心需求。如果不能把握核心需求，何从谈起客户体验？律师首先要正确理解客户的核心需求，然后围绕核心需求提供服务，或者分析问题，或者提供方案，或者化解风险。除非客户的"核心需求"本身不明确，那么律师才有挖掘和争取调整的空间。

比如，客户正在 IPO 过程中，结果被对方起诉商标侵权。当客户找到律师时，显然，客户此时的核心需求可能不是要最终打赢这场官司，而是要尽快地结束这场纠纷，因此，律师最重要的任务是找出各种反击武器，辅以谈判策略，多管齐下，迅速和对方达成和解。否则，即使打赢了官司，但漫长的一审和二审，仍可能会让客户的上市计划破灭。

过程或许胜过结果

打官司不可能每战必胜。事实上，不可能每次都会达到预期的结果，有时甚至明知必败无疑，但在整个案件处理过程中，律师严谨的态度、对细节的重视、所付出的努力，足以让客户体验到律师的专业能力和敬业精神，同样可以达到让客户满意的效果，从而理性接受不利的判决结果。所以，律师不仅要重视案件办理的结果，更要关注案件处理的过程，结果或许难以预见，但过程一定可以掌控。

比如，在向客户提交书面法律意见的前一天，可以通过微信告知客户，法律意见书已经完成，并已安排律师助理进行审读校对，第二天上午就可以发过来。其实，这是在不经意间让客户了解到律师的工作细节，特别是在非计时收费的情形下，极可能赢得客户大加赞赏的回复："哇，还有校对环节，太专业了。"

接触点管理很关键

所谓客户接触点，就是与客户建立沟通和互动的环节。梳理一下法律服务的基本流程，哪些地方是律师与客户的接触点？比如第一次会见客户时、服务报价时、庭审时、电话会议时、邮件汇报时。在这些接触点上从客户的角度出发，思考一下如何完善服务流程和服务质量，或者如何在一些细节处理上提升客户体验。

比如，客户的法务负责人可能经常在出差途中，因此用手机客户端接收邮件或用微信接收相关信息成为常态。如果律师需要将代理词发送给客户审阅或确认，最好在发送 WORD 版本的同时，附上一份 PDF 版本。因为手机端的 PDF 文档阅读体验更好。

再如，昨天客户告诉律师会在今天联系他讨论一个问题，但今天中午直到律师上飞机前也还没有接到客户的电话，此时，可以在登机前发一个微信给客户，告诉他接下来的两个多小时自己在飞机上,无法接听电话,可以在下午4点后联系。

服务需要"形式主义"

"生活需要仪式感",就像端午吃粽子,中秋吃月饼,情人节送玫瑰花,结婚前拍婚纱照。法律服务也需要仪式感,注重一些细节,换言之,除服务内容要专业要用心以外,服务过程也需要来点"形式主义"。

列出一些比较重要的接触点——显然不可能每次接触都要加点仪式感,用心设计服务形式,让客户在细节中感受到专业和敬业。比如,给呈交的证据材料配上一个简单设计的封面,给每个证据贴一个标签,可能会让客户印象深刻。事实上,线下接触方式最容易设计一些让客户难忘的细节。我们可以看一下类似的例子,姚俊倩写道:

2016年4月,是我第一次参加iCourt的培训活动。刚进会场,就对桌上写着我名字的水签爱不释手。每个小组每个人都有自己的专属水签,以免弄混水瓶,这么贴心精致的安排,我从未在其他地方体验过。现在,这水签还被我珍藏着。①(见图3-1)

图 3-1　被培训学员珍藏的 12 枚 iCourt 水签

让客户拥有获得感

如果你在微信朋友圈发了一张旅行途中的自拍照,收获了几百个点赞和评论,你肯定很喜欢这种感觉。哪怕是一个小小的点赞,都能给人带来一次愉悦的小情感波动!这就是获得感。

律师如何让客户拥有获得感?

——通过服务过程创造获得感。律师对案件深耕细作,关注细节,让客户体验到律师的专业态度和敬业精神。通过优质服务和细节把握,让客户感受到物有所值,甚至物超所值。比如,你帮助客户发掘了超过30个、数百页的商标使用证据,这些证据连客户自己都没有想到过。

---

① 姚俊倩:《律师如何给客户打造一场极致体验的培训活动?》,iCourt 法秀,2018-07-18。

——通过诉讼成果创造获得感。通过律师的努力,取得了客户预期的结果,甚至超出了客户的预期,比如,拿到了十分难得的诉前禁令、请求法院冻结的被告银行资金覆盖了侵权赔偿请求额、判决赔偿金额得到了100%的支持。至于案件被评为最高法院十大知识产权案例之类的结果,虽然与律师没有直接关系,但也可以及时通报给客户,分享获得感。

——在诉讼之外创造获得感。比如,推荐客户成为某个协会的常务理事,推荐客户角逐某个行业内的专业奖项,引荐客户认识需要拜访的重要人物,这也是发挥律师影响力的关键,同样也能为客户创造获得感。

连续的成功抵不过一次失误

律师即使出色地完成了很多次任务,但有时也抵不了一次失误带来的损失,特别是一次极其低级的失误,比如写错诉讼主体、漏检重要法律规定、耽误诉讼时效、遗失重要证据等。需要强调的是,程序环节的硬伤,会给客户带来强烈的不良印象,一个错误就可能毁坏你辛苦建立起来的好形象。

3.2.4 打造难忘的峰值瞬间

诺贝尔奖得主、心理学家丹尼尔·卡内曼(Daniel Kahneman)经过深入研究发现了"峰终定律"(peak-end rule),大致意思是,人们对一件事的印象,往往只是两个部分,一个是过程中的最强体验,峰;另一个是最后的体验,终。过程中其他好与不好的体验,对记忆几乎没有影响。

由此可见,人们对一段经历的观感不在于全部过程,而在于其中的峰值和关键节点的那些瞬间。"瞬间"不仅仅是难忘的回忆,还可能是营销上的利器。所以,律师在提升客户体验这件事上,无须面面俱到,只需打造好关键的峰值瞬间。徐晟磊律师总结了打造峰值瞬间的三个方法:①

方法之一:营造仪式感

仪式感有助于制造峰值瞬间,营造仪式感的关键:造势。比如,入驻 CBD、高档写字楼,是一种环境造势;统一的着装、名片,与客户邮件或信函往来使用统一或示范格式,是一种道具造势;将法律意见交付客户前,由助理校对一次,是流程造势。

方法之二:打造里程碑

为什么跑马拉松时,用整数小时内完赛的人要明显多于超过整数小时完赛的人?因为整数小时就是一个里程碑。里程碑会给行为者带来意义感,当然里程碑

---

① 徐晟磊:《律师如何设计客户体验》,iCourt 法秀,2018-03-16。

也需要仪式感来强化。缺乏里程碑的表现包括工作没有计划、工作没有报告、工作没有成果。打造里程碑的关键：主动竖碑。律师也应该主动去树立自己工作的里程碑。比如，在证据保全后、立案前、庭审后等重要节点向客户汇报，是工作里程碑；以书面成果形式呈交《法律检索报告》《案件阶段性报告》等，展示律师完成工作的情况，是成果里程碑。

方法之三：制造惊喜感

那些能让人喜欢的事物都是摸到了好感产生的秘密，知名专栏作者万维钢将其总结为一个公式，即喜欢＝熟悉＋意外。除通过主动竖碑的方式不断增加客户的熟悉程度外，还要学会制造惊喜（好的意外）。制造惊喜的关键：超出预期。制造惊喜具体分为两步走：第一步是"预期控制"，比如降低权利人对侵权案件结果的预期，把赔偿预期控制在50万元以内；第二步是"超出预期"，比如，最终判决结果达到了300万元，大大超出权利人的预期，无异于送出一个惊喜。

专栏：如何打造一场极致体验的培训活动

从视觉、听觉、知觉出发，给客户打造一场极致体验的培训活动。

视觉：设计一张让客户产生向往的活动海报，给客户一封备感尊贵的活动邀请函，是打造最初视觉体验的核心。活动现场是客户和我们的第一次亲密接触。这里的核心，在于"场"的营造，比如场地的选择、场地的布置、场地精彩瞬间的记录等。

场地的选择和面积依人数而定，小场聚气、大场聚势。场地的布置，小到话筒牌、水签、活动主题背景PPT/Keynote，大到指示牌、展板、桌椅的摆放，都要提前精心布局，让客户从迈入会场的那一刻起，就被"场"的视觉体验所惊艳。

记录活动精彩瞬间，是品牌推广、口碑营销的最佳可视化素材。安排专业的摄影师、摄像师记录活动，并及时将活动现场照片与视频发放给客户，是给到客户极致体验的另一轮视觉冲击。

视听盛宴，是我们对一场成功活动的最高评价。一场运营成功的培训活动的内核，是在培训中给到客户最想听的内容。给到客户最想听的内容，不仅指干货满满使人有收获感，也指趣味兼具使人产生愉悦感。就如何做好开场主持，iCourt总结了一个核心（吸引注意力），三个方法（故事开场、数字开场、互动开场）和六个技巧的开场要点。

一场极致体验的培训活动，给到客户的知觉应该是活动筹备很用心、活动内容很"干货"、活动结束很回味。让客户感知到活动筹备地很用心，就是让客户感受到时刻被关照到的美好。

比如，活动前，帮助客户预订酒店，给客户发带有二维码的路线指引、实时天气指引；活动开始时，给客户送上精心准备的文创礼物；活动进行时，给客户准备可口的茶歇；活动结束后，给客户发放打印装潢好的活动集体照，以及赶路途中可以饱腹的小零食等。

在活动结束时，给到客户与培训主题相关的精美纸质手册或者报告，这会成为客户日后回味培训内容的绝佳材料。

——摘自姚俊倩：《律师如何给客户打造一场极致体验的培训活动？》，iCourt法秀，2018-07-18。

3.3 提升客户体验的途径

3.3.1 管理好客户预期

高度预期导致高度不满

从管理学理论上说，"预期"是客户对服务提供者能够为自己解决问题或提供解决问题方法及能力的心理需求。律师作为熟练掌握法律的职业群体，熟悉案例，明白操作，可以预见客户案件的法律后果，并给出可行的解决方案，以帮助客户达到期望的结果。但律师要切忌对案情作出太过乐观的评估，以免给客户带来过高的期望。

客户关系管理学中有一个非常著名的三角公式：客户满意度＝客户体验－客户预期。可见，客户预期的高低与客户满意度的大小是直接相关的。适当降低客户预期，特别是坚决消除不切实际的过高预期，可以避免案件结果与客户预期之间的差距转化为客户对律师的不满。[①]

业内有"三拍律师"的戏称，即接案时拍胸脯，胡乱承诺；办案时拍脑门，随意决断；裁判后拍屁股，溜之大吉。这其实也是"三拍律师"胡乱拔高了客户预期，导致自己都收不了场，只能逃之夭夭。

如何控制客户预期

如果客户的案件负责人不是法律专业人士，他就未必清楚到底想要什么、怎么实现、到底能够实现到什么程度。如果你问客户的预期是什么，他的回答可能只有一个字：赢。并且预期都聚焦于结果上。但对赢应该有很多理解，如何合理引导客户预期，就成为律师需要认真对待的问题。

——建立客户的风险意识。让客户确信会有风险，告诉客户可能存在的诉讼风险是什么，风险大概在哪里，并主动寻找、发现、消除风险，让客户对风险的出现

---

① 蒋勇：《律师如何引导并超出客户预期？》，天同诉讼圈，2014-10-17。

不意外、不惊诧。

——分析客户期望的成功率。坦诚地告知客户,哪些期望能够得到满足,哪些期望不能得到满足。要用专业的服务能力来说服客户接受这个他可能并不期望的结果。

——将客户预期分散化。客户对诉讼案件的预期不仅包括结果预期,而且包括服务预期。我们要做的就是将达到诉讼结果的过程进行分解,将客户紧紧盯在案件结果上的目光,分散到整个服务过程的质量上,如及时的信息反馈、富有成效的调查取证、优秀的法庭表现,等等。①

——缓慢降低客户预期。有的客户一开始预期就非常高,如果律师不讲究方法,在收案后立即踩刹车,让客户高高在上的预期突然坠入万丈深渊,恐怕也会失去客户的信任。这时要注意方式方法,在日常的沟通交流中,一点儿一点儿地疏导,逐渐拉低客户不切实际的期望。

——做好风险告知。建立规范的《风险告知书》。包括一般的风险告知与本案的特别风险告知,并妥善保管,归档长期保存。必要时,可以在办案过程中完善谈话笔录,就撤诉、变更诉讼请求等重大事项的法律后果进行充分的告知。

不要轻易下结论、作承诺

无论是对事实,还是对法律或者其他方面,应当注意不要轻易、草率地作出确定性的结论或判断,要注意留有回旋的余地,以避免意料之外的事情发生。更何况,知识产权案件的裁判标准本身有一些弹性空间,对一些新问题、新争议,各地法院的裁判标准甚至不一样。

客户可能记不住律师所说的全部内容,而只记得他想听到的话,比如律师的承诺。这里的承诺当然不是指对案件胜诉的承诺,因为这类承诺是违规的,但其他方面的承诺也要留有余地,更不要承诺超出律师能力范围的事。事实上,不仅不要承诺案件结果,也不要轻易承诺期限,比如承诺3天内做好证据保全,结果却花了10天。

对胜诉无望的案件说"不"

律师接案时需要基于对案件的专业判断,要有选择地办理案件。如果你希望保持高胜诉率的形象,对于明显败诉或胜诉可能性极低的案件,就要学会拒绝。特别是在客户对胜诉十分迫切,但实际上胜诉希望极低时,可以说服客户放弃起诉,或者自己放弃代理。

管理预期不是泼冷水

必须强调的是,管理客户的预期,不是不假思索地"泼冷水",一味压低客户

---

① 蒋勇:《律师如何引导并超出客户预期?》,天同诉讼圈,2014-10-17。

预期。首先，必须承认任何客户既然决定诉讼，必然会存在一定的预期，律师不能压制这些合理的预期。其次，律师要管理的主要是不切实际的、错误的客户预期。

过度保守，不讲策略地压低预期，会带来什么风险？

第一，让客户认为案件风险太高，从而放弃诉讼。这可能并不是律师愿意见到的结果。

第二，让客户感觉律师专业经验不足，无法满足客户的要求。最终导致客户流失，甚至是老客户的流失。

因此，客户预期的管理，仍然要结合具体的情况，适当地调整和把握，不能采用同一个标准，更不能不管什么案子，一上来就先压低客户预期。尤其是当客户方的案件负责人本身的专业性就比较强，他对案件的预期有相对理性和客观的判断，不需要律师进行过多的解释和干预时。还要提醒的是，有些客户的诉讼目的并不是为了赢得官司，而是更多地从商业战略角度在考虑诉讼，此时，客户预期的管理不要单纯地聚焦于案件本身的输赢上，这可能并不是客户的优先关注点。

3.3.2 提高共情能力

共情能力是竞争的突破口

共情（empathy）能力，就是一种能设身处地体验他人处境，从而达到感受和理解他人情感的能力，这一概念最早是由人本主义心理学创始人卡尔·罗杰斯（Carl Ransom Rogers）提出的。站在客户的角度去思考需求，甚至比客户看得更远、想得更深，这是思路上的共情能力；在与客户沟通时能讲出一些客户特别想表达，却一时表达不出的观点，这是交流上的共情能力；挖掘到客户特别想要，但还没有意识到的那部分需求，这是需求上的共情能力。

共情是高情商的表现。培养良好的共情能力，是塑造良好客户体验的重要技能。怎样更好地做到与客户共情？共情能力经常和"同理心""将心比心"联系在一起，经常在人际交往、情绪等领域被探讨，但从客户服务的角度，仍然可以找到提高共情能力的方式。学会换位思考，即是与客户心有灵犀的最佳实践方式。

为客户准备好材料

天同律师事务所制定了"诉讼案件四十一步标准化管理流程"，举其中一步为例：每一次在与客户的会议结束后，律师都会在当天，最迟次日早晨会给客户发送"会议纪要"，包含当天会议的主要内容、确定事项、下一步计划等。做这件事的目的很简单：前来开会的多数是客户公司的法务人员，会议结束后他们通常需要向他们的上级领导汇报，这份"会议纪要"可以免去法务们总结当天会议内容的麻烦，他们可以直接根据"会议纪要"的内容汇报案件进展。① 这其实就是共情能力的体现,与其后面给客户提交会议纪要,不如提前做好,还能为客户节约时间。

给客户留足时间

在处理客户案件的过程,通常需要客户的指示或协助,因此必须充分考虑到客户内部的沟通流程及时间因素,给予客户(特别是对接的客户法务)合理且充分的准备、决策或回复时间。尤其是需要客户下达指示或作出决定时,应当考虑到客户内部的审批流程,以及度假安排等问题,合理安排或提前安排相关的汇报事务。

经验:律师谈办案

律师可以被定义为一个细分领域内的工匠,如果精准定位好自己,一个一个案子地积累,自然而然会积累起自己所属领域的知名度。对刚走上工作岗位的律师,应当更多考虑如何把实务工作做扎实,给客户的文件、报告怎么样能做到完美。同样一个问题,不同的人都能给出解决方案,但价格的差别往往在于细节。细节是魔鬼,包括提供给客户的文本中的页眉页脚、措辞表达、法律引用、格式问题,还有方便客户的阅读体验,都是很重要的细节。比如,你给出的报告洋洋洒洒加上附件几百页,客户企业的老板往往不会花几天时间去看这几百页的文件,而且老板的下属也不会再写一个简版给老板,这些问题都要考虑,即如何让客户方便、快捷地接受你的服务。

——摘自陈哲律师(德恒所)访谈记录,访谈人:尹佩霖、张扬,时间:2019-04-18。

3.3.3 及时响应客户需求

快速反应:最受欢迎的客户体验

"天下武功,唯快不破。"衡量律师客户服务水平的两大标准就是成果质量和交付速度。律师反应越快速,客户会认为自己越重要,他的案子也越受律师的重视,业务处理的优先级也越高。律师对客户的要求反应迟钝,拖延不决,往往是客户经常抱怨的地方。许多律师因为没有在24小时内回复客户的来电或邮件而令客户不满。当然,很多时候不是要求你24小时内解决客户提出的需求,而只是说你需要在24小时内在程序上回应客户的指示。

估计没有客户不喜欢快速反应,原因有很多,比如,客户公司的法务部门急需律师的结论或行动,作为其对公司上级主管领导或业务部门的回应。因此,律师必

---

① 田臻奕:《律师掌握这三步,将有更好的客户体验》,天同诉讼圈,2017-12-10。

须清楚地判断客户需求的急迫性，作好轻重缓急的分类管理。律师助理也应及时提醒合伙人或资深律师对客户的要求做好相应的处理，尽量减少被客户的邮件或电话推着走的情况。

做好期限管理

客户没有不急的，他们永远是恨不得上午刚给了律师任务，下午就能拿到答复或成果。但是律师不能跟着瞎着急，建立快速反应机制并不是一味地追求快速给出工作成果，有时间的打磨或许才能成就更高质量的成果。事实上，只要是在客户给定或与客户协商的期限内，在法律要求的时间范围内（比如，在一审判决后的上诉期限内完成了上诉材料的递交），就都算是按时完成了客户的任务。

如果客户在给出任务时，并没有明确给出一个时间期限，最好主动询问一下客户的时间需求；或者根据律师自己的时间评估，主动反馈给客户一个完成期限，并得到客户的确认。这样操作的目标，旨在避免律师的时间预期与客户的时间预期不一致，而导致客户滋生不满情绪。

如果没有在预定的时间内向客户提交工作成果或者完成某项事务，律师应当主动向客户沟通说明，并争取一个宽限时间。只要不是事情十分紧急，客户通常不会不近人情。如果客户主动发来邮件询问进展（无论此时是否超过完成期限），即使没有完成也要先及时响应，说明原因，并给客户一个完成期限，其实也是给自己一个期限，督促自己及时满足客户的需求。不要等到自己完成后，再带着工作成果一并回复客户邮件，这有可能让客户认为你的工作成果是被邮件催出来的。

随时待命的状态

不仅你的老板希望你随时待命，你的客户也是如此，这大约是律师职业最令人厌烦的一点。这需要律师始终保持手机开通，如果客户给你打电话，无法马上接通时，应在几小时之内回复电话，并解释原因。除了电话外，还要随时查看邮件，微信也要密切关注。如果在外度假，还得设置自动回复（说明正在度假，有急事请电话联系之类的）。

现在很多创业公司、互联网公司的会议是放在晚上甚至周末开的，一些外资企业的会议因为与国外同事时差的原因也可能在晚上开。保持手机畅通，让律师能随时响应客户的问题，也能为客户创造安全感。

3.3.4 可视化：让客户看见价值

增加客户的参与感

律师不能埋头办案子，要让客户参与进来。从讨论诉讼方案开始，律师就要尽可能让客户参与进来，与客户一起将事实及法律问题讨论清楚。每一次重要的会议或讨论,都要做详细的记录并形成纪要,明确会议要点和下一步工作计划,越具体化、越形象化越好。任何人对于自己参与过的行为都会有相应的判断并提前做好承担相应后果的准备,客户在充分参与到律师的服务过程后,往往就能自主作出判断了。①

事实上,增加客户对案件进展的参与感,更能让客户看见律师的专业能力和敬业精神。比如,邀请当事人的相关负责人员出庭旁听,让当事人了解案件的审理经过,避免对律师办案产生怀疑。当然,增加客户参与感,更要借助可视化的方式去实现,让客户看见律师的价值,并感觉物超所值。

服务过程可视化

从方案制定、证据保全、尽职调查、证据准备,到法院立案、庭前准备、庭审记录、庭后总结,每个环节都要向客户展示你的服务内容、工作成果以及相应效果。尤其是相关的工作成果应当形成书面文件提交给客户,让客户感受到工作成果的分量,将服务过程可视化进一步提升为工作成果可视化。

近年来,颇受推崇的"诉讼可视化"是一种服务过程可视化的典范。② 比如通过图表呈现的方式,把客户凌乱的事实和复杂的争议整理得条理清晰,一目了然,既能赢得法官的赞叹,更能赢得客户的夸奖。

差异化的可视化策略

有些客户属于"价格敏感型"的,对于律师服务的需求往往在"定纷止争"上,并不会太冒进,此时律师可以更多地突出自己的付出(即成本),让客户感知到你每一项"定纷止争"工作的价值(此处的成本转换为价值),在收费上更多地实行固定收费;有些客户属于"价值敏感型"的,偏重高风险及高收益的市场行为,他们更多地看重律师为他们创造的新价值而不是成本,对于此类客户,展示的重点就应当放在律师工作的亮点和贡献上。③

3.3.5　认真对待客户第一单

第一单业务自带测试功能

新客户考察律师是不是值得信赖的合作伙伴时,经常是通过第一单业务来衡量。事实上,一些自身法律业务持续不断的大客户给新的法律服务供应商做第一单时,往往不敢把最重要的业务,而是把相对次要的业务交给律师承办。如果律师嫌业务小、利润少,态度不重视,服务跟不上,很可能就此错过一个优质的大客户。

---

① 蒋勇:《律师如何引导并超出客户预期?》,天同诉讼圈,2014-10-17。
② 参见蒋勇主编:《诉讼可视化》,法律出版社 2017 年版。
③ 王平:《律师,客户在乎的是你的价值而不是成本》,iCourt 法秀,2017-06-14。

其实，第一单业务无论大小，都自带"测试"功能，一旦律师测试不过关，极可能被淘汰。

给第一次合作提供好待遇

事实上，新客户有了第一次合作就变成了老客户，而老客户的价值，在本书营销思维一章已有详细的阐述。既然新客户的第一次合作如此重要，当然就要给出好的待遇来回应客户的期望。

——价格不是优先考虑的因素，先争取成为新客户才最重要。为了不要让新客户把第一次的低价格变成以后合作的价格标准，应当给第一次低价承办找出足够的理由。最好的办法也许是引入风险代理（当然不是一分不付的纯风险代理），将其作为给予新客户的优惠报价方案。其实，当案件达成目标后，收费可能并不少。

——优先级处理客户的第一单业务，建立更快的反应机制，比如更加迅速地回复客户的邮件。

——提升业务承办团队的层级，本应由一般律师主办的业务，交由资深律师甚至合伙人来承办。

——管理好新客户的接触点，无论是会见的律师阵容，还是初次见面的接待规格，都要给客户留下深刻的印象。

——配置其他更好的资源。至于应当配置什么资源，因案而论。

3.4 始终保持汇报习惯

3.4.1 保持沟通的最佳方式

知情则报：律师应有的习惯

汇报是和客户保持沟通的最佳方式。拥有良好的汇报习惯，掌握正确的汇报方式，本身也是改善或提升客户体验的重要方式。

基于保障客户信息知情的原则，向客户汇报或与客户沟通的基本逻辑是，任何事项完成后，如果客户应该知道这些信息，或者应该让客户知道律师的努力和敬业，都可以及时向客户汇报。通常情况下，汇报都以书面为原则，即使是电话或现场会议，事后也要形成会议纪要。

如果律师不会定期（或及时）而且清晰地向客户报告案件的办理情形与现状，大多数客户就都不知道律师到底在为他做什么。为便利各方信息交流、减少各方误解、保护律师自身权益等需要，案件承办律师必须始终培养和保持向客户汇报的习惯。就案件实体问题和法律程序问题向客户汇报和沟通时，律师团队内部应当达成一致意见。

补报表明优先级靠后

律师应当积极主动并且及时地跟客户沟通和汇报。及时汇报不是要求天天汇报,如果不是紧急事项、有时限的事项,或者尽快需要客户决策的事项,则应当注意把握汇报的时间节奏。

但是,要避免汇报事项已经发生了很长时间后,才向客户补报,这会让客户认为其业务的优先级排在了后面。比如,法官定于3月10日的开庭通知在2月15日就通知了,但律师直到开庭前的3月6日才汇报给客户。

没进展、没事儿也需要汇报

在客户有明确指示时,应当通过有效沟通和及时汇报给予积极回应。即使预期的工作内容或者客户指示的任务,由于客观原因没有如期完成、没有达到预期的进展,或正在进行中,也应当和客户适时沟通、汇报。

比如,客户周三上午问律师,能否在周五把律师服务费的增值税专用发票开出来。即使因为财务不在所里,只有等到周四才方便询问,也最好在周三下班前告诉客户,等周四财务上班后再告诉客户周五能否开出发票。否则,你本想等到周四下午问到财务结果后再回复客户,但可能客户已经在周四上午又一次催问你了。

夸张地说,没什么事儿可能也要定期汇报一下,不能较长时间与客户没有任何交流和沟通。比如,在递交立案材料以后等待开庭,可能法院长达3个月都没有开庭的消息传来,这时,如果3个月都不和客户联系,恐怕客户会以为律师遗忘了他的案件。事实上,你可以每个月给法院打一次电话,然后告诉客户打电话得到的信息。

3.4.2 向客户汇报的节点

汇报节点:至少6份报告

与客户及时沟通信息和汇报情况,可以消除信息不对称的问题,保证各方配合顺畅、反应迅速,也能达成相互的支持和理解,减少误会。虽然向客户汇报不是每天必须进行的操作,但也要了解必要的汇报节点。

律师不仅要及时告诉客户他们"必须知道"的事,而且要主动告诉客户他们想知道的事。有的客户掌控力强,对汇报的频率要求更高。因此,如何把握汇报的节点,需要因案而异,见机行事。

张瑜律师指出,律师工作报告作为与客户进行案件沟通的重要载体,其主要目的在于客观呈现案件进展情况、汇报律师及相关方的工作情况,解决客户关心的主要问题,使客户在整个诉讼过程中感受到律师工作的专业、尽责与细致。她认为,律师在办理一件案件的各个阶段,至少需要向客户提交六份工作报告:(1)初步分析意见(收案前);(2)工作安排报告(收案后);(3)庭前汇报;(4)庭后汇报;(5)突发/重要事项临时汇报;(6)结案报告。①

应当汇报的一些情形

包括但不限于以下情形出现时,必须及时向客户汇报或沟通相关的事务或进展:

——阶段性工作任务或工作成果完成时
——请求进入下一阶段工作时
——客户指示的任务完成时
——出现与案件相关的问题时
——需要客户提供协助时
——需要请示客户作出决定时
——每个月提交计时收费的清单时
——有较长时间未向客户汇报时
——其他应当和客户保持沟通或需要向其汇报的情形

应当汇报的阶段性工作

包括但不限于以下工作阶段结束或完成时,必须及时向客户进行阶段性工作汇报:

——诉讼方案完成
——诉前(立案)准备工作完成
——立案完成
——开庭准备完成
——庭审结束
——上诉准备完成
——结案报告完成
——其他可以形成比较独立的阶段性工作

应当汇报的一些事项

包括但不限于以下事项发生或完成时,必须及时与客户进行沟通或汇报:

——承办案件的律师团队成立
——诉状完成
——公证完成
——证据整理及意见分析完成

---

① 张瑜:《一件案子,你至少需要这六份工作报告》,天同诉讼圈,2019-05-11。

——举证完成

——证据保全、诉前禁令等程序启动

——鉴定意见收到

——代理意见完成

——收到判决书等法律文件

——突发或重要的临时汇报事项

3.4.3 正确的汇报方式

在面向客户的文件当中,普遍都存在一个问题——律师很少从客户角度思考问题。这其实不难理解。律师面对的对象,很多时候都是法官。提供给法官的各种文件,其核心的目标是用尽可能简洁的方式把要点说清楚,因为法官需要的是你所提供的事实。他会根据这些事实,自己得出结论。但是当我们面向客户时,客户更需要的是结论,事实只是支持结论的一个要素。客户先需要知道"结果",然后才会有动力进一步了解"原因"。所以你需要切换视角,从客户的角度考虑问题,并据此决定自己的呈现方式。①

面向客户的汇报,首先要像编剧一样写好剧本大纲。是什么(What)→为什么(Why)→怎么做(How),这是进行汇报的基本框架,最好结论先行,再分析论证过程。始终站在客户的角度考虑汇报的内容,重视客户的需求,并贯穿始终,持之以恒。

确定客户的需求

在汇报时要考虑客户的需求是什么?需要获取什么样的信息?对于诉讼案件而言,客户的需求不能抽象地界定为能不能赢得诉讼,在案件进展的不同阶段,客户的需求目标可以分解为不同的小目标,比如,当前的诉讼进展是否顺利?主张多少赔偿金额比较合适?申请财产保全是否可行?能否对某个事实进行鉴定?

明确汇报的目的

律师需要通过汇报达到什么目的?是向客户说明案件的进展情况(比如正在向有利的方向顺利推进),还是说服客户接受某个建议或方案(比如召开专家研讨会),或者论证客户提出的某个需求没有可行性(比如放弃类似专利无效等法律行动)。当然,在回应客户需求的过程中,律师也会有不同的诉求,比如证明自己的专业能力、借机突出自己的竞争优势……因此,汇报的目的未必是单一的,一定要心中有数,并通过汇报达到或实现这些目标。

---

① 大鱼:《把握这三大要点,律师向客户做汇报时效果会更好》,网律营管,2018-04-13。

构思汇报的框架

律师可以根据汇报的目的,决定自己的表达逻辑。首先要思考一下,今天要汇报哪些事项,谈到哪几个问题,然后每个问题的具体结论是什么。特别是在电话里或当场汇报时应当事先列出一个清单。总之,不要让客户感觉律师的工作头绪杂乱,以至于变成了邮件或电话骚扰。当然,汇报的情形千差万别,不能一概而论,但整理一下思路,把汇报的内容分类,逐个讨论,显然更有逻辑性。

邮件是不见面的交际

即使在微信等即时通讯软件如此发达和便捷的今日,电子邮件仍然没有被完全取代。相对微信而言,电子邮件是一个更能深度交流的工具,是一种更易存档留痕的方式,也是团队协同、共享信息的好途径(通过抄送等功能实现)。事实上,发送电子邮件有其独特的优势:[1]

——延时回复,即时惊喜。电子邮件允许收信人延时回复,如果对方"秒回",可谓惊喜了。

——给对方消化理解的时间。特别是专业上的事务,更需要给收信人留时间去消化和处理。

——不要求即时回复的事务。本来就不要求及时回复,所以当然是发送电子邮件更合适,否则一个微信发过去,反而让对方不得不"秒回"。

——克服时差的好选择。如果与境外有时差的同事、客户等交流有关问题,那么电子邮件显然是一个很好的选择。

回到向客户汇报上来,如果不是当面汇报的话,邮件就是和客户不见面的交际。一封格式规范、内容简洁明了、逻辑清晰的邮件会给客户留下专业、思路清晰、办事可靠的印象。比如,向客户发送法律文件或汇报复杂的案件、问题时,可以在邮件正文中对该法律文件作出简要的说明,或者简述一下汇报的内容要点,详细内容放在邮件附件中,以方便客户阅读。

但是,有的律师助理甚至青年律师,发送邮件时除粘上附件以外,邮件内容一片空白,没有任何称呼和问候语,甚至连邮件标题也没有。事实上,邮件标题很重要,如果邮件标题能简洁明了地揭示邮件的主题内容或附件信息,将帮助客户从收件箱里快速找到它。

专栏:商务邮件写作规则

一、商务邮件的要素

1. 基本要素:发件人、收件人、抄送人、主题、正文、附件。

---

[1] 冯清清:《新律师进阶之路:非诉业务的思维与方法》,中国法制出版社 2019 年版,第 136~138 页。

2. 可选要素：优先级设置、已读回执设置。

3. 注意事项：转发、群发、回复。

二、发件人、收件人、抄送

1. 发件人：涉外邮件的发件人名称应以拼音形式显示，方便未安装中文系统的国外客户辨识，如：ZHANG, San。商务邮件归属于公司所有，所以发送私人邮件尽量使用私人邮箱。

2. 收件人：希望对方看到邮件的人，即邮件的受众；只发给与邮件内容相关的人，不要扩大化、不要遗漏；回复时应检查一下是否是当前邮件的收件人和抄送列表中的所有成员。

3. 抄送：需要知会与邮件内容相关的人员；抄送人通常不需要回复邮件内容；抄送人和收件人不要混在一个栏里；发送重要邮件时，建议抄送自己一份。

三、标题

1. 禁止事项：没有标题的邮件；邮件的标题过度简化；标题党。

2. 标题要求：概括性；准确性；便于分类与搜索；规律性（内容重复的邮件，标题写法保持一致，如例会、周报等邮件）。

3. 如何概括标题：关键字的组合；尽量不要使用难懂、少见的词汇。如关于×月×日公司内部新员工入职培训的通知。

四、正文

1. 称呼：推荐使用齐头式；只写收件人的称呼，不要写被抄送人；如果收件人较多，则需要一一写清楚。

2. 主题：有时邮件涉及两件事情，写明主题便于收件人阅读；如果存在三个以上主题，可分为多封邮件。

3. 表达：言简意赅是原则，避免写过长的段落，建议每段不超过3行；重点内容应归纳为几点，详细罗列出来；如果要进行详细的汇报，可使用附件进行表达；对于正式的法律文件和建议，请用附件形式，不要在正文长篇大论。正文用语不要过于随意，避免使用缩略语。

4. 格式：使用规范字体（汉语：宋体）；每封邮件的字体、字号、格式前后需保持一致；慎用彩色字体，推荐黑色，禁止使用红色；重点内容可用斜体、加粗或加下划线形式以示突出；注意标点，慎用感叹号。

5. 语言：涉及国外客户或其中国公司，尽量使用英文，方便客户公司内部人员相互转发阅读，除非客户要求使用中文。

6. 结语：常用的结束语有Best Regards/Kind Regards、顺颂秋祺或其他类似的表达。

7. 签名：姓名、单位、地址、电话、电子邮件、免责声明等。建议使用事务所的规范模板。

8. 附言（P. S.）：正式的信函应避免使用附言。

五、附件

1. 如果正文中写明"请参考附件",那么一定不要忘记添加附件;邮件发送之前,打开附件核对是否添加附件及附件是否正确。为了避免出错,最好的写邮件的顺序:附件→正文→标题→收件人。

2. 附件过大(≥5M),可分几个邮件发送,并在主题标明:1/3、2/3、3/3等;尽量不使用压缩文件发送,因为这样不方便阅读或者易被邮箱屏蔽。附件太大的邮件不建议群发。

3. 如果邮件涉及保密内容,需对附件进行加密,密码通过其他方式告知客户。

4. 如果涉及国外客户或其中国公司,附件的名字请使用英文。

六、回复

1. 及时响应:收到客户邮件后最迟应在24小时内回复,以体现对客户的尊重。

2. 区别对待:(1)对于客户在邮件中提出的能够当即解答的问题,应在回复中直接答复;(2)对于不能当即解答的问题,当天先单独回复一个邮件表示已经收到,并预计在何时处理(答复期限),也可在回复中说明原因。

3. 如果被抄送人需要回复邮件,应解释一下原因,避免失礼。

4. 避免回复或转发的字符过于重复(Re:Re:Re:Re:……)。

七、转发

1. 对于没有决定权的邮件需将该邮件转发给领导请求批复。

2. 上级将邮件转发给下级,或者团队同事之间转发,要求跟进;如果需要跟进,应写上批复或处理的意见,忌原文直接转发而不加批注。

3. 收到与自己无关的邮件,将该邮件转发给有权处理的同事,并抄送原发件人。

4. "FYI"在平级之间或者上级对下级之间使用较多,写给上级尽量不要使用。

八、优先级及阅读回执的设置

1. 优先级设置:要从客户角度出发考虑是否需要使用优先级;慎用优先级,滥用优先级会失去它原本的意义。

2. 阅读回执:一般不用设阅读回执。

——摘自程玲(北京市集佳律师事务所上海分所商标处主任):《商务邮件写作规则》,授权提供。

提升客户的阅读体验

无论是当面汇报、电话汇报,还是邮件汇报,法律文书或书面报告都是向客户呈现汇报内容的信息载体。这些文件除要符合专业上的文书格式等要求以外,更要从提升客户阅读体验的视角,去打造一份美观、整洁、规范,没有表达硬伤(如错别字）的文件。清晰美观的版式也是律师的形象体现，能为律师的工作增光添彩。如果文件排版一团糟，很难让人相信其负责人是一个作风严谨、思路清楚、认真负责的律师。

当然，提升阅读体验不只是面向客户，这应该是律师对外交付文件（包括在事务所内部向老板、同事交付文件）的最简单、最基本的要求，否则会给律师造成不用心、不敬业的形象。例如，法律文书写完后，最好通读一遍，可能只需要几分钟，但往往能发现一些错别字、病句或遗漏的地方，这应当成为律师必要的工作意识和职业习惯。

关于提升阅读体验的问题，本书在后面还将结合具体的文书进行阐述，这里仅例示若干：

——避免出现明显的错字、漏字或病句，特别要防止一开篇就出现。
——大标题应该居中、加粗，并且相较于正文的字体更大些。
——大标题要与正文以空格间隔几行，空间留白也很重要。
——正文的小标题应当加粗，或使用比正文大一号的字体。
——正文的文字不要太小，字体、字号都要统一。
——版面布局要合理，行距不要太挤（1.5 倍比较适宜）。
——正文内容比较多时，要注意分段，体现层次感。
——各个段落一定要注意对齐。
——文件应当标注页码。
——内容较多的情况下，应当制作封面（特别是纸版印制时）。
——内容和层次较多时，可以制作目录。
——使用事务所统一格式的页眉或页脚，等等。

保持谨慎谦虚的态度

在案件处理、信息沟通等过程中，应当真诚地沟通，不夸张、不欺骗、不虚构。绝对要避免与客户发生争执，即使是对案件或法律理解有不同的意见，也不应在通话中或当场与客户发生争执。可以事后发送邮件阐明律师的观点。

专栏：企业家不喜欢律师的十大理由

1. 因为他们不能简单明了地沟通

律师喜欢讲法律术语，只有他们自己听得懂。美国前副司法部长西奥多·奥尔森（Theodore Olsen）在其 *Garner on Language and Writing* 一书中写道，"法律术语是行话。所有专业人士都喜欢说行话，所有的专业人士都用这种语言思考，并企图通过使用行话使他们看起来更有优越感。"

2. 因为他们不随时告知我

律师总是将他们的客户蒙在鼓里。在整个处理过程中我都不了解交易进展到了哪一步。法律顾问汤姆·凯恩(Tom Kane)说:"从专业的角度来看,沟通失败通常不仅显得愚蠢,而且它也是一种无效的营销。人们甚至可以将它称为营销违规行为。"

3. 因为他们总是"过度律师化"

正如加利福尼亚诉讼专家约翰·德里克(John Derrick)在 *Boo to Billable Hours* 一书中指出的那样,"就像那些额外花钱请来的顾问没有经济动机去保持低的价格,那些按小时收费的律师至少在短期内是没有动机来缩短他们的工作时间的"。与之相反的,律师希望尽可能高地收费。但这会带来不必要的律师工作。

4. 因为他们不会聆听

律师总爱自己夸夸其谈,并不擅长聆听理解。我多次在会议室跟其他律师协商业务,却看见律师们在把玩黑莓手机或者接听电话。这不仅很无礼,而且是很差的律师之道。

5. 没有经验的律师在做大部分的事情

这在大部分,特别是那些大型的律师事务所里是不光彩的小秘密。它甚至有个名字叫"杠杆作用"。律师事务所试图让助理与合伙人的人数比最大化。这个比例越高,合伙人赚的钱就越多。然而对于大多数企业家来说,这通常意味着要为年轻助理的培训埋单。

6. 因为他们反应迟钝

我们都很忙,但这并不能成为没及时回复客户的电话或电子邮件的借口。客户对于"及时"有不同的定义,但一个工作日内是基本的。我曾经在一个私人案件中作为客户时就遇到过迟迟不回复的律师,而我以为那个律师正准备替我的客户结案。企业家都追求效率,我也是如此。

7. 因为他们是交易杀手

律师总是被当成交易杀手,因为他们总是不能用积极的语调来陈述,而且他们总爱列举某个特定的交易不能完成或者某个创意不可行的各种理由。曾经和我在一家律所一起工作过的一个不错的律师总是说:"好的律师能够定义哪些是有意义的潜在的法律问题,而杰出的律师能够提供这些问题的解决方法。"

——摘自斯科特·爱德华·沃克(Scott Edward Walker):《客户对律师不满意的十大原因》,张珑馨译,中国律师,2016-01-15。

延伸阅读:

1. 许蓉蓉:《如何起草法律备忘录》,载《律师之道:新律师的必修课》(第二版),第 5 章,北京大学出版社 2016 年版。

2. [美]斯蒂凡·克里格、理查德·诺伊曼著:《律师执业基本技能:会见、咨询服务、谈判、有说服力的事实分析》(第二版),第3章,中伦金通律师事务所译,法律出版社2006年版。

3．[美]奇普·希思、丹·希思:《行为设计学:打造峰值体验》,中信出版社2018年版。

4．徐晟磊:《律师如何设计客户体验》,iCourt法秀,2018-03-16。

5．刘海亮:《想让客户体验最好？三种律师思维必不可少》,iCourt法秀,2018-06-15。

6．大鱼:《把握这三大要点,律师向客户做汇报时效果会更好》,网律营管,2018-04-13。

7．方佳:《各位律师,你们真的会写邮件吗?》,iCourt法秀,2015-10-17。

8．冯清清:《新律师进阶之路:非诉业务的思维与方法》,第六章,中国法制出版社2019年版。

9．张瑜:《一件案子,你至少需要这六份工作报告》,天同诉讼圈,2019-05-11。

第 4 章 法 律 检 索

关键词：应用场景　法律研究　检索方法　法条检索　案例研究

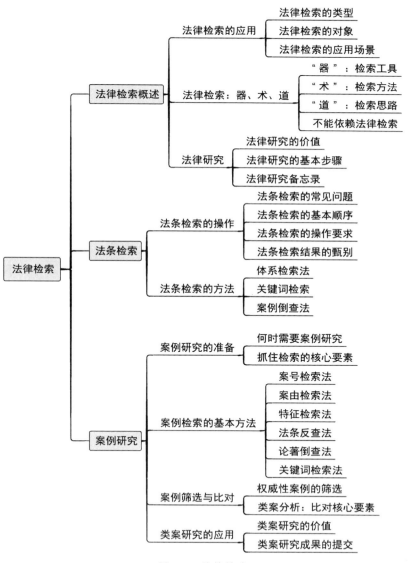

图 4-1　法律检索

4.1 法律检索概述

4.1.1 法律检索的应用

法律检索的类型

广义上的法律检索,包括法条检索(狭义的法律检索,亦包括政策文件的检索)、案例检索和文献检索(法律理论检索)。法律检索是法律研究的基础,主要是为法律研究提供法律规定、类案判决和理论研究上的各项支持,用以:

——确定法律关系的性质和效力
——明确法律规定的解释与运用
——解决程序问题
——协助认定证据和事实
——协助厘清案件争议焦点,等等

法律检索的对象

基于办案的需求而进行法律检索时,在检索对象的顺序上,一般而言,首先是检索法律条文,然后是同类案例,最后是理论支持,以及国外案例。当然,检索的对象范围也有例外,比如,在案例检索时,对方当事人的诉讼案例、委托人的诉讼案例、对方律师承办的案例等都有可能需要纳入检索范围。

法条检索和案例检索在后面将专门介绍,文献检索是每个受过本科和研究生毕业论文训练的律师都应该掌握的技能,故不再专门阐述。需要说明的是,与学术研究不同,对于律师办案而言,文献检索的范围更为实用和狭窄,纯理论的检索需求相对较少,通常优先搜索:

(1)官方发表的法律解读,如国家知识产权局条法司的《〈专利法〉第3次修改导读》;

(2)案件主审法官的论著;

(3)最高法院法官(尤其是分管副院长、庭长)的论著;

(4)其他法官的论著,包括案件受理法院的其他法官、其上级法院法官、全国知名法官的论著;

(5)权威学者的论著,等等。

法律检索的应用场景

法律检索作为律师的一项基本执业技能,贯穿于客户会见、方案设计、立案准备、庭审准备等多个环节。

——为会见客户提供法律分析方面的支持。通过初步检索了解相关的背景知识、法律规定或同类判决,律师在会见客户时会更有底气、更胸有成竹。

——**为客户设计诉讼初步方案提供支持**。尤其是为客户制定诉讼方案提供专业支持,包括确定诉讼目标、选择案由、选择管辖法院、确定举证策略等。比如,通过案例检索找到更倾向于支持委托人一方主张的法院,从而策略性地选择管辖法院。

——**为诉讼进行提供全方位支持**。包括对立案、举证、开庭、上诉等各个诉讼环节的程序和实体问题(或事项)提供支持,为起诉状、代理词、举证/质证意见等法律文书的撰写提供支持等。

——**深度了解主审法官**。通过检索主审法官判决的案件,了解其对同类案件的裁判思路及主要观点,甚至可以通过"中国庭审公开网"检索该主审法官的庭审视频,了解该法官的性格特点和庭审风格,进而指导律师的庭审发言。比如,通过观看过往庭审视频发现某位法官经常打断律师发言,那么,在参加该名法官主持的庭审时就应当做到发言精简,避免被频繁打断的尴尬场景发生。[1] 再如,商标确权案件的一审和二审是北京知识产权法院和北京高级人民法院所垄断的,而且可能就集中在几个法官手上,因此,注意这些法官撰写的文章或发表的演讲,对办理相关案件将大有裨益。

——**全面了解对方当事人**。检索了解对方当事人的基本情况、主要业务、诉讼历史,尤其是同类案件的诉讼主张及判决结果等信息,以及对方当事人代理律师的相关情况。

经验:律师谈检索

一家公司因作品侵权被权利人诉至上海浦东法院,索赔 8 万元人民币。律师拿到诉状后,以权利人(系自然人)的姓名作为检索关键词,在无讼案例数据中检索其作为当事人的民事侵权案例,发现自 2016 年以来,该权利人已经提出了著作权侵权诉讼 50 余件,其中 53.5% 的案件为裁定结案,大概率为双方当事人达成了调解或和解。而判决结案的案件中,根据被告及其作品使用情况,判决赔偿金额多为数千或数万元,其中在上海某区法院的判决中,权利人主张 10 万元赔偿,获赔 1 万元。

经过这一番初步检索(无讼网站可以自动生成一些统计图表),大概可以勾勒出原告的画像:该权利人系以著作权维权为业的职业索赔人,有和解的意愿,以往诉讼的获赔金额和获赔率并不太高。而作为被告的该公司的确也存在侵权使用的事实,并且有主动和解的意愿,在此背景下,律师即可根据前述检索的情况与客户商讨诉讼的应对策略及和解方案。(本内容由本书作者提供)

---

[1] 黄艺威:《委托到结案:法律检索全流程指南》,iCourt 法秀,2019-08-08。

4.1.2 法律检索：器、术、道

信息论的本质就是利用数据（信息）消除不确定性。法律检索要达到预期的目的，解决客户的需求与结果之间的不确定性，需要三个方面的保证：

"器"：检索工具

进行法律检索必须依赖于法律或案例数据库、搜索引擎或其他权威网站等检索工具或数据库，因此，必须熟悉本领域的数据资源，掌握数据库的检索方法。常用的数据库有北大法宝法律法规数据库（网址：www.pkulaw.cn）、中国裁判文书网（网址：wenshu.court.gov.cn）、中国知网（论文数据库）等比较权威的数据库；威科先行·法律信息库（网址：law.wkinfo.com.cn）、无讼数据库（网址：www.itslaw.com）、Openlaw 数据库（网址：openlaw.cn）等专业数据库。应当尽量从权威数据库或官网上搜索、打印法条或案例，避免使用网站或自媒体（如百度百科等）发布的错误信息。

"术"：检索方法

进行法律检索需要掌握基本的检索方法与技巧，最基本的操作方法就是利用"高级检索"的功能，一次性在不同维度上输入不同关键词，提升检索的效率。在法律检索中，常见的法条检索法有"体系检索法""关键词检索法""案例倒查法"等，常见的案例检索法有"案号检索法""案由检索法""特征检索法""法条反查法""论著倒查法""关键词检索法"等，后面将分别阐述。

"道"：检索思路

进行法律检索必须确立整体的检索思路。简言之，只有准确界定要解决的问题，明确检索的目的，才能精确判断检索的思路和方向。如果汽车开错了方向，司机有再好的车技，也不能抵达目的地。有了检索思路才能更好地选择检索关键词或筛选条件。当然，检索思路的确立，有赖于检索目的之定位。在进行法条检索时，常见的检索目的如下：

——确认请求、抗辩主张的法律依据；
——审查对方当事人适用的法律依据；
——预测裁判结果；
——对裁决适用的法律进行复核；
——进行行业或专业分析；
——其他与适用法律有关的情形。

不能单纯地依赖法律检索

需要指出的是,从事律师执业不能单纯依赖于法律检索。法律检索水平的高低绝不仅仅是对数据库使用的熟练程度,从整体出发,数据库的使用是基础技能,更多地依赖于律师本人对相关行业的了解程度以及相关行业常用法律法规的熟悉程度。比如,某律师接到一件涉及电影版权争议的案件,从行业素养来讲,应当需要了解电影的发行、制作等流程,明白电影的产生可能关联到哪些主体;从法律要件来讲,需要明白与娱乐、电影相关的法律法规,比如《中华人民共和国电影产业促进法》;从检索逻辑上讲,需要明白案例、法规、司法观点、政府文件、政策等可以从何处获得,等等。因此,法律检索技能的全面提升是上述三个方面的综合体现。[①]

知识产权律师对知识产权领域的法律、法规及司法解释,以及重要的判例,应该比较熟悉。虽然不要求也没有必要记诵法条,但对有哪些重要的法律文件、有哪些常用的法律条款,有哪些典型的尤其是里程碑式的案例,应当有一个粗略的认识和记忆,这样更有助于法律检索,防止漏检。

比如,以"著作权"进行标题检索,可能就找不到《最高人民法院关于审理侵害信息网络传播权民事纠纷案件适用法律若干问题的规定》。再如,关于知识产权刑事犯罪的司法解释连续经过了修改或调整,虽然均属有效,但内容存在冲突,如果只检索到《最高人民法院、最高人民检察院关于办理侵犯知识产权刑事案件具体应用法律若干问题的解释》(2004年),而没有注意到还有《最高人民法院、最高人民检察院关于办理侵犯知识产权刑事案件具体应用法律若干问题的解释(二)》(2007年)、《最高人民法院、最高人民检察院、公安部关于办理侵犯知识产权刑事案件适用法律若干问题的意见》(2011年),极有可能对某些法律事项作出错误的判断。

4.1.3 法律研究

法律研究的价值

"法律研究"是指从客户的案件需要出发,结合法律政策、同类案例、学术理论等,并根据案件事实,对案件涉及的法律问题进行分析研究,或对案件的诉讼结果进行初步预测,为制定诉讼方案、拟订诉讼策略等提供法律和理论支持。法律研究的结果优劣会直接影响案件办理结果,法律研究的过程也是发现案件争点(争议焦点)、调整办案思路的过程。兹举一例:

最高人民法院于2017年3月9日发布了第16批共10件指导性案例,其中,

---

① 王平:《法律检索:从毫无头绪到构建体系》,iCourt法秀,2019-06-04。

在第82号指导案例"王碎永诉深圳歌力思服饰股份有限公司、杭州银泰世纪百货有限公司侵害商标权纠纷案"(简称"歌力思"案)中,最高人民法院明确指出,当事人违反诚实信用原则,损害他人合法权益,扰乱市场正当竞争秩序,恶意取得、行使商标权并主张他人侵权的,人民法院应当以构成权利滥用为由,判决对其诉讼请求不予支持。

类似"歌力思"案这种原告恶意取得、行使商标权并主张他人侵权的案例并不少见。在此前类似案例的判决中,地方法院一般不支持或仅部分支持作为原告的恶意抢注者的赔偿请求,但认定作为被告的在先使用人构成侵权。相对而言,最高人民法院在"歌力思"案中迈出了更大的步伐,直接判决作为被告的在先使用人不构成侵权,作为原告的抢注者构成权利滥用。

该案充分体现了商标审判领域倡导诚实信用原则的司法导向,对净化市场环境、规范市场竞争秩序、遏制商标恶意抢注现象,具有重要的价值导向作用。事实上,"歌力思"案的判决结论在当时的《中华人民共和国商标法》上并没有直接的、明确的法律依据,主要是按照法律原则和立法目的作出的判决。但研究该案,对于类似案件的办理具有重要的指导意义。

法律研究的基本步骤

法律研究是律师的基础技能之一,贯穿执业始终。通常,法律研究的基本步骤如下(亦包含了法律检索的内容):

步骤1:了解并确定需要研究的法律问题的背景事实。在检索法条、案例等信息之前,必须了解案件事实,并判断可能的争议焦点。在开展法律研究的过程中,如果需要进一步了解事实,可以联络客户要求提供进一步的证据或相关材料。

步骤2:初步构思研究的方法和思路。研究中有不清楚的问题,应当及时与交待研究任务的老板或同事沟通。

步骤3:进行正式研究。研究的过程包括检索、确定所研究的法律规定,并解析上述法律规定。查找适用上述法律规定的相关案例并作出摘要,依照案例中法官的说理预写或图示法律规定适用。

步骤4:检查与更新。前述法律研究须持续进行,尤其在开庭前应进一步深入研究,并持续更新研究成果。

法律研究备忘录

进行法律研究,必要时可以撰写"法律研究备忘录",用以协助向客户提出法律意见或诉讼建议。法律研究备忘录的内容主要包括以下内容:

——引言。简要介绍什么人、什么时间交代涉及什么案件的什么法律问题。

——法律问题。说明需要研究的具体法律问题。

——分析结论。对前述法律问题给出简短的结论或意见,相当于概述法律研究的内容。

——事实背景。对案件必要的事实背景进行介绍。

——法律分析。对前述法律问题展开分析,主要解释和分析所有适用的法律依据,然后将案件事实和法律规定结合起来,针对当事人的具体问题给出法律判断,得出合乎逻辑的结论。

——结论与建议。对以上所有内容进行总结,对法律问题给出明确的、清晰的答案,必要时给出适当的建议。它应比"简短结论"部分有所提升,但本质上还是在重复同样的信息。

4.2 法条检索

4.2.1 法条检索的操作

法条检索的常见问题

对法律检索不熟悉的律师助理,往往在检索法律条文时,会出现以下问题:

——不知如何找。主要表现为不了解常用数据库,不会选择检索条件,不会使用检索技巧。

——找也找不到。主要表现为没有检索经验,或者单纯信赖检索技巧。

——找了没有用。主要表现为检索需求与检索目标不匹配,检索结果不适用本案。

——找到不好用。主要表现为检索结果的表现形式不规范,法律条文未作摘录或整理,不方便使用。

法条检索的基本顺序

法条检索的范围,包括全国人大颁布的法律及相应的立法解释、行政法规、司法解释以及最高人民法院发布的批复、通知等,还有部门规章及部门规范性文件、地方性法规和地方规章、地方有关部门制定的规范性文件。除此以外,有的文件即使不是正式的法律规范,仍然有其参考价值,比如:最高人民法院发布的司法政策、会议纪要、分管或主管领导的讲话或报告、法律或司法解释的征求意见稿。关于法院管辖问题还要检索各地高院的规定,北京高院等发布的指导意见等文件也不能忽视。

通常而言,法条检索的基本顺序如下:

——**从上位法到下位法**。上位法的法律效力高于下位法,因此,寻找法律依据首先应当从上位法开始检索。

——**从一般法到特别法**。比如,对于涉及驰名商标认定的侵权案件,先检索《中华人民共和国商标法》,再检索《中华人民共和国商标法实施条例》,然后检索

《驰名商标认定和保护规定》和与驰名商标相关的司法解释。

——**从法律法规到司法解释**。在特定的问题上，司法解释的规定往往更详细、更有可操作性。有的甚至体现在司法政策上。

——**从模糊检索到精确检索**。对于要解决的问题无法确定关键词时，应当先使用更上位、更模糊的关键词检索，在检索过程中逐渐发现更适当和更精确的关键词。

——**从全面检索到定向检索**。特别是专业律师，不要把检索范围直接锁定在自己的专业法律领域，这样找到的检索结果极可能产生错误的结论。要全面检索法律规范，不要直奔主题，避免犯错误。

经验：律师谈检索

2016年年初，有一个涉及网络传播侵权视频的案件，这个传播视频的侵权人身在东北的一个小城市，他办的网站服务器也不在上海，但在上海登记营业的客户希望在上海的法院起诉他。起诉他有两个方式，一是起诉他违约，因为他是付费购买了视频后再传播的，有违约行为，按网站注册的用户协议，约定由上海法院管辖。但主张违约责任并不容易，要证明侵权人就是付费购买的用户还需要查核事实。另一个是起诉他著作权侵权，但按《最高人民法院关于审理著作权民事纠纷案件适用法律若干问题的解释》（法释[2002]31号）第四条的规定，应当由侵权行为的实施地、被告住所地人民法院管辖，显然不能在上海的法院立案。

但是，2015年《最高人民法院关于适用〈中华人民共和国民事诉讼法〉的解释》（法释[2015]5号）第二十四条规定："民事诉讼法第二十八条规定的侵权行为地，包括侵权行为实施地、侵权结果发生地。"第二十五条规定："信息网络侵权行为实施地包括实施被诉侵权行为的计算机等信息设备所在地，侵权结果发生地包括被侵权人住所地。"这条规定出来后，改变了法释[2002]31号第四条的管辖规则，使得通过信息网络侵犯著作权的行为，可以由被侵权人住所地（即原告住所地）法院管辖。

最终，律师建议客户在上海的基层法院以著作权侵权为由提起了诉讼。如果在进行管辖方面的法律检索时，只看最密切相关的著作权司法解释，可能恰恰会作出错误的判断。

（本内容由律师匿名提供）

法条检索的操作要求

进行法条检索时，在操作规范上，应当注意：

——简要说明检索记录。包括检索时间、检索数据库、检索方法、检索关键词等,以便审核检索流程,查漏补缺。列明检索要解决的问题,方便承办律师判断律师助理或初级律师检索的大方向是否发生错误或者偏差。

——标注相关法律条文。将检索到的法律文件结果列表,不仅要初步浏览后再进行筛选,还要对筛选出来的法律文件初步阅读,并对与案件直接相关的法条进行标注(下划线、加粗或使用记号笔),避免直接提交整个法律文件,以节省承办律师的时间。

——如需对法条进行摘录,应当详细标明法律法规名称、发布机构、发布日期,以及具体的条、款、项。对于案件需要的法律依据,可以事先剪辑出来,以备庭审或撰写代理词时使用。法律法规全文也同时附上,方便查看全文,尤其是不太常用或者层次较低的法律规范(如《中国药品通用名称命名原则》),全文留存,以备提交法院。

——分类整理法律条文。可以按照一定的逻辑顺序整理汇编法条,比如按颁布部门、颁布时间和管辖范围或争议焦点等,对法律条文进行分类整理。

法条检索结果的甄别

对检索所得法律法规及法律条文,要对其有效性和实用性作出全面调查分析。特别注意审视该法条的有效性,有无被其他法律全部或部分更新、修改、废除或补充,既不可以引用已失效的法规,又不要漏掉最新的规定。

具体而言,可从以下方面进行查核和甄别:①

——检查法条是否有效?

- 法条(及所在法律)是否已被废止
- 法条是否已被修改(新旧商标法比较)
- 法条是否属于已经公布但尚未施行
- 法条是否属于法院裁判可依据的文件范围
- 是否漏掉最新的相关规定

——检查法条在事项效力上是否适用于本案?

- 注意法律文件的标题对适用事项范围的界定
- 注意法律文件的条文对适用事项范围的界定

——检查法条在时间效力上是否适用于本案?

- 实体立法一般不具有溯及力
- 实体司法解释一般具有溯及力
- 程序立法或司法解释即时适用
- 在查询法规时,对相关历史性的规定可以查询并参考理解,但须注意其失效的事实。

---

① 高杉峻:《法律检索标准流程》(第10版),高杉 LEGAL,2019-02-12。

——注意发文机关及其相互之间的关系,以确定法律的位阶和相关部门对法律行为是否有管辖权。

4.2.2 法条检索的方法

体系检索法

以检索要解决的问题或需求可能涉及的法律体系作为检索起点。比如,针对对方假冒客户包装装潢图案的侵权事实,从体系上判断可能涉及《中华人民共和国反不正当竞争法》《中华人民共和国商标法》《中华人民共和国专利法》或《中华人民共和国著作权法》及其相关司法解释。再如,针对专利权用以入股的是使用权还是所有权这一问题,从体系上判断可能涉及《中华人民共和国公司法》《中华人民共和国合同法》,以及与技术转让等相关的司法解释。

关键词检索

关键词是法律检索的路标,但如何选择关键词是一件困难的事情。第一次检索时,"关键词"最好从最小限度的词语开始选取,这样可以初步判断检索结果的数量,为进一步的结果筛选策略提供支持(比如,在检索结果较少时,可以采用逐一阅读检索结果的方式筛选目标信息)。如果检索所得结果过多,不易人工筛选,可以缩小检索口径,如:(1)加长关键词(专利→专利产品),(2)加关键词(无效→专利＊无效),(3)增加检索项(发布机关限定为最高人民法院)。如果检索所得结果过少,需要扩大检索口径时,则反之(如果关键词有进一步缩小的可能性)。

关键词的选取,可以通过以下方法:

——从文本出发发现关键词:同义词、近义词、反义词。

——从相关法条的表述中发现关键词。

——从判决的行文中发现关键词。

——从行业习惯用语出发发现关键词。

——根据法理发现关键词,等等。

用于检索的关键词不等于与案件事实有关的关键词,事实上,检索关键词需要更大的范围,包括运用各种灵活变换的方式进行检索:

——同义词或反义词替换,如"著作权"与"版权"替换。

——关键词拆分,如"标准必要专利"拆分为"标准＋专利"。

——概念转化,如学术词汇"商标退化"转换为"商标＋通用名称"。

——上下位概念变换,如"技术转移"变换为"专利许可""专利转让",等等。

比如,为了检索与"专利出资后的权属问题"有关的法律规定,以"专利＋出资"进行关键词检索,没有找到检索结果,以"技术成果＋出资",则可以找到检索结果,如《最高人民法院关于审理技术合同纠纷案件适用法律若干问题的解释》(法释

[2004]20号)第16条即有相关规定：

当事人以技术成果向企业出资但未明确约定权属，接受出资的企业主张该技术成果归其享有的，人民法院一般应当予以支持，但是该技术成果价值与该技术成果所占出资额比例明显不合理损害出资人利益的除外。

当事人对技术成果的权属约定有比例的，视为共同所有，其权利使用和利益分配，按共有技术成果的有关规定处理，但当事人另有约定的，从其约定。

当事人对技术成果的使用权约定有比例的，人民法院可以视为当事人对实施该项技术成果所获收益的分配比例，但当事人另有约定的，从其约定。

案例倒查法

案例倒查法，即从类似案例中去寻找法条。通过浏览类似案例，查看法院在"本院依据某某法……"部分引用的法条。从同类判决中发现需要的法律条文，也是案例检索与研究的价值之一。当然，这需要律师长期积累案例，或者善于检索和发掘类似的案例。

比如，从"世达"商标行政诉讼案中，可以发现法院援引《中华人民共和国商标法》(2001年)第4条，将吊销营业执照但未办理注销手续时的商标申请行为认定为无意用于生产经营活动。那么对于类似的行政确权案件，也可以引用《中华人民共和国商标法》第四条来支持自己的主张。

案例："世达"商标行政诉讼案

……世达公司不服，向北京市第一中级人民法院提起行政诉讼。审理期间，世达公司从企业工商查询信息中发现，天津丽津设备厂已于2007年12月11日被吊销，遂向法院提交相应证据，指出由于天津丽津设备厂已经于2007年被吊销营业执照，已不具备经营资格，其申请注册的被异议商标不应予以注册。

经审理，法院认为，根据《中华人民共和国商标法》第4条"自然人、法人或者其他组织对其生产、制造、加工、拣选或者经销的商品，需要取得商标专用权的，应当向商标局申请商品商标注册……"的规定，商标的基本功能在于指示商品或者服务来源，申请注册商标是为了在市场上将申请注册人（即天津丽津设备厂）提供的商品或者服务与其他主体提供的商品或者服务相区别。已被吊销营业执照的企业主体的经营资格受到一定的限制，已不具备向市场提供商品或者服务的条件，同时，天津丽津设备厂自2007年12月11日被吊销营业执照至今已长达六年之久，其既未在合理的期限内履行法定义务及时办理注销手续，又未在合理的期限内向其投资人或者其他具有经营资格的主体转让被异议商标，可推定其已无使用被异议商标的主观意图，在此基础上，法院结合被异议商标尚处于注册审核阶段，尚未成为一项法定的权利，以及节约社会资源等因素综合考虑，于2014年8月8日作出被异议商标不应予以核准注册的判决。

——摘自陈晓玲:《吊销营业执照但未办理注销手续时申请商标被认定为无意用于生产经营活动》,万慧达知识产权,2015-01-20。

4.3 案例研究

4.3.1 案例研究的准备

何时需要案例研究

法律规范无法穷尽现实纠纷的一切可能性。有的法律问题并没有明确的法律依据支持。特别是当遇上新类型、疑难性案件时,仅仅求诸法条无法获得有用的结论。此时,案例检索与研究就成为必需的功课。当然,案例研究更主要的是类案研究。所谓类案,是指与诉争案件的事实要素高度一致的案件。本节主要介绍类案研究。

每一个案件都可能涉及不止一个争议问题,一般只有律师不太了解、拿捏不准的争议问题,才有必要进行类案研究。比如,一个商标刑事诉讼的案件,客户希望启动对被告的民事责任追究,考虑到实践中做法各异,先刑后民、先民后刑、刑民并举、刑事附带民事诉讼等情形都有可能发生,这时,民刑交叉这一问题就值得进行类案研究。

通常需要类案研究的问题具有以下特征:

——通常是法律适用问题而非事实认定问题;

——成文法规定较模糊或缺乏成文法;

——初步检索后发现司法实践裁判标准不一;[①]

——属于新颖或者疑难的法律问题。

抓住检索的核心要素

在各大案例数据库中,案例判决可谓汗牛充栋。如何找到有用的案例,特别是具有重要参考价值的类案?首先需要明确案件的核心要素——或是事实要素,或是法律要素,或两者兼而有之。这些核心要素就是需要研究的法律问题,如果抓不住核心要素(特别是事实要素),就没有办法进行有效的案例检索和筛选。兹举几例:

——在本案中,当被许可人在使用许可人的注册商标时,亦在其产品包装上同时使用自己注册的商标,此时被许可人在商标许可合同期内同时使用自己商标的

---

① 沈一:《类案研究的意义和方法》,天同诉讼圈,2019-01-12。

行为是否构成商标侵权?

——在本案中,委托人(权利人)的高知名度注册商标,被他人登记为企业名称的字号,但目前尚未找到其存在产品销售的证据。如果他人仅有单纯的企业名称登记行为(无实际经营证据),能否构成《中华人民共和国反不正当竞争法》第6条第(二)项的行为?

——在本案中,他人将委托人(权利人)的知名字号(未注册商标),在不相同的行业登记为企业字号。此时,权利人的知名字号主张跨类保护(即在不同的行业要求保护)能否得到支持?

——在本案中,基于同一部电影剧本,不同导演组织不同演员拍摄的电影,能否因为两部电影剧情相近似,而认定两部电影的连续动态画面相近似?

4.3.2 案例检索的基本方法

其实,所有的案例检索方法都可以归结为"关键词"+"筛选条件"检索。基本上,案例数据库(或网站)都会提供筛选条件来帮助用户缩小搜索范围,比如,可以根据案件类型、当事人信息、发生地区、发生时间、案由、法官、法院等与裁判文书相关的各个连接点作为筛选条件来进行检索。比如,律师只想检索最高人民法院或受理法院的案例,则可以通过限定筛选条件为"最高人民法院"或受理法院来缩小检索范围。

各种检索方法不是孤立的,而且有的检索方法在某些检索场景中特别有优势,所以要打好"组合拳",综合利用各种方法交叉检索、比对查验,这样才能做好案例检索。

案号检索法

案号是每一份裁判文书独特的身份标识,就像每个人的身份证号码一样,是区分彼此最直接、最准确的要素。最高人民法院颁行《关于人民法院案号的若干规定》(法[2015]137号)及配套标准后,案号编排的标准化极大地提高了检索效率。在新案号体系下,案号的基本要素为收案年度+法院代字+类型代字+案件编号(如[2016]最高法民申134号),如果通过他人演讲课件或专业文章等渠道,已经知道了案件的案号,自然可以在数据库中迅速定位目标案例的判决书。

案由检索法

案由就是关键词,每份判决书的标题都包含案由。《民事案件案由规定》共规定了四级案由,其中,第一级案由10类,第二级案由43类,第三级案由424类,部分第三级案由下还有第四级案由,这些案由都可以作为关键词。案例数据库的高级检索功能一般都支持选择案由,这样可以进一步缩小检索范围,有助于我们更快地找到想要的案例。

当然，同一案由的案例实在太多，因此一般不能作为独立的检索关键词，需要结合其他关键词进行检索。有的数据库会根据"案由"自动匹配最高人民法院的指导性案例，或其他具有权威性但数目有限的案例（比如 iCourt 研发的 Alpha 系统），如果能够从中找到符合条件的类案结果，自然最好，这样可能就不需要再继续检索下去了。

特征检索法

根据平时积累的信息，已知当事人名称或其他特征信息（如商标名称），当然比较容易锁定特定的案例判决。广义上讲，案号检索法也是特征检索法的一种。比如，查找外文词汇与中文翻译不构成近似的商标确权案例，根据之前的了解，模糊地记得资生堂株式会社曾申请一枚外文商标（有吉祥的中文含义），因与国内企业的"吉祥"商标相近似，而被驳回商标申请。以此为基础，提取特征信息进行检索。

第一次检索：在无讼、openlaw 案例数据库中，以"资生堂＋吉祥"作为关键词检索，无目标案件的结果出现，说明当时前述数据库尚未收录此案。

第二次检索：转战百度，在更广泛的信息海洋中检索。以"资生堂＋吉祥"作为关键词搜索，百度搜索出来的结果太多，并以广告或资讯为主，前几页皆无法识别出目标案件的判决书。

第三次检索：仍在百度中检索，以"资生堂＋吉祥＋商标案"作为关键词搜索，第一个搜索结果即是检索目标。

从上述检索过程，还可以发现两个现象：

（1）虽然北大法宝、无讼、openlaw 案例等案例数据库是首选的检索数据库，但百度等搜索引擎也并非没有用武之地，毕竟不是所有的判决书都会收录在案例数据库中，更何况不少案例数据库是收费或需要注册的。事实上，目前微信公众号不像网页信息那么杂乱，通过微信检索，也能快速得到比较精确的检索结果。

（2）检索技巧很重要，比如，有时候增加一个"案"或"判决"检索词进行限定，会将检索结果精确很多。当然，检索技巧有很多，这里不介绍这些操作细节。

法条反查法

如果能够初步判断本案适用一个具体的法律条款，那么，可以通过法律条文倒过来检索案例。比如，已知北京知识产权法院曾援引《中华人民共和国商标法》（2019 年修改前）第 4 条，解释商标申请的目的在于使用，借以打击商标囤积行为，但已经记不得涉及哪个商标或公司，则可以《中华人民共和国商标法》第四条作为检索词进行检索，然后再进行案例筛选或进行二次检索。值得注意的是，有的数据库有法条联想功能，可以直接按图索骥。

论著倒查法

有的论文或专著，特别是案例研究类的论著，会有大量的典型案例介绍或援引。比如：崔国斌出版的专著《专利法：原理与案例》收录了不少案例，刘维发表的《我国注册驰名商标反淡化制度的理论反思》(《知识产权》2015 第 9 期)分析了 35 份裁判文书。直接通过这些论著提供的线索，溯源检索目标案例的判决书，将大大减轻检索工作量，提高检索精确度。

关键词检索法

如果此前没有具体的案例积累或信息碎片，那么只能大海捞针，根据案件的核心要素选择，甚至不断尝试检索关键词。关键词可源于多种场合，如当事人口述或书面文件表述、证据标题、就该主题整理归纳的专业文章、相关法律规定表述、相关单一案例归纳，等等。① 其实，前面提到的案由检索法、特征信息检索法，其实都是关键词检索法。

如何根据案例的核心要素去选取关键词？这很难有一个固定的模式，也很考验检索人员的法学素养、学习能力和检索能力，往往需要反复检索，不断试错调整；由大及小，不断收缩范围。大多数情况下，检索结果的获得需要综合运用各种检索方法，随着检索工作的推进，不断发现和检索新的关键词。

假设在 2015 年的时候，被告从原告(专利权人)那里购买了一些零部件，并使用该零部件制造成品，而原告指控被告制造的成品侵犯其专利权。律师结合案情进行文献检索后，初步判断这是一个涉及专利默示许可的问题。然后，以"专利＋默示许可"作为关键词进行论文检索，可以得到《中国专利与商标》杂志 2014 年第 4 期发表的《中国专利默示许可实践探究》一文，而该论文介绍了当时很多专利默示许可的案例。

4.3.3 案例筛选与比对

权威性案例的筛选

案例检索的目的是为在办的案件提供思路、参考或指引，因而检索的案例自然是越权威越好。所以，对案例检索的结果进行筛选时，首先要集中在比较有权威，或者能够对受理法院产生直接影响的案件上，比如最高人民法院或受理法院上级法院判决的案件。按照这个原则，案例筛选的范围可以按如下顺序，大致排列先后次序：

——最高人民法院发布的指导性案例。根据《最高人民法院关于案例指导工作的规定》(法发〔2010〕51 号)第 7 条的规定，最高人民法院发布的指导性案例，各级人民法院审判类似案例时应当参照。可见，指导性案例是权威性最高的案例。

---

① 白心洁：《类案全面检索基本标准问题研究》，http://nmgfy.chinacourt.gov.cn/article/detail/2018/12/id/3607633.shtml，2018-08-03。

——最高人民法院公报案例。

——最高人民法院公布的其他案例,比如:《最高人民法院知识产权案件年度报告》、最高法院发布的中国法院知识产权司法保护10大案件和50件典型案例,等等。

——受理法院判决的案例,尤其是合议庭和经办法官审理的案件。

——受理法院上级法院判决的案例。

——受理法院或其上级法院(如省高院)发布的十大案例等典型案例,这些案例可能是受理法院的下级法院或同一省市其他同级法院判决的。

——国内其他法院判决的相关案例,主要是受理法院及其上级法院以外的法院所判决的案例。

——国外判决的类似案例,等等。

类案分析:比对核心要素

在类案分析时,要紧紧围绕事实要素展开。只有核心事实要素相同或基本相同的类案,才有证明价值和说服力。若法院在A事实下得出某一结论,而在B事实下得出相反结论,那么我们就要分析A事实与B事实的差异具体在于何处,此种差异对裁判观点的影响,该种影响又是基于何种价值判断,差异背后体现的是否是同一裁判逻辑和同样的价值判断。除事实要素分析外,还可以从时间维度进行比较,这样可能发现裁判者价值观的转变过程。①

在进行类案分析时,可以借助学术论文的解读,特别是主审法官自己针对该案撰写的介绍或分析,准确把握争议问题及裁判逻辑。需注意的是,进行案例研究,特别是类案分析时,必须查阅判决原文(除非穷尽检索手段确实找不到),有终审或再审的案件一定要查阅相应的裁判文书,以免阅读他人的总结,误解或遗漏了关键的事实要素或裁判要旨。

模拟示例:类案检索分析

在本案中,被告快乐饮公司在其经营的酒吧店招、营业场所内使用了"快乐饮"字样。原告欢乐饮公司以其侵犯"欢乐饮"注册商标专用权诉上法庭。本案的一个争议点是被告在其酒吧营业场所使用"快乐饮"字样,能不能主张是对其企业名称简称的使用?

经检索发现,在最高人民法院(2016)最高法民申1405号民事裁定书("大光明"案)中,最高人民法院认为:"对于依法登记取得的企业名称,企业可以依照相关规定简化使用。企业名称登记管理规定第二十条规定,从事商业、公共饮食、服

---

① 沈一:《类案研究的意义和方法》,天同诉讼圈,2019-01-12。

务等行业的企业名称牌匾可适当简化。根据原审查明的事实,合肥大光明公司(全称'合肥市大光明眼镜有限责任公司')在合肥市经营四家店铺的店面招牌标用'大光明'字样,销售眼镜附带的眼镜盒、眼镜布以及配镜单上标注'大光明眼镜店'字样,系简化使用企业名称从事经营活动的行为。合肥大光明公司在其经营店铺招牌、销售眼镜所附带的眼镜盒、眼镜布以及配镜单上长期使用'大光明''大光明眼镜店'文字,已在相关市场具有一定知名度,形成与浙江大光明公司注册商标可以区分的标识效果。原审法院综合考虑历史原因、公平竞争等本案实际情况,认为不应当认定合肥大光明公司前述行为构成商标侵权的意见,并无明显不当。"

本案中,被告快乐饮公司使用"快乐饮"字样,能否援引前述"大光明"案主张其属于简化使用企业名称的行为,至少得重点比对以下事实:(1)被告快乐饮公司的字号登记时间与原告商标申请注册时间的先后,与前述"大光明"案的相应情况是否一样。(2)前述"大光明"案中被告的四家店铺成立时间和对"大光明"字样的使用时间有多久;本案被告是否存在类似的情形。(3)被告快乐饮公司对"快乐饮"使用方式,与前述"大光明"案的相应情况是否基本相同或类似。(4)被告快乐饮公司的"快乐饮"酒吧是否已有一定的知名度。

只有上述四项事实要素都相同或类似,被告援引"大光明"案的裁判要旨才有说服力。在庭审时,援引"大光明"案还应主动把事实要素的比对情况向法官说明,并书面提交法庭。

4.3.4 类案研究的应用

类案研究的价值

自 2017 年 8 月 1 日起施行的《最高人民法院司法责任制实施意见(试行)》明确实施类案与关联案件检索机制,规定法官在审理案件时,应当进行案件检索,制作检索报告,并据此分情况决定进一步的处理。可见,法院系统都在推行类案研究,促进"同案同判",统一裁判尺度,确保司法权威。

雷德林克指出:"每个先例对未来的同类或类似性质的案件都具有某种指导力量。"对于律师而言,通过提取案例的核心要素,抓准需要研究的问题,检索类案加以研究,具有多方面的法律价值:

——借助类案研究,律师可形成案由选择、法律适用、抗辩主张等办案思路。

——通过类案研究,弥补成文法相对抽象的不足,增进法官对法律适用的理解,也减轻主审法官的类案检索负担。

——通过类案研究,归纳其他法院处理类似问题的裁判规则,为本案寻求适用或借鉴。

——如果类案的判决结果对本案有利,还可以策略性地考虑是否将本案放在类案判决的法院(或其下级法院)管辖。

比如,针对"被许可人在商标许可合同期内同时使用自己商标的行为是否构成商标侵权"这一问题,通过案例检索发现,在"雪舫蒋"商标侵权案[浙江高院(2013)浙知终字第 301 号判决、最高法院(2014)民申字第 1233 号裁定]中,浙江高院判决认为,在同一商品上标注被许可商标和自有商标的行为,使得同一商品出现两个商业来源,极易导致相关消费者认为两个商标所指向的商业来源具有同一性,从而损害被许可商标的识别功能,故该行为构成商标侵权。根据综合考虑,律师最终决定把本案的一审管辖放在杭州中院(上诉法院系浙江高院)。①

类案研究成果的提交

在找到类案后,要进行初步比较分析,如果案件核心要素基本一致,并且判决结果有利于本案,则可以就检索到的类案判决,撰写裁判要旨、案例概要或类案研究报告,以协助承办律师快速掌握案件事实,知悉裁判要点,或者更进一步地将上述成果提交法庭参考。

——提交裁判要旨

提交类案判决的裁判要旨(以及案例名称、案号)通常应用于举证意见或代理词中,此时类案判决往往会作为证据提交。比如,在代理词中穿插引用《最高人民法院知识产权案件年度报告(2013 年)》的裁判要旨:"在再审申请人新东阳企业公司与被申请人新东阳股份公司、原审被告商标评审委员会商标异议复审行政纠纷案[(2013)知行字第 97 号]中,最高人民法院指出,与代理人或者代表人有串通合谋抢注商标行为的人,可以视为代理人或者代表人;判断是否构成串通合谋抢注行为,可以视情根据该人与代理人或者代表人的特定身份关系进行推定。"简短的裁判要旨也能让法官迅速了解当事人的主张及意图。

——提交案例概要

考虑到裁判要旨过于简短,往往无法展现案件事实及裁判思路,因此,对一些疑难复杂的案件,最好提供更长篇幅的案例概要。当然,案例概要也不宜过长,否则就失去了概要的意义,也不会给法官带来良好的阅读体验。

与律师自己研究或借鉴办案思路不同,如果要提交案例概要(包括前述裁判要旨)给法院,应当同时附上判决全文及文书来源,而且判决书的来源最好有权威出处,来自中国裁判文书网或权威案例数据库最佳。

---

① 在本案中,原告东阳市上蒋火腿厂(下称上蒋火腿厂)系第 300388 号"雪舫蒋"商标注册人,于 2007 年将该商标独占许可于被告浙江雪舫工贸有限公司(下称雪舫工贸)使用,许可使用期至 2028 年止。2009 年 7 月至 2013 年 7 月期间,雪舫工贸经核准注册多枚"吴宁府"系列商标。2011 年 9 月至 2012 年 3 月期间,上蒋火腿厂多次在各地"雪舫蒋"店铺通过公证方式购买雪舫工贸生产的火腿,火腿包装及宣传册上均同时标注"雪舫蒋"和"吴宁府"商标。2012 年 3 月 22 日,上蒋火腿厂以商标权受到侵犯为由诉至金华市中级人民法院。详见何琼:《擅自在同一商品上标注被许可商标和自有商标的行为构成侵权》,《中国知识产权报》,2015-09-24。

——提交类案研究报告

如果案件非常重要,或者相关法律问题尤其值得争辩,可以进一步以研究报告(不只是对裁判文书进行案例概要总结)的形式呈现类案研究结论。类案研究报告既要开门见山指出本案核心争议焦点和类案研究结论,又要列举若干与本案情形类似、可作为观点支持、有参考意义的案例,还要重点陈述案情相似之处、裁判逻辑及价值观,借以说明本案为何在相应裁判价值观射程范围内。[①]

虽然向法庭提交案例概要或类案研究报告,不必提供对委托人不利的案例,但对方当事人很有可能会引用该不利的案例(反例),因此,律师自己应完整掌握、认真研究,找出反例与本案情形的不同之处,或指出其观点背后价值观的谬误或不合时宜,以备在法庭质证或辩论时使用。

案例概要(裁判规则)的结构与示例

说明:本案例概要(裁判规则)的结构说明与撰写示例仅是一种参考。实践中可以简化,以够用为宜。

一、案例概要(裁判规则)结构的说明

1. 标题

例示:在关联商品上注册他人在先使用商标构成恶意抢注

(要求:"标题"要抓住关键词,且为结论式表述,以不超过30个字为宜。)

2. 副标题(案例名称)

例示:——武汉枭龙汽车技术有限公司与国家工商行政管理总局商标评审委员会商标异议审行政纠纷案

(要求:"——"引出的副标题为案例名称。在案例名称中,当事人采用全称,一方当事人超过两个时可以只写最主要的当事人作为代表,其他当事人以"等"字略过。双方当事人之间以"与"连接,原告在前,被告在后,上诉案件亦如此,以此类推。案例名称须体现案由,有两个以上案由的,不得遗漏。)

3. 提示

例示:就他人在战斗机上在先使用的枭龙商标,在关联性的汽车等商品上恶意申请注册,构成商标法32条的不正当抢先注册行为。

(要求:"提示"要浓缩裁判规则,以不超过70个字为宜。)

4. 标签

例示:商标抢注|关联商品|在先使用

(要求:"标签"相当于论文之关键词,以不超过5个为宜,每个标签以最小化表述为原则。)

[①] 沈一:《类案研究的意义和方法》,天同诉讼圈,2019-01-12。

5. 审理法院

例示：北京市高级人民法院

（要求：法院写全称。有二审或再审的，写最终裁判的法院。）

6. 案号

例示：（2016）京行终 1669 号二审行政判决书

［要求：案号后跟判决书字样，且有审级（一审、二审）、文书性质（民事、刑事、行政等）的表述。］

7. 当事人

例示：

上诉人（原审原告）：武汉枭龙汽车技术有限公司（简称"武汉枭龙公司"）

上诉人（原审第三人）：成都飞机工业（集团）有限责任公司（简称成都飞机公司）

被上诉人（原审被告）：国家工商行政管理总局商标评审委员会（简称商标评审委员会）

（要求：当事人身份按最终裁判文书列明的身份表述，同时用括号表明其在一审中的地位；当事人用全称，在正文使用简称的，要以括号提出。）

8. 案情概述

（要求：案情概述一般不包括详细的裁判要旨，500 字以内为佳。至少包括以下内容：

（1）案件事实。案件事实以法院查明的事实为准，且该事实应当与后面的裁判要点有密切的关联性，在不影响案情表述完整性的前提下，无关的事实应当略过；如确有必要，才概述原告诉称和被告辩称的事实。

（2）诉讼过程。从原告起诉到上诉或提审的过程，或从专利商标申请开始的行政确权纠纷过程，或者行政处罚到行政诉讼的过程等。诉讼过程应当描述原告诉讼请求和判决结果，但诉讼请求和判决结果有多项时，选择阐述与裁判要点相关的判决结果即可，不必一一照抄判决主文。比如：二审法院判决被告侵权，并赔偿 300 万元人民币。）

9. 裁判要点

要求：裁判要点一般不包括详细的案情本身，500 字以内为佳。如判决本身有多个有价值的要点，但只有一个要点与研究的目标主题相关，其他要点就不必作摘录。比如：关于举证妨碍问题，二审法院认为……（只需要摘录与举证妨碍相关的裁判要点）。

二、案例概要（裁判规则）的示例

行政机关应审查商标权人所出具鉴定结论的证据效力

——温州荣盛贸易有限公司与温州市工商行政管理局鹿城分局工商行政处罚纠纷案

【提示】商标权人出具鉴定结论鉴别商标真伪时,应当对辨认经过、使用的方法、与真品的差异等基本情况进行说明,以供行政机关判断和确认其结论的准确性。

【标签】商标侵权|鉴定意见|证据效力|行政处罚

【审理法院】温州市中级人民法院

【案号】(2012)浙温行终字第147号二审行政判决书

【当事人】

上诉人(一审原告):温州荣盛贸易有限公司(简称"荣盛公司")

被上诉人(一审被告):温州市工商行政管理局鹿城分局(简称"鹿城工商分局")

【案情概述】

2008年1月8日,温州鹿城工商分局根据贵州茅台公司投诉,对荣盛公司经营场所进行调查,扣押了涉嫌假冒的"贵州茅台"牌系列白酒1 085瓶,其他白酒109箱。

经鹿城工商分局委托,贵州茅台公司对涉案"贵州茅台"牌系列白酒作出鉴定,结论为其中956瓶属假冒。鹿城工商分局于2011年3月16日对荣盛公司作出温鹿工商处字(2011)第0137号行政处罚决定书,认为:荣盛公司经销假冒"贵州茅台"牌白酒,已构成侵犯他人注册商标专用权违法行为,依法做出行政处罚。荣盛公司对处罚结果不服,提起诉讼。

一审法院判决维持被诉行政处罚决定,荣盛公司不服,提起上诉。二审法院判决撤销原判,撤销被诉处罚决定。

【裁判要点】

一审法院认为,"贵州茅台"商标由茅台酒公司注册,授权贵州茅台酒股份有限公司独家使用。原告销售的商品经商标注册人鉴定为假冒,原告不能提供相反证据予以推翻,被告据此采纳鉴定结论认定原告销售侵犯注册商标专用权的商品,认定事实清楚,证据充分,判决维持被诉行政处罚决定。

二审法院认为,行政证据应在依法收集并经行政机关审核确认可以证明案件事实的情况下,才能作为定案依据。由于对商标的真伪鉴别涉及一般人并不熟悉的专业判断,其结论的准确性对当事人至关重要。因此,鉴别人员应当对辨认经过、使用的方法、与真品的差异等基本情况进行说明,以供行政机关对其结论的准确性进行判断和确认。但本案贵州茅台酒股份有限公司出具的五份鉴定表只简单记载"包装材料:属假冒;酒质:不是我公司生产的酒",从而判断:"属假冒",该所谓鉴定内容过于简单,实难确保结论的准确性和可靠性,法院不予采信。鹿城工商分局仅以贵州茅台股份有限公司有权鉴定及该公司可以承担相应法律责任为由,而将涉案商标真伪的鉴别判断权完全交给该公司,法院不予支持。鹿城工商分局对荣盛公司作出的行政处罚决定,主要证据不足。据此,判决撤销原判;撤销被诉处罚决定。

延伸阅读:

1. 曹会杰:《法律检索的方法和技巧》,http://chuansong.me/n/1115124,2015-01-26。

2. 高杉峻:《法律检索标准流程》(第10版),高杉 LEGAL,2019-02-12。

3. 郎贵梅:《论裁判要旨的性质、分类与编写》,载《判解研究》2008年第5辑。

4. 张健:《如何进行法律检索》,http://chuansong.me/n/1350699,2015-05-04。

5. 廖悦悦:《如何进行法律研究》(第2版),载《律师之道:新律师的必修课》,第4章,北京大学出版社2016年版。

6. 沈一:《类案研究的意义和方法》,天同诉讼圈,2019-01-12。

7. 紫苏:《文献综述写作指南》,2019-07-30。

第 5 章 方 案 设 计

关键词：应用场景　法律研究　检索方法　法条检索　案例研究

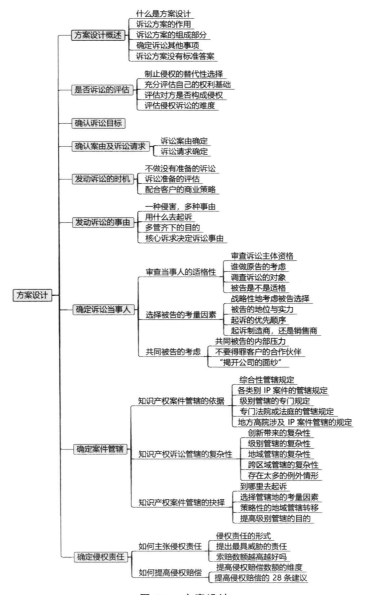

图 5-1　方案设计

5.1 方案设计的内容

5.1.1 方案设计概述

什么是方案设计

"方案设计"是指为案件的诉前准备、申请立案、庭前准备、庭审活动等提供策略指引、实施路径或工作方案。方案设计显然不是每个客户、每个案件所必需的环节,但是,方案设计需要开展的工作或需要考量的因素仍然应该贯穿案件代理始终。同时,重大案件应当尽量开展此项方案设计的专项工作:

——方便客户进行案件内部汇报,取得主管领导或业务部门的支持。

——方便和客户确认诉讼相关的重要事项,有助于案件的顺利推进。

即使不考虑是否撰写书面的诉讼方案,是否提交给客户,律师也应当按照诉讼方案设计的思路与要点,思考案件有关的问题,做好案件相关的准备。换言之,诉讼方案相当于律师接手案件后应当制定和遵循的战略规划和行动指南,虽然不需要面面俱到,但要秉持此种办案思维和操作逻辑。因此,本章内容的重点在于介绍律师在制定诉讼方案时需要考虑的问题,而不在于阐述诉讼方案的结构设计与内容撰写。

诉讼方案的作用

为了全面客观了解案件情况,向客户有效阐述诉讼策略,可以为客户编制诉讼方案。对于承接的计时收费的诉讼案件,更应当制作诉讼方案,否则律师花在案子上的时间无法更好地获得回报。制定诉讼方案,还可以在客户内部讨论时更大概率地帮助律师得到客户的委托,并获得客户批准,尤其是针对分阶段的方案。

诉讼方案应当实现如下作用:

——全面客观评价案件情况;

——制定可行的诉讼策略及最佳方案;

——充分预见各种不确定性及风险;

——积极有效地应对或控制诉讼风险;

——有效控制客户不恰当的预期;

——提高法律服务的专业化水准。

诉讼方案的组成部分

诉讼方案的制定依据包括三部分:(1)事实依据:客户提交的全部资料清单,简要的网络检索结果;(2)法律依据:法律法规、政策、司法解释等;(3)其他依据:相关案例、学术理论、其他相关资料及信息等。

对于重大疑难或重大客户的案件,在最终定稿诉讼方案前,可以组织内部进行讨论。诉讼方案的内容可以根据不同的情况增删,一般包括以下部分:

——诉前调查方案设计;
——双方当事人确定;
——案件管辖设计;
——诉讼请求设计;
——事实和理由组织;
——证据取证策略及指导;
——风险应对措施;
——费用预算;
——其他应当具备的内容(如诉讼目标的确定)。

提交给客户的诉讼方案,如有可能应当为客户提供全面的参考,包括罗列多种可行方案、每种方案的利弊、所依赖的前提及理由等。

关于诉讼方案的部分内容,如当事人确定、案件管辖考量、侵权责任主张(属于诉讼请求的范畴)等问题,基于篇幅的考虑,将在后面专节探讨。

确定诉讼其他事项

根据诉讼的需要,在诉讼方案中可以初步研究是否需要申请启动以下程序,并在立案前后或庭审前实施:

——申请法院调查取证或申请调查令
——申请法院进行证据保全
——申请诉前禁令
——申请法院进行财产保全
——申请证人出庭作证
——申请司法鉴定
——申请专家出庭
——其他必要的程序

方案没有标准答案

在客户交付初步证据等材料之日起 5~10 日,原则上应当将诉讼方案提交给客户,征询意见,聆听指示,或作为双方讨论的基础。诉讼方案最终定稿后,应当连同方案的执行计划及时提交客户。

对于诉讼案子而言,只有可行方案,没有标准答案。而可行的方案还必须得到客户的认同。因此,客户对诉讼方案有反馈意见后,应当及时修改、调整或完善(确实有不合适的意见,当然也要提出来协商)。承办律师应当按照计划的时间,执行诉讼方案。如果律师在案件处理过程中,需要对诉讼方案的部分内容进行重要调整或修改,应当事先征求客户的意见。

5.1.2 是否诉讼的评估

制止侵权的替代性选择

发现了知识产权侵权行为,如何去制止它?法律为权利人提供了许多的选择和路线。不过,每一种选择都有其利弊得失,也各有其技巧策略,公司需要谨慎地做出决定。

——发函制止侵权活动。权利人可以让律师或法务人员发函警告侵权人,希望对方立即停止生产、销售,并回收市场上的侵权产品,并警告如果不停止侵权,权利人将采取相应的法律行动。

——向社会发布声明。权利人可以向自己的经销商、客户或者直接向社会发布澄清有关事实、谴责有关侵权的声明。对某些难以取证或定性困难的不当行为,发布声明有时是唯一的可选项。但要小心"言多必失","指名点姓"的谴责有可能招来对方"商业诋毁"的反击。

——向网络平台投诉。有的侵权行为完全可以通过向电商平台投诉来解决,借由"通知—删除"程序来下架侵权商品或断开侵权链接,这比行政执法、民事诉讼效率更高。

——请求行政机关查处。专利法、商标法、著作权法和反不正当竞争法都给权利人(或经营者)提供了行政查处侵权或不正当竞争行为的路径。其优势在于可以通过行政查处固定证据。有时权利人可以策略性地借助行政查处打击边缘目标对象,以固定证据去打击真正的诉讼目标对象。不过,行政执法不能直接处理侵权赔偿问题,而且由于专利行政执法受制于法律授权,执法力度目前偏弱。需要强调的是,行政执法资源是有限的,不要滥用,要筛选出最有价值的打击目标,去请求行政执法。

——采取海关保护措施。很多侵权的产品都会通过海关进出,如果侵权商品出口,则会影响权利人的海外市场;如果侵权商品进口,则会影响权利人的国内市场。通过在海关总署进行知识产权(特别是商标)备案,可以有机会通过海关控制侵权商品进出口。

——采用刑事打击措施。刑事打击是对侵权人最有震慑力的手段。目前,《中华人民共和国刑法》规定了七种知识产权犯罪,即侵犯著作权罪、销售侵权复制品罪、假冒注册商标罪、销售假冒注册商标的商品罪和非法制造、销售非法制造的注册商标标识罪、假冒专利罪、侵犯商业秘密罪。如果侵权人的行为触犯了刑法的规定,并达到了刑事犯罪的标准,权利人可以向公安机关报案,启动刑事诉讼的程序。当然,启动刑事程序的立案并不容易。

此外,还有调解等替代性争议解决方式。比如浦东知识产权人民调解委员会受法院委托,可以在立案时就某些知识产权案子进行调解。当然,解决侵权争议是目的,不限于非要采取知识产权领域的救济手段,如果能通过文化执法的方式关闭某个侵权网站,自然也解决了著作权侵权问题。

由上可知,制止侵权的途径有许多种,民事诉讼只是救济途径之一。其实,权利人要不要采取民事诉讼去解决侵权问题,还有更多的商业或现实考虑。比如,其商品是一向重视食品安全的婴幼儿食品,因为担心诉讼曝光后会影响消费者的信心,即使发现假货后会采取工商执法甚至刑事打击的措施加以制止,也未必会诉诸民事诉讼。因为有的消费者在得知这些侵权诉讼后,会担心自己购买的是不是假货,于是干脆转投竞争对手的产品。

专栏:如何寄发侵权警告函

让外聘的律师或内部法务等人员发函警告侵权人,也是权利人解决侵权问题的一种救济途径。侵权警告函的写法可以根据不同情况而灵活处理,侵权警告函的口气可以强硬,也可以缓和。侵权警告函一般应载明以下内容:

——权利人享有的权利,比如,专利权的基本情况或者商标注册情况;
——希望对方停止进行或需予赔偿的某种侵权行为;
——希望对方在何时就此作出答复;
——如果对方不作答复,权利人可能采取的措施,等等。

通常情况下,以下情形适合寄发侵权警告函:

1. 不严重的侵权活动。有的侵权行为在权利人看来并不太严重,或者这些侵权行为可能处于不知情的、非恶意的状态(如经销商的善意销售),那么,权利人向侵权人寄发简单的警告函,可以将轻微的、无心的侵权行为快速平息下去,从而提高维权效率、减少维权成本,缩小侵权所带来的损失和负面影响。

2. 诉讼价值不大的侵权行为。比如,针对淘宝上贩卖侵权产品的小型卖家,大动干戈将其诉诸法庭,从经济上或者时间上考虑可能得不偿失。如果事先寄发侵权警告函,甚至直接通过淘宝旺旺这个聊天工具发送侵权警告,就能发挥事半功倍的效果。相信多数侵权卖家收到警告后,都会认真考虑是否停止销售侵权商品。

3. 希望尽快停止的侵权行为。有的权利人对于制止侵权行为表现得非常紧迫,希望尽快地向对方发出侵权的信号,并且尽快平息侵权行为。由于准备诉讼或行政查处的周期相对较长,未必能满足公司尽快遏制侵权产品蔓延的期许,此时,只能先行以侵权警告函充当先锋。

4. 不想诉讼解决的侵权行为。一些不太好讼的公司为了避免陷入诉讼大战,或者一些有意发放权利许可的公司希望事先与对方接触谈一下,更喜欢以侵权警告的方式,试探和谈的可能性。如果能够与侵权人以授权、合作、象征性赔偿等或者单纯停止侵权的方式和平收场,并能基本达到目的,自然最为妥当。

但要注意的是,如果侵权人不只是要求单纯地停止侵权,还期望获得赔偿或者有其他特定的目标,那么,寄发警告函之前必须切实做好诉讼前的调查取证工作,否则被告收到侵权警告后,可能立即有所防御,导致不易取证的情况发生。

当然,侵权警告函是否寄发,何时寄发,在什么情况下寄发,以及是否在诉讼前寄发,在实践中权利人或其律师都会视具体情况而进行充分的评估。事实上,有时寄发侵权警告函还有较多的策略性考虑。比如,对于淘宝等电子商务平台上的侵权人,可以观察对方收到侵权警告函的反应,并结合其他调查而来的事实等因素,来综合评估是否值得对其采取诉讼手段。

此外,对于公司内部法务而言,作为公司的支持性部门,迅速地寄发侵权警告函,也是支持公司业务部门的一种姿态或态度。否则,针对市场、销售等部门反馈过来的侵权活动,甚至公司管理层十分关注的侵权行为,法务部门如果不及时地采取行动作为回应,很可能在公司内部受到打击侵权不力的评价甚至指责。很显然,相比于诉讼手段,寄发警告函是成本最低、反应最快、执行最容易的方式之一。

——摘自袁真富:《侵权警告函:寄发与回应》,《中国知识产权》,2015年第2期。

充分评估自己的权利基础

如果决定提起诉讼,还要充分评估权利人自身的权利基础。由于专利、商标等知识产权可以接受无效等挑战,如果自己的权利并不稳固,极有可能赔了夫人又折兵,侵权官司没有打赢,反而失去了知识产权。

——**权利是否存在**。比如,对方使用了自己的一句歌词,或一句广告语,但这一句歌词或广告语,是否满足作品的独创性要求,是否拥有著作权。再如,被员工带走利用的客户名单,是否属于受保护的商业秘密。

——**权利是否稳定**。比如,专利是否满足新颖性、创造性等授权条件,商标的显著性是否过低。免得起诉对方后,被对方提出无效宣告。越是权利人的核心专利,或是核心业务的专利,越是要在专利的稳定性上谨慎评估,可以找几家服务机构背对背检索并评估专利的稳定性,以获得更准确的结论。

——**权利是否使用**。在商标侵权诉讼中,这个问题尤其重要。根据《中华人民共和国商标法》第64条第一款的规定,如果注册商标专用权人不能证明此前三年内实际使用过该注册商标,也不能证明因侵权行为受到其他损失的,被控侵权人不承担赔偿责任。

评估对方是否构成侵权

抛开事实问题不谈(即对方是否实施了受指控的行为),在起诉前认真地讨论和评估一下对方的行为是否构成侵权,是十分值得的。考虑到知识产权侵权判断的很多专业性问题往往存在争议,必要时可以求助专家或资深的同行或前辈进行讨论。

——**对方的行为是否构成直接侵权**?

不是权利人表示反对的、不能容忍的行为,都可以归入违法或侵权行为。比如,目前很多跨国公司非常关心平行进口销售的合法性问题,这严重扰乱了这些公司的市场划分和价格政策。但是,目前主流的法院意见和大量的案例均表明,类似海外代购等平行进口行为在中国并不构成商标侵权,除个别例外情形以外,比如对进口的商品做了实质性的改变。这时,律师需要和客户讨论对方的行为是否属于不构成侵权的例外情况。

——**对方的行为是否构成帮助侵权(间接侵权)**?

在电子商务和网络环境下,对知识产权间接侵权行为的判断也日益复杂。比如,长沙某公司运营的微信小程序未经授权传播某网络作家的作品,涉嫌构成著作权侵权。此时,腾讯公司作为微信小程序的平台管理者,有没有帮助侵权的责任?这需要对腾讯提供的网络服务的性质进行事实判断(是自动接入、自动传输服务,还是其他网络服务?),对微信小程序的平台管理者能否适用"通知—删除"规则进行法律评价。

——**对方是否存在合法的侵权抗辩事由**?

无论是专利法、商标法还是著作权法(包括知识产权理论),都为使用人提供了诸多的侵权抗辩事由。比如,禁止反悔的抗辩、现有技术或设计的抗辩、权利用尽的抗辩、在先使用权的抗辩、默示许可的抗辩、合理使用或正当使用的抗辩等。应当详细审查这些可能的抗辩事由是否成立。

评估侵权诉讼的难度

从法律的角度看,评估侵权诉讼的困难性也可以是多维度的,这里主要介绍两个层面的观察视角:

——**是否存在取证难度**

方法专利的侵权诉讼、商业秘密的侵权诉讼,都是难度极高的诉讼,其原因在于取证太难,甚至关键证据的取证完全依赖于法院保全。有的案子如果不能取得法院诉前保全,一旦打草惊蛇,后续取证就会变成不可能。此外,有的诉讼取证的成本太高,比如涉嫌侵权的机器,如果做购买公证,买一台的价格就要50万元。更有甚者,有的侵权产品根本无法通过公开渠道购买,一旦试图购买就会暴露诉讼动机,对方直接就不卖了。

——**是否属于争议性案件**

有的案件虽然事实清楚、证据确凿,但是否构成侵权、是否构成不正当竞争,争议极大。这类争议案件的特点是胜诉不确定性大、诉讼成本相对高,但是也有好处,那就是法院重视程度高、判决宣传效果好。有的公司法务愿意花公司的钱学习,挑战这样的大案、名案,有的公司法务则不愿意承担这样的风险。

5.1.3 确认诉讼目标

如果客户要发动侵权诉讼,在提交或设计诉讼方案前,应当了解或明确客户提起诉讼的目的。比如,是为了打击侵权仿冒活动,还是为了增加市场份额,或者是为了争取许可使用费?律师应当考虑金钱和时间的花费,对诉讼的成本与收益进行理性分析,让客户不要盲目行动。律师应当和客户充分讨论:诉讼目标到底是什么?诉讼策略是否与其目标一致?采取这些诉讼手段必须支付哪些额外的成本?它可以产生什么样的利益?

一些常见的知识产权侵权诉讼目标:

——**制止侵权活动**。有的客户发动知识产权侵权诉讼,并不在意能否拿到赔偿,关键是要借机清扫市场,制止侵权活动,消除无序的仿冒竞争。净化市场,也是给市场发出一个声音,让其他企业不敢跟风侵权。

——**获得侵权赔偿**。有的客户发动知识产权侵权诉讼,其基本目的是获得可观的侵权赔偿。

——**争夺市场份额**。有的客户发动知识产权侵权诉讼,是为了将竞争对手挤出市场。

——**干扰对方上市**。有的客户向竞争对手发起诉讼,主要是借助知识产权干扰对方成功上市,防止其变成更强大的竞争对手。当然,也可能是借对方上市之际,用知识产权诉讼争取更多的赔偿或更好的和解条件。

——**配合 IP 交易**。有的客户进行侵权诉讼或以诉讼相威胁,只是为了迫使对方屈服,让对方高价购买商标或专利等知识产权,或者接受知识产权许可。

——**消耗被告资源**。侵权诉讼会给被告造成或大或小的干扰,并消耗其时间成本、经济资源,尤其是专利侵权诉讼,相对较高的律师费让一些中小企业胆战心惊,疲惫不堪,在经济上难以招架。

——**损害被告形象**。知识产权纠纷有可能成为媒体报道的焦点,被告可能因此深受其害,不仅有损长期树立的商业形象,而且可能动摇客户的信心。

——**借机广告宣传**。发动侵权诉讼的客户,有时经过巧妙运作,能够从媒体的报道中获益良多,至少借机作了广告宣传。

——**实现商业合作**。有的客户利用侵权指控,逼迫被告走上谈判桌,与其开展商业合作。

——**震慑侵权人**。侵权诉讼是一个强烈的信号,可以给已有的或潜在的侵权人施加压力,有效减少自己的维权成本。特别是针对仿冒严重地区,通过一两场法律诉讼,尤其是刑事诉讼,往往可以起到杀鸡儆猴的效果。

——**认定驰名商标**。在前些年,驰名商标被当作广告资源使用,因此,不少公司打官司的目的不只是解决侵权问题,更主要是为了借助诉讼认定驰名商标。由于2014年施行的新《中华人民共和国商标法》不再允许将驰名商标用于商业宣传,因此,为认定驰名商标而提起诉讼的情形可以说大为减少。当然,通过诉讼认定驰名商标仍然有其独特的法律价值。

——**树立典型/获奖案例**。知识产权领域(甚至整个法律领域)的案例评选比较少,如果有一个恰当的案件(侵权行为较新颖、法律适用有价值等),有的权利人未尝不愿意去挑战,或许来年可以拿些奖项回来。

——**提升部门能见度**。有时候,知识产权部门(或法务部门)本身需要通过侵权诉讼宣示存在感,或者强化自身地位与作用,提高自己部门的声誉和能见度。不可否认,发起侵权诉讼是提升公司知识产权部门地位的重要机会。

诉讼目的当然并不仅限于此,除上述一些商业目的外,客户还可能有其个别化的商业考虑,甚至非商业考虑。比如,客户法务部门需要支持销售部门移交或推动的案件,为销售部门关于侵权活动导致业绩下滑的结论提供诉讼支持。

专栏:诉讼营销攻略

诉讼营销就是借诉讼之名,吸引媒体和公众关注,进而提升品牌的知名度。知识产权领域的诉讼营销,最近几年如雨后春笋一般不断地冒出。本人通过几起疑似诉讼营销的案例,并结合一份真实的所谓"×××品牌事件推广策略方案",以非专业人士的角度,总结了几个诉讼营销要点,以供参考。

第一,要和大公司玩。如果不是世界500强,或者"当红"明星企业,根本就别去理它。像苹果公司这样"帅且多金"的明星公司,可以列入诉讼的优先对象。说不定你对苹果咬上一口,还能带动民族自豪感,瞧,美国人都侵犯中国的"自主知识产权"了。

第二,要提出天价索赔。索赔1亿元人民币是行业最低价,如果舍得点诉讼成本,查一查最新的诉讼索赔记录,哪怕追加1元钱,也要抱个"第一案"回来。想走国际化路线的话,还可以把币种改成"美元"。至于"日元"就免了,小心被扯进历史恩怨,遭到一阵痛骂。

第三,要找个好的理由。专利侵权什么的最好免谈,这么专业的领域,公众搞不清楚,也真心不想搞清楚。最好是商标、版权、不正当竞争之类的,不仅通俗易懂,而且群众喜闻乐见。

第四,要弄个给力的标题。官方发布的新闻标题都太文艺腔,哪怕适当暴力一点都可以。比如,2004年在奥克斯手机的新闻发布会现场,一块名为"奥克斯血洗手机市场"的背景板看得记者"心惊肉跳",可资借鉴。

第五,要制造有料的话题。要制造有讨论性、有争论性、有宣传性的可持续的话题,引起网民的兴趣,并在网民间形成热烈讨论的氛围。纵使网民明知是诉讼营销,"转发评论就上当",但仍然讨论转发得热火朝天。

第六，要把握舆论导向。除组织传统媒体参与报道外，更要发动公关公司，尤其是"五毛党"，以各大论坛、微博、贴吧为重要阵地，在保证公司舆论优势的前提下，打响一场由网民"自发"发起知识产权维权的舆论战争。

第七，要保持新闻的可持续性。要针对诉讼案件，不断发掘话题，深入激化矛盾，上至国家民族的历史恩怨，下至富二代与"穷屌丝"的两极差异，都可以混搭其间。必要时，可以新浪微博为平台，注册马甲账号发布反面言论，刺激网民情绪，在第三方角度号召对博主进行批评教育，有计划有节奏地制造新闻爆点，不断维持事件的新鲜度。

只要掌握了以上秘笈，诉讼营销保证不愁。不过，究竟会收获"美名"还是"恶名"，这可要看运气了。广大网民早已炼就了火眼金睛，不太好忽悠了。从最近"红冠"诉讼引发的微博评论来看，红冠公司似乎没有把握住舆论导向。

——摘自袁真富：《诉讼营销攻略》，《中国知识产权》，2013年第5期。

5.1.4　确认案由及诉讼请求

诉讼案由确定

根据了解的案情确定诉讼案由：商标侵权、著作权侵权、专利侵权、不正当竞争，或者权属纠纷等。具体案由要结合最高人民法院的《民事案件案由规定》进行确定，同时可以根据法律规定、司法政策、同类案件裁判结果、法律理论等进行判断。

部分案件可以有两个甚至两个以上的案由，特别是对于定性存在争议或困难的案件，比如，同时提出商标侵权与不正当竞争。但在实践中有可能遇到立案庭的挑战，要么不允许双案由组合，要么不允许某些组合（比如著作权与不正当竞争两个案由组合），要么立案庭只给立一个案由，然后让你到业务庭开庭再增加案由，诸如此类。

诉讼请求确定

根据案件具体事实、法律责任形式，以及客户的期望或要求，综合考虑确定诉讼请求，包括请求停止侵害、赔偿损失、赔礼道歉、消除影响等责任形式。请求赔偿损失的数额，涉及诉讼费的缴纳，必须书面征询客户的同意或授权。

确定诉讼请求前，必须了解客户的需求或诉讼目标。在客户诉讼目标不完全清晰的情形下，可以协助其整理诉讼目标及期望。诉讼目标可以反映在诉状的诉讼请求上，明确地传递给对方当事人，尤其是基于法律而提出的停止侵权、赔偿损失等。作为客户期望的更详细及真实的目标，可以由承办律师充分掌握，并根据案件进展，以和解、调解或者其他方式推进，未必反映在诉讼请求上。

应当对客户提出的初步目标的可行性进行分析论证,分析论证主要依据现行的法律法规、司法实践、交易习惯、实现成本等方面进行,如果经过论证认为客户提出的目标不可行,应当在报告中详细说明,同时提出能够使客户实现利益最大化的可行目标,并详细说明。

5.1.5 发动诉讼的时机

不做没有准备的诉讼

起诉时机的选择在不同案件中是不一样的,但基本的原则是不可仓促行事。有的权利人往往一发现有侵权行为出现,便立即提起侵权诉讼,而在诉讼中又常常因为证据不足,或自己的权利存在瑕疵,或对方根本不侵权,给自己造成被动的局面,以至酿成更大损失。比如,有的原告起诉以后,才发现一些关键的证据竟然没有原件,只有复印件。因此,起诉一定要慎重,要把握好时机。

在许多情况下,侵权产品的出现可能并不会立即影响权利人的经济效益,此时,权利人不必急于提起诉讼,而应当把诉讼前的准备工作尽量做充分。一些谨慎的权利人会在正式起诉前,认真聆听律师的意见,或者要求律师出具法律意见书,甚至要求律师出具诉讼策略分析报告。这是值得推荐的方式。

诉讼准备的评估

通常而言,除非有极其急迫的要求,启动诉讼应当建立在充分准备的前提下,当然,要防止超过 3 年诉讼时效。准备充分与否主要从以下方面加以评估:

——**法律研究是否完成**。通过必要的法律检索与研究,明确启动诉讼的法律依据和诉由为何,判断提起诉讼的理由是否充分,诉讼请求能否得到法院的支持。比如,本案能否适用《中华人民共和国反不正当竞争法》第二条的一般条款,受理法院(或其上级法院)既有的判决是否支持本案委托人的主张。

——**证据是否已经足够**。至少以立案所需要的证据标准来考量,证据是否足够支撑本案委托人(权利人)的主张。证据是否符合法律的要求,是否满足立案的条件。以高额赔偿为目的的诉讼,更要考量主张赔偿方面的证据是否足够充分,能否在预期的开庭前完成赔偿证据的举证工作。事实上,证据准备情况是影响起诉时机的重要因素。

——**利弊权衡是否抉择**。有的权利人自身权利也有瑕疵,比如权利人使用的商标由 AA＋BBB 构成,对 AA 这部分,自己有商标注册,但 BBB 这部分,由第三人注册了商标。如果对擅自使用 AA 这部分的侵权人发动商标侵权诉讼,有没有可能引来第三人对自己发动 BBB 这部分的商标侵权指控呢?

——**不利事实是否清理**。比如,有的权利人在官网上发表的对侵权人的声明,超出了维权的界限,有可能构成商业诋毁。如果这些事实没有被清理,在诉讼启动后,极有可能引发被告的反诉。

配合客户的商业策略

客户何时发动诉讼,也不完全是由诉讼准备情况来决定的。作为企业商业活动的一部分,诉讼的启动自然也带入了商业考量。比如:

——**消灭竞争,及时诉讼**。如果侵权人已经给客户带来了严峻的竞争威胁,客户更倾向于尽快采取法律行动,甚至有可能在诉讼之前,选择更快的行政执法方式。

——**放水养鱼,延迟诉讼**。当客户(特别是专利权人)并不从事实业时,可能更愿意放水放鱼,静观其成,等待侵权人达到一定规模再去诉讼。收网捕鱼,不仅给侵权人以沉重打击,而且也能获得更多赔偿。

——**反制工具,应势诉讼**。有的企业早就掌握了竞争对手的侵权事实,但一直"隐忍不发",将诉讼作为"战略工具"进行储备。一旦对方向自己发动诉讼,才会立即进行诉讼反击,达成诉讼攻击平衡。

——**干扰上市,适时诉讼**。有的权利人在等待一个最佳时机来向侵权人发动诉讼,而对方上市融资前夕就是一个好时机。

——**妨碍签单,择机诉讼**。有的权利人挑选在影响较大的展览会开幕前,向被告企业发起商标侵权诉讼,干扰被告的客户与其下单签约。凡此种种,不胜枚举。

5.1.6 发动诉讼的事由

一种侵害,多种诉由

由于知识产权保护的交叉性、重合性,以及客户知识产权布局的多层化、全面化,客户的产品通常能享受多种知识产权的保护。比如:

——**产品的不同部分,可能各自拥有知识产权**。如产品形状有外观设计专利保护,产品品牌有注册商标保护,产品包装图案有著作权保护。

——**产品的同一部分,可能叠合多种知识产权**。如品牌标识,若构成一件具有独创性的作品,不仅有注册商标的保护,而且可以得到著作权的保护;如果该标识是未注册的,还可能构成"有一定影响的商品名称或包装、装潢",从而主张反不正当竞争法保护。

——**产品某部分的知识产权,可能种类相同但权利不同**。比如,服装品牌既可能在第25类的服装商品上注册商标,也可能在第35类"替他人推销"等服务上注册商标。

——**产品产出的不同环节,可能分别拥有知识产权**。如产品的生产工艺有商业秘密,产品的制成品有专利权,等等。

基于知识产权保护的此种特殊性,权利人往往会针对侵权人的一个或一系列侵权行为,提起较为复杂的权利主张和侵权指控,比如指控对方同时侵犯专利权、商标权、著作权,以及构成不正当竞争等(当然,视具体情形而定,法院有可能要求分案诉讼)。

用什么去起诉

用什么去起诉,其实涉及请求权基础的问题,即向被告依据何种法律规范主张何种权利,可得何种法律效果。

——用什么类型的诉由起诉。即使对方使用的是商标,也未必构成商标侵权。而可能只是不正当竞争行为。比如,根据《中华人民共和国商标法》第58条的规定,将他人注册商标、未注册的驰名商标作为企业名称中的字号使用,误导公众,构成不正当竞争行为的,依照《中华人民共和国反不正当竞争法》处理。

——用什么类型的权利起诉。是以专利权、著作权,还是以商标权、商业秘密去起诉?对于作品而言,还涉及起诉侵犯著作权(狭义)还是起诉侵犯邻接权的问题。

——用单一的还是复合的权利起诉。对方仿制的侵权产品涉及3项专利,要不要都一并起诉?对方使用的品牌,权利人在多个类别均有商标注册(一标一类),是否同时主张多个类别的注册商标专用权受到侵犯?

——用什么内容的权利起诉。对于著作权和邻接权而言,权利内容复杂丰富,是起诉对方侵犯信息网络传播权,还是侵犯广播权?

当然,在考虑知识产权民事诉讼之前,可能已经评估过各类救济途径,包括违约之诉、行政确权(如商标争议等)争议、行政执法投诉、刑事打击等。

多管齐下的目的

面对单一的侵权人,甚至单一的侵权事实,仍然主张多种或多个知识产权侵权,其目的为何?

——周延地主张权利。在A权利未被支持的情形下,可能B权利能得到支持。比如,根据武侠小说改编的网络游戏,可能因为未使用故事情节,仅使用了角色、武器、武功等名称,此时主张著作权未必能获得法院支持,但同时主张的不正当竞争的诉求极可能得到支持。

——增加被告的压力。毫无疑问,以多个权利攻击对方,相较于以一个权利攻击对方,更具有威慑性,施加的诉讼压力更大,更容易让对方愿意和谈。

——迷惑被告的视线。让被告摸不透自己真实的侵权指控,使得对方对每一种权利主张都必须认真对待,并寻求相应的证据和对策,显然可以尽可能地消耗对方的资源。

——防止成为定性争议的牺牲品。有时案情虽然明了,但如何定性(比如店招上的商标使用到底是侵犯权利人的商品商标权,还是服务商标权),各方的意见并不一致,尤其是法院的态度可能与当事人的期望不一样。所以,权利人可能会把能沾边的权利请求都提上去,增加诉讼成功的概率。

核心诉求决定诉讼事由

即使权利人多个知识产权受到侵犯,也需要考虑优先采用哪一个权利去发起诉讼攻击。因为把所有被侵犯的知识产权都拿去诉讼,虽然可以保证更多的胜诉机会,但因为涉及知识产权较多,会拖延整个诉讼的处理时间。如果企业不是为了获得更多的赔偿,而是为了尽快把侵权人赶出市场,就不必如此大动干戈,只需在能够一举消灭对方侵权产品的前提下,拿出最可靠的知识产权,在尽可能短的时间内,攻击对方最明确的侵权行为,即可达到事半功倍的效果。

很多时候,不是每个案件都可以同时主张多种权利,在遇到请求权竞合时,法院在释明之后,可能要求律师必须进行请求权的选择。这时,应当事先作出决定,到时应该行使何种请求权?当然,这未必完全由法律或证据所决定,而可能由客户的核心需求所决定。

假设一个案件的请求权发生竞合,既可主张侵犯著作权,又可以主张合同违约。如果客户的需求是一定要"对方赔礼道歉",那就无法选择违约作为请求权基础了,因为只有主张侵犯著作人身权时才有可能让法院支持赔礼道歉。客户的核心需求,决定了诉讼的基础方向。

5.2 确定诉讼当事人

5.2.1 审查当事人的适格性

审查当事人的诉讼主体资格

在知识产权侵权诉讼中,原告通常是商标注册人、专利权人等权利人,或者是有诉权的被许可人,包括独占使用的被许可人、权利人明确表示不起诉的排他使用被许可人、权利人明确授权可以独立诉讼的普遍使用被许可人。

从知识产权侵权人的角度看,大致有制造商、销售商、许诺销售商、进口商或帮助侵权人等若干类型。站在权利人的立场,律师要根据客户提供的信息,从这些侵权人中快速锁定可能的被告,然后展开相应的调查。

承办律师应当对客户及对方当事人的诉讼主体资格及相关情况进行审查或调查,包括原告和被告名称、目前法律状态、是否具备独立法人资格、是否被吊销营业执照或注销等情况。

谁做原告的考虑

和律师会见的客户本身未必就是权利人,比如,外资企业的专利、商标等知识产权通常都由国外公司总部掌控着所有权,因此,适格的原告可能并不是和你直接联系的在中国注册的外资企业。如果在国外的权利人将诉权授予了在中国的子公司,则应当从涉外诉讼的角度,审查这些授权是否符合法律要求,特别是目标管辖法院的要求,因为很多对细节上的要求其实是法院决定的,并没有记载在法律或司法解释中。

存在多个有诉讼资格的权利人时,如何考虑由谁作为原告?

——**立案方便的考虑**。国内企业作为原告起诉,在主体资格上要求的材料要简便得多。如果国内企业和国外母公司都可以作为原告起诉的话,仅以国内企业作为原告单独起诉,当然会更方便些,立案速度也会更快。

——**共同原告的考虑**。是否以共同原告提起诉讼,比如,商标注册人与独占使用被许可人,商标注册人与排他使用被许可人,商标注册人与普通许可被许可人等组合。

——**结案速度的考虑**。审理期限对于法院的结案速度也有影响,有的涉外案件一拖数载,就是因为没有审限的要求;而国内企业作为原告的话,则有严格的审限要求。如果考虑到结案速度的问题,则可以国内企业(包括外资企业在中国登记的子公司)的名义提起诉讼。

——**谁起诉更有利于赔偿**。理论上讲,一个普通许可的被许可人在获得诉讼授权的情况下起诉侵权人,应该比权利人(专利权人或商标注册人)起诉获得的赔偿要少一些。

——**谁起诉更有利于合作**。比如,权利人和被告有着长期的紧密的商业合作,或者存在其他邻里关系等不便出面诉讼,此时,动员其被许可人出面诉讼可能更好一些。

调查诉讼的对象

律师应当对客户准备起诉的对象(被告)进行初步的调查了解,确定是否对其起诉,或者排出起诉的优先顺序,伺机而动,重点突破。这些调查包括但不限于:

——实施侵权行为的是谁,是不是客户掌握的被告?

——哪些公司或个人可以成为被告?是否需要列为共同被告?

——了解被告的公司工商登记信息、营业状况、官方网站等情况。

——从有利于原告及便利诉讼等角度,在多个侵权人中,谁最适合优先选择为被告?

——选择该被告时,会不会损害客户的商业利益。此一时彼一时,不要因为这次诉讼,把权利人与被告的关系破坏了,失去了未来的合作机会。

——初步评估被告的赔偿能力,等等。

经验：律师谈被告选择

如果客户告诉你，国内有 50 多个同行把他家的商标名称作为字号登记在企业名称中，显然，这时律师不可能告诉客户，把这 50 多家企业全部送上法庭。客户一般没有这么多预算来支持这样一个数量级的诉讼。律师必须经过一番调查后，筛选出值得优先诉讼的目标对象，然后通过这些诉讼去推动其他侵权字号争议的和平解决（比如以发警告函的方式处理）。

怎么筛选目标诉讼对象，当然要在调查后才更有发言权，但有一些基本的方向可以把握。比如，一般不能是已经成立了很久的企业。如果人家 2005 年就成立了，你在 2020 年才去告人家的企业名称侵权使用了客户的商标名称，这个难度就很大。首先遇到的障碍就是证据问题，你得证明客户的商标在对方 2005 年登记企业名称时就已经有一定的知名度，即使对于一家管理规范的大企业，要找到 2005 年以前的大量证据，也不是那么容易的事，特别是对于一家几乎不做广告的工业制造企业更是如此。

再如，还要看这 50 多家企业都是怎么使用企业名称的。如果有的企业突出使用突出宣传了与客户注册商标相同的字号，可以直接起诉它构成商标侵权，在同等条件下这可以是优先诉讼的目标。因为对这种侵权使用不必寻求反不正当竞争法的保护，也不需要通过认定驰名商标实现跨界保护，后两种类型诉讼的举证要求更高一些，诉讼难度也更大一些。特别是需要认定驰名商标的，不仅是举证要求高的问题，更有律师服务费会大幅攀升的问题。当然，如果客户的诉讼目标恰恰是借助案件认定驰名商标，那调查的方向就又不一样了。

（本内容由律师匿名提供）

被告是不是适格

首先，要评估目标诉讼主体在法律关系上是不是适格的被告，如果对方的行为根本就不构成侵权（或者被判侵权的可能性极低），或者对方不构成帮助侵权，除非有特别的商业目的，就没有必要发动诉讼。

其次，不要把诉讼主体搞错了。比如，当年美国微软公司起诉亚都科技集团软件侵权，结果被告亚都科技集团在开庭时声称，原告证据所指的使用盗版软件的主体是亚都科技有限公司，而非被告亚都科技集团，这是两家独立法人的公司，所以微软告错了人。法院最终认定，亚都科技集团不是本案被告，公证书虽指明侵权行为发生在亚都大厦，但无法得出侵权人是亚都科技集团的结论，最终驳回了微软的诉讼请求。[①]

[①] 张鹏：《微软状告亚都一案微软败诉》，《北京晚报》，1999 年 12 月 17 日。

另外，要确认侵权人是否还在正常营业。有的侵权企业在起诉前已经注销了，此时是否值得起诉，该起诉谁都需要评估。

在一些案子里，明知是对方侵权或违约，但苦于无法定位被告，也让诉讼陷入僵局。比如，原告无法找到证据证明在网上对自己进行商业诋毁的一个 ID 就是被告。

5.2.2 选择被告的考量因素

战略性地考虑被告选择

面对各类侵权人，有的喜欢起诉有赔偿能力的被告以方便执行，有的喜欢起诉威胁最大的竞争对手以收复市场，有的则喜欢起诉大公司以一战成名。总之，选择谁来做被告，有时也需要进行一些战略性的思考。

选择被告时，需要考量诉讼目标及判决执行等因素，比如：

——基于诉讼管辖，起诉销售商（或作为共同被告）。选择起诉销售商可以"制造"管辖地的连接点，以将管辖地转移到心仪的法院（发达地区或本地法院）。

——基于判决执行，选择有赔偿能力的被告。这样方便执行，否则赢了官司却赔了钱。

——基于诉讼难易，先选择较小的公司。

——基于阻止侵权扩散，优先打击批发商，或者行销规模较大的公司。

——基于竞争策略，选择威胁最大的竞争对手或者销售商。即使该公司目前对客户的影响不大，但是，如果它是一个成长性较好的公司，或者可以预见该公司在资源、运营等方面，足以在将来构成重大竞争威胁，也可能会考虑尽快制止它的侵权行为。

——基于广告宣传，选择大企业，特别是跨国公司、上市公司。如果小公司能够击败跨国公司，说不定还能一战成名，大大提高声誉，自己也会从赔偿金或和解中受益。

——基于许可策略，如果该侵权人是权利人发放许可的潜在客户，那么起诉他，完全可以将诉讼转化为许可的机遇。

——基于客户利益，避免选择客户的客户、渠道商或其他合作伙伴，等等。

经验：法务谈被告选择

我公司进军某设备市场后，对业内的国际领导者——美国 V 公司的市场领导地位产生了很大的冲击，因此，V 公司采取了法律行动。V 公司在美国对我们在美国的某核心零部件供应商 S 公司发起了专利侵权诉讼，目的是希望通过专利侵权诉讼，来阻止供应商给我们公司供货，从供应链上扼住我们的脖子。虽然在美国的诉讼中我公司不是被告,但 V 公司显然是意指我公司。为了维护我公司的权益,我们果断出击,我们在中国、韩国和美国对涉诉专利及其同族专利提起专利无效,我们还在中国某高院起诉 V 公司在上海的子公司专利侵权。该子公司此后对我公司的专利也提起专利无效。

最终,V 公司、我公司及 S 公司三方达成和解,和解全球所有法律争端。该案件从 V 公司在美国发起挑战,到最后三方达成和解,前后只用了 9 个月,可以说是短平快。为什么这个案子的进度这么快?原因之一是我们在中国起诉专利侵权时,没有起诉美国 V 公司,只是起诉了它在上海的子公司,因而整个诉讼只是国内诉讼,没有涉外因素,诉讼进程和美国的专利侵权诉讼案件相比,将跑得比较快。否则,若我们起诉的被告中包括涉外的美国公司,将使得整个诉讼进程缓慢,被告也可能会找各种理由拖延诉讼,那样,我们在中国发起的诉讼就不能达到制衡或反制效果。因此,我们只选择了对它的上海子公司起诉。事实最终证明,我们采用的这种诉讼策略是对的,中国的诉讼进程跑赢了美国的诉讼进程,中国法院的诉讼进程快于美国法院的诉讼进程。

(本内容由某企业法务负责人匿名提供)

被告的地位与实力

在某种程度上,被告的地位和实力也是原告是否起诉它的重要考量因素。当然,这是一个很复杂的问题,不能简单地给出结论,很多时候是一种权衡的结果。可以简单举几个例子:

——**被告过于弱小或令人同情**。比如,侵权人是一个残疾的或夫妻双双下岗的假冒商品销售者,一个大的品牌厂商去起诉他侵权,甚至追究刑事责任,有可能触犯"众怒"。

——**被告拥有一定的权势**。被告的法定代表人在当地很有权威或权势,也可能会构成诉讼的障碍。

——**被告具有较高的地位**。被告是当地的纳税大户,或者大型国有企业,去当地诉讼会有困难。

——**被告应对诉讼很顽强**。有的被告即使在认定侵权上毫无争议的案件,也要死缠烂打,上诉到底。比如,过去有的视频网站面对著作权侵权诉讼,一度不到二审结束不赔钱,原因之一是不能给钱(赔偿)太快,否则找他们的权利人将络绎不绝,这招"拖字诀"可谓法务部门缓解公司业务部门压力(资金压力)的"苦肉计"。

——**被告反击能力很强**。比如,有强大的能力找出和利用原告的权利瑕疵,有强大的资源向原告发动反诉或对抗性诉讼(包括专利无效、商标无效等行政争议),等等。

——被告有资源"报仇"。如果你惹上了有实力的对手,它可能在本案结束后,仍然"记仇",并且有足够的资源和你铆着干,或一直陪你玩。比如,你有商标申请他即异议,你有专利授权他必无效。

起诉的优先顺序

从侵权人的角度看,大致有制造商、销售商、进口商、出口商、平台商(电商平台)等若干类型,每种类型的侵权人又有大有小,或国有,或民营,或外资……面对各色各样的可诉对象,自然有一番决策的过程。作为权利人,客户应当向谁主张权利?是全线出击,一网打尽?还是重点突出,各个击破?

如果侵权人极少的话,全线出击,尚有可能;如果侵权人数众多,恐怕同时出击,一网打尽就比较困难了。存在多个侵权人时,须结合诉讼目的、诉讼风险、赔偿能力、法律依据等因素综合进行决策,尤其是排出诉讼的优先顺序。比如,优先起诉有利于查明案件事实、有清偿能力的被告;或者优先起诉对客户生产经营影响最大的侵权人,以清扫和收复市场。

不过,需要提醒的是,选择大公司打官司固然比较容易获得赔偿,也容易声名鹊起,但这些大公司在诉讼中的反击能力,往往也非常强大,也有实力和财力来进行诉讼对抗。因此,有时候选择一些弱小的被告,反而容易旗开得胜,并可确立打击知识产权侵权的胜诉先例,以影响后续的侵权诉讼案件。

起诉制造商,还是销售商

面对制造商和销售商,应该优先打击哪一个呢?有的客户喜欢打击制造商,从源头上控制商标侵权行为。有的客户喜欢打击销售商,控制传播渠道,扼制制造商,因此,没有一个固定的模式。如果根本找不到狡猾的制造商在哪里,那么打击销售商只能是你唯一的选择。

比如,在浙江一家企业发动的商标侵权诉讼中,原告在全国各地状告销售商,为什么不告制造商呢?因为原告认为,同仿冒的制造商打官司,如果制造商拖上几年,那么它的产品已经通过销售网络扩散到全国各地,到时可能已经无法收拾局面。而很多侵权制造商就是赚一天算一天,并不在乎将来的命运。所以,原告这时不是先去堵源头,而是先去堵销售渠道,先打几个大的批发商,抢时间控制销售渠道。

另外,很多销售商相对而言是比较容易瓦解的侵权人,特别是那些规模较大、声誉良好的销售商。因为对这些销售商来讲,都不愿意因为卖商品而惹上官司,与其多一事不如少一事,一旦受到诉讼的威胁,可能马上就把侵权商品撤柜,如果有同样的替代产品,销售商不如直接换一个商品来销售,为什么要陷入诉讼的纠缠里呢?有的销售商在被告上法庭之后,还会要求制造商付钱请律师处理官司,否则它直接撤货下柜,缴械投降。

经验：法务谈被告选择

对于被告，要分析它到底是生产者还是经销商，它们都是可以成为被告的，但是这个当中会有策略考虑。如果我们发现生产者的实力实在是太强了，可能基于种种原因我们是不能动它的，这个时候我们会考虑是不是对它的经销商发起诉讼打击，或者从它经销商这边拿到一个有利的判决以后再回来打它，这在策略上面会方便很多。在起诉别人之前一定要对对方的实力进行摸底。在很多诉讼中，你想要打别人的时候，一定要考虑到很可能你会反过来被打，这时候你需要对对方的知识产权状况和它相应的诉讼能力做一个调查。

（本内容由某公司知识产权负责人匿名提供）

5.2.3　共同被告的考虑

共同被告的内部压力

据统计，在 2015—2016 年中国的知识产权侵权案件中，有 23.35% 的案件被告为两个或两个以上。在被告的选择上，尽量锁定好所有的目标被告，在立案时把被告列全，争取在一个诉讼程序中解决问题，避免重复起诉。能直接起诉的就不要后面去追加，以免出现法官不允许追加，还得另案起诉的情况。

当然，除管辖的需要，将销售商作为制造商的共同被告一并起诉外，是否需要起诉两个或两个以上的被告，仍然要综合评估。比如，增列共同被告有可能让被告之间相互产生压力，从而在举证上有利于被告，或者因为被告之一更愿意和解，从而能够取得更好的诉讼收获。当然，有时起诉两个被告也可能起到相反的作用。

不要得罪客户的合作伙伴

在基于管辖等需要打算一并起诉销售商时，需要考虑一下，会不会因此得罪对方而招致客户产品下架的制裁。特别是当销售商是苏宁云商或京东这样的电子商务平台时，虽然诉讼目标并不是针对它，但次数多了也足以招来反感。有时候，被诉的销售商可能将诉讼的压力传导给客户的销售部门，引起来自客户内部的诘问。总之，不要因为一件诉讼，与客户（原告）的客户或合作伙伴（特别是那些连锁的零售超市或电商平台）发生对立，甚至把它们送到被告的怀抱。

专栏：谁来做被告？

北京图书大厦简直就是"被告专业户"，因为告了它，就能把图书音像之类的版权诉讼管辖放在北京法院，估计它做被告已经做得麻木了。但有的销售商，特别是初次被告的公司未必会如此"泰然处之",即使在诉讼如此普遍的今天,仍有可能无法"情绪稳定"。

有一次,上海一家调味品公司发现了江苏某家企业的产品仿冒了它的商标,毫无疑问,出于对上海法院司法水平的信任,这家公司想在上海状告侵权人,因此,找个销售商来作陪就是顺理成章的事情。最终,这家调味品公司选择了一间刚刚开业而且是非连锁的小型超市作为共同被告起诉。有趣的是,案件审理尚未结束,这家超市派来的代理人(内部员工)就表示他们公司已经准备转型,退出零售业了。看起来,选择非常正确。

当然,也有主动请缨愿做被告的情形。有位朋友曾经做过一些电话卡图案侵权的版权案件,有的电话卡其实已经退出通信市场而进入了收藏市场,而作为收藏品的电话卡又可能是来自全国各地的电信公司所发行的。幸运的是,有一位售卖收藏电话卡的小贩,欣然同意对方将自己连同那些电信公司在本地告上法院。当然,这名小贩同意如此的强大动力在于可以得到一点点金钱的补偿,以抚慰其作为"被告"所遭受的"创伤"。

——摘自袁真富:《谁来做被告》,《中国知识产权》,2014年第4期。

"揭开公司面纱"

公司独立人格与股东有限责任是公司法领域的两大基石。但是,随着经济生活的复杂化,为了防止股东违反诚实信用原则,滥用公司的独立人格和股东有限责任待遇逃避责任,在特殊情况下可以否认法人人格,要求股东对债务承担连带清偿责任。此即"揭开公司面纱"制度,又称为"刺破公司面纱""公司人格否认"制度。[①]当侵权企业的控制股东是自然人时,"揭开公司面纱"将侵权责任直指自然人股东(多数时候是法定代表人),会对该自然人施加极大的压力,有助于打击侵权和争议解决。因此,越来越多的权利人开始考虑是否有机会"揭开公司面纱"。

揭开公司面纱制度是公司法中一项的重要制度,主要有资本显著不足、人格混同、过度控制、公司人格形骸化等类型:[②]

——公司资本显著不足。公司资本不足是指股东投入公司的股权资本明显不

---

① "揭开公司面纱"制度主要是在《中华人民共和国公司法》第20条作了原则性的规定(还包括《中华人民共和国公司法》第63条规定的一人公司股东承担责任的特殊情况)。此外,还散见于《中华人民共和国公司法》的多部司法解释中,例如《最高人民法院关于适用〈中华人民共和国公司法〉若干问题的规定(二)》22条关于股东未足额缴纳出资的连带责任、《最高人民法院关于适用〈中华人民共和国公司法〉若干问题的规定(三)》第14条中关于股东抽逃出资的补充赔偿责任等。为了提高执行效率,避免讼累,这些有关责任的承担甚至可以直接在执行程序中尝试解决,例如《最高人民法院关于民事执行中变更、追加当事人若干问题的规定》中的第17条、18条等规定。

② 朱慈蕴:《关于适用〈公司法〉第20条第三款的原则和尺度》,载《中国审判新闻月刊》2008年第4期。芮刚:《揭开公司面纱的几种常见情形》,前北京法官,2016-03-26。

足，主要有两个衡量标准，一是将股东的出资数量与公司的经营规模和经营性质相比较，并将后两者作为衡量股权出资数量是否不足的参照物；另一种是将股东的出资数量与公司筹集的债权资本相比较，并将该债权资本的数量作为衡量股本是否不足的参照系数。

——公司人格混同。人格混同是指两个相互独立的法人主体在其相互关系中不分彼此，并给人造成了两家公司为同一公司的印象。人格混同又可以分为两种类别：其一，股东（包括自然人股东与法人股东）和其法人公司之间产生的人格混同；其二，同一股东设立的几家不同公司之间发生的人格混同。

——股东过度控制。过度控制是指控股股东无视其附属公司的独立法人地位，对其经营和管理进行了严密而广泛的干预，并由此侵犯该附属公司的资产，损害了该公司和其债权人的利益。

——公司人格形骸化。公司人格形骸化是指无法区分公司和股东之间的主体差异，使得人们可以合理地理解为股东就能代表公司，公司也意味着股东本人，公司已经沦为股东的一种躯壳。在现实中，有时候它也可以表现为股东对公司的过度控制，有时候也可以表现为组织机构、人员混同，资产、财产混同，业务混乱和"空壳公司"的现象。

案例："揭开公司面纱"案

案例：霍尼韦尔国际有限公司与上海睿昕电子有限公司、上海宙点国际贸易有限公司等侵害商标权纠纷案［山东省高级人民法院（2015）鲁民三终字第226号民事判决书］

【当事人】

上诉人（一审被告）：上海睿昕电子有限公司（简称睿昕公司）

被上诉人（一审原告）：霍尼韦尔国际公司（简称霍尼韦尔公司）

被上诉人（一审被告）：上海宙点国际贸易有限公司（简称宙点公司）

被上诉人（一审被告）：坤宏实业有限公司（简称坤宏公司）

【案情概述】

2006年3月宙点公司在明知坤宏公司所委托生产、出口的刹车盘系假冒霍尼韦尔公司注册商标"BENDIX"的情况下，仍接受其委托生产，并于2006年6月以一般贸易方式向黄岛海关申报出口。2006年6月21日黄海海关查验此批货物时发现"BENDIX"商标系霍尼韦尔公司所有。2006年7月25日，霍尼韦尔公司出具鉴定书证明该批货物系假冒"BENDIX"商标。

2006年6月和12月，仇志宁与岳胜桥夫妻共同出资设立宙点公司和睿昕公司。两公司办公地址相同，实际是两个公司，一套人员。

霍尼韦尔公司认为，宙点公司和坤宏公司侵犯了其注册商标专用权，并给霍尼韦尔公司造成了巨大的损失，应承担停止损害、赔偿人民币五十万元损失的责任。且睿昕公司与宙点公司系岳某、仇某夫妻设立，实际是两个公司，一套人员。睿昕公司应对宙点公司的债务承担连带清偿责任。

一审法院判决宙点公司侵权并赔偿霍尼韦尔公司经济损失人民币三十万元，坤宏公司、睿昕公司承担连带赔偿责任。睿昕公司不服，提起上诉，要求改判霍尼韦尔公司要求其对宙点公司债务承担连带赔偿责任的这一裁判结果。二审法院判决驳回上诉，维持原判。

【裁判要点】

一审法院认为，关于注册商标侵权问题，宙点公司出口的刹车盘使用了与霍尼韦尔公司注册商标完全相同的商标，构成了对其注册商标专用权的侵犯；关于坤宏公司是否承担连带赔偿责任问题，两公司之行为乃共同侵权，应当承担连带赔偿责任；关于睿昕公司是否承担赔偿责任问题，睿昕公司与宙点公司虽然工商登记为彼此独立的企业法人，但实际上在人员、业务、经营财务方面高度混同，且各自财产无法区分，已丧失独立人格，构成人格混同。关联公司人格混同，严重损害债权人利益的，关联公司相互之间对外部债务应当承担连带责任。

二审法院认为，根据原审法院查明的事实，两公司的出资人、监事、执行董事、法定代表人均相同，经营范围基本重合，办公地址相同，且该地址仅悬挂睿昕公司牌子，据此可认定两公司的人员、业务存在混同。关于财务是否混同，其财务状况霍尼韦尔公司较难掌握，而睿昕公司完全有能力举证证明其财务独立于宙点公司，却未能提交有效证据，应承担举证不能的后果。综上，二审法院认定睿昕公司与宙点公司已构成人格混同，上诉人睿昕公司的上诉事由缺乏事实及法律依据，不予支持；一审法院判决并无不当，应予维持。

——案例整理人：李子昂，上海大学 2018 级知识产权专业研究生。

5.3 确定案件管辖

5.3.1 知识产权案件管辖的依据

与知识产权案件有关的综合性管辖规定

这些规定主要是确立一般规则，当然不只是针对知识产权案件，但也有专门针对知识产权的规定。比如：《最高人民法院关于适用〈中华人民共和国民事诉讼法〉的解释》（法释〔2015〕5 号）第 2 条第一款对专利纠纷案件的专属管辖和级别管辖进行了规定，即专利纠纷案件由知识产权法院＋最高人民法院确定的中人民法院和基层人民法院管辖。

- 《中华人民共和国民事诉讼法》（2017 年修订）

- 《中华人民共和国行政诉讼法》(2017年修订)
- 《中华人民共和国人民法院组织法》(2018年修订)
- 《最高人民法院关于适用〈中华人民共和国民事诉讼法〉的解释》(法释〔2015〕5号)

关于各类别知识产权案件的管辖规定

这些规定大多数既涉及级别管辖,又涉及地域管辖;个别规定只涉及级别管辖。

- 《最高人民法院关于审理专利纠纷案件适用法律问题的若干规定》(法释〔2015〕4号)
- 《最高人民法院关于审理商标案件有关管辖和法律适用范围问题的解释》(法释〔2002〕1号)
- 《最高人民法院关于审理商标民事纠纷案件适用法律若干问题的解释》(法释〔2002〕32号)
- 《最高人民法院关于商标法修改决定施行后商标案件管辖和法律适用问题的解释》(法释〔2014〕4号)
- 《最高人民法院关于涉及驰名商标认定的民事纠纷案件管辖问题的通知》(法〔2009〕1号)
- 《最高人民法院关于审理著作权民事纠纷案件适用法律若干问题的解释》(法释〔2002〕31号)
- 《最高人民法院关于审理涉及计算机网络域名民事纠纷案件适用法律若干问题的解释》(法释〔2001〕24号)
- 《最高人民法院关于审理植物新品种纠纷案件若干问题的解释》(法释〔2001〕5号)
- 《最高人民法院关于开展涉及集成电路布图设计案件审判工作的通知》(法发〔2001〕24号)
- 《最高人民法院关于审理技术合同纠纷案件适用法律若干问题的解释》(法释〔2004〕20号)
- 《最高人民法院关于审理不正当竞争民事案件应用法律若干问题的解释》(法释〔2007〕2号)
- 《最高人民法院关于审理因垄断行为引发的民事纠纷案件应用法律若干问题的规定》(法释〔2012〕5号)
- 《最高人民法院关于审理国际贸易行政案件若干问题的规定》(法释〔2002〕27号)
- 《最高人民法院关于本田技研工业株式会社与石家庄双环汽车股份有限公司、北京旭阳恒兴经贸有限公司专利纠纷案件指定管辖的通知》(〔2004〕民三他字第4号)(涉及确认不侵犯专利权诉讼案件的管辖)

涉及级别管辖的专门规定

如前所述,关于级别管辖不仅仅在最高人民法院的下列文件中有所规定,还要更多地关注与各个知识产权类别相关的管辖规定,以及各地高院制定的更具体的规定。

- 《最高人民法院关于调整高级人民法院和中级人民法院管辖第一审民事案件标准的通知》(法发〔2019〕14号)
- 《最高人民法院关于调整地方各级人民法院管辖第一审知识产权民事案件标准的通知》(法发〔2010〕5号)
- 《最高人民法院关于印发基层人民法院管辖第一审知识产权民事案件标准的通知》(法发〔2010〕6号)

涉及知识产权/互联网专门法院或法庭的管辖规定

截至2019年9月,我国在最高人民法院设立有知识产权法庭,在北京、上海、广州设立有知识产权法院,在南京、苏州、武汉、成都、杭州、宁波、合肥、福州、济南、青岛、深圳、天津、郑州、长沙、西安、南昌、长春、兰州、乌鲁木齐、海口厦门等21市设立跨区域管辖的知识产权法庭,形成了1+3+21的知识产权法庭/法院的审判格局。同时,在杭州、北京、广州设立有互联网法院(涉及互联网著作权权属、侵权纠纷和互联网域名纠纷的管辖)。这些专门法院或法庭肩负着集中管辖或跨区域管辖的使命。

- 《全国人民代表大会常务委员会关于在北京、上海、广州设立知识产权法院的决定》(2014年8月31日)
- 《全国人民代表大会常务委员会关于专利等知识产权案件诉讼程序若干问题的决定》(2018年10月26日)
- 《最高人民法院关于北京、上海、广州知识产权法院案件管辖的规定》(法释〔2014〕12号,2014年10月31日)
- 《最高人民法院关于互联网法院审理案件若干问题的规定》(法释〔2018〕16号)
- 《最高人民法院关于知识产权法庭若干问题的规定》(法释〔2018〕22号)
- 《最高人民法院关于同意南京市、苏州市、武汉市、成都市中级人民法院内设专门审判机构并跨区管辖部分知识产权案件的批复》(法〔2017〕2号)
- 《最高人民法院关于同意杭州市、宁波市、合肥市、福州市、济南市、青岛市中级人民法院内设专门审判机构并跨区域管辖部分知识产权案件的批复》(法〔2017〕236号)
- 《最高人民法院关于同意天津市第三中级人民法院和郑州市、长沙市、西安市中级人民法院内设专门审判机构并跨区域管辖部分知识产权案件的批复》(法〔2018〕46号)

- 《最高人民法院关于同意长春市中级人民法院内设专门审判机构并跨区域管辖部分知识产权案件的批复》(2018年),等等

地方高院涉及知识产权案件管辖的规定

最高人民法院对于具体确定基层人民法院管辖范围的规定一般比较笼统,实践中各地基层人民法院又存在大量的跨区域集中管辖。各地高院在报最高人民法院批准后可以对基层人民法院的新增,或对基层人民法院的管辖范围、标的进行调整。在此背景下,要具体锁定基层法院的管辖问题,必须检索和研究各地高院(甚至各案件受理法院)发布的涉及知识产权案件管辖的规定。这部分内容太多,无法一一列举,仅罗列北京、上海、江苏、浙江等地的几个规定作为例示:

- 《北京市高级人民法院关于调整本市法院知识产权民事案件管辖的规定》(2017年)
- 《北京市高级人民法院关于北京市基层人民法院知识产权民事案件管辖调整的规定》(2015年)
- 《北京市高级人民法院关于北京互联网法院案件管辖的规定》(2018年)
- 《上海市高级人民法院关于调整基层法院知识产权案件、行政案件和未成年人刑事案件集中管辖的公告》(2018年)
- 《上海市高级人民法院关于调整本市法院知识产权民事案件管辖的规定》(沪高法〔2016〕35号)
- 《江苏省高级人民法院关于明确全省法院知识产权民事案件级别管辖标准的通知》(苏高法〔2017〕231号)
- 《浙江省高级人民法院关于指定杭州市下城区等基层人民法院管辖第一审一般涉外知识产权民事纠纷案件的通知》(2012年)

5.3.2 知识产权诉讼管辖的复杂性

创新带来的复杂性

在中国,知识产权案件的管辖绝对是一门复杂的学问。如果你有时间阅读完前面有关知识产权管辖的规定,真的会发现是越理越乱。不同类型的知识产权案件管辖各有差异,集中管辖与跨区域管辖又相互交叉,导致知识产权案件的管辖规则不仅变动不居,而且交错如网,关键是,这"网"还有好几层。

近年来,知识产权审判可谓中国司法改革先行先试的重要领域。知识产权法院、知识产权法庭,以及互联网法院的推出,伴随着知识产权案件管辖的变化。比如,2014年广州知识产权法院设立,集中管辖广东省除深圳以外的专利等技术类知识产权案件,立即解除了广东其他中院(不包括深圳)的相关案件的管辖权。几乎每个跨区域管辖的知识产权法庭的设立,都会搅动当地原有的知识产权管辖格

局。当然,事情并不是如此简单。下面将稍作介绍,以展示管辖之复杂。

级别管辖的复杂性

级别管辖,是指按照人民法院组织系统划分上下级人民法院之间受理第一审民事案件的分工和权限。我国民事诉讼法是根据案件的性质、繁简程度和案件影响的大小来确定级别管辖的。把性质重大、案情复杂、影响范围大的案件确定给级别高的法院管辖。在审判实务中,争议标的金额的大小往往是确定级别管辖的重要依据。知识产权级别管辖的规定更有其丰富性和复杂性:

——**不是所有法院都有权管辖**。根据《中国法院知识产权司法保护状况(2014年)》发布的数据,截至2014年年底,全国具有专利、植物新品种、集成电路布图设计和涉及驰名商标认定的民事纠纷案件管辖权的中级人民法院分别为87个、46个、46个和45个;具有一般知识产权民事案件管辖权的基层人民法院达到164个;具有实用新型和外观设计专利纠纷案件管辖权的基层人民法院为6个。[①] 可见,不是所有中院都有权管辖专利案件,也不是所有基层法院都有权管辖一般的知识产权民事案件(如商标、著作权及不正当竞争案件)。

——**管辖法院的名单没有统一发布**。虽然每个有权管辖一般知识产权民事案件的基层人民法院,都应该报最高人民法院批准,但是,最高人民法院除在2010年发布过管辖第一审知识产权民事案件的基层人民法院名单外,[②] 大多是以零星发布的批复方式公开批准知识产权案件管辖的基层法院,如《最高人民法院关于同意指定江苏省张家港市人民法院审理部分知识产权纠纷案件的批复》(法函〔2010〕44号),遗憾的是,很多批复(包括设立跨区域知识产权法庭的一些批复)在网上根本找不到全文,甚至找不到标题,这也给我们了解全国各地的知识产权管辖法院增加了难度。

——**权利类型不同,级别管辖也不同**。不同权利类型(专利、商标、著作权、集成电路布图设计、植物新品种等)的案件,决定了第一审案件级别管辖的差异。比如,在上海、北京,专利案件在中院(知识产权法院)管辖,商标案件在基层法院管辖(涉及驰名商标保护的除外)。

——**权利相同,地域不同,级别管辖也不同**。即使同是商标案件,在上海、北京等地可以由基层法院管辖,而在有的地方,由于当地没有指定基层法院管辖商标案件,商标案件也是在当地中院管辖。而对于专利案件,大多数情形下是中院管辖,但在一些地方,也有个别基层法院可以管辖实用新型和外观设计专利案件。

---

① 最高人民法院:《中国法院知识产权司法保护状况(2014年)》,2015年4月。该数据只是用于说明问题,随着知识产权法庭跨区域集中管辖专利等技术类案件,以及各地调整基层法院的跨区域集中管辖等原因,这一数据已经有了极其巨大的变化。

② 参见《最高人民法院关于印发基层人民法院管辖第一审知识产权民事案件标准的通知》(法发〔2010〕6号)。

——**权利类型不同,上诉法院不同**。最高人民法院知识产权法庭集中管辖专利等专业技术性较强的知识产权上诉案件,技术类知识产权案件绝大多数一审在中院,二审则越过各地高院,直接到最高人民法院知识产权法庭上诉。一审在中院的非技术类知识产权案件,二审仍然在各地高院。

地域管辖的复杂性

地域管辖是指以人民法院的辖区和案件的隶属关系确定同级人民法院之间在各自的区域内受理第一审民事案件的分工和权限。知识产权案件的地域管辖同样复杂,可谓"错落不一",相似的案件如果发生在不同的地域,可能各有不同级别的法院管辖。

——**不同类型的法院管辖知识产权案件**。不仅是普通法院,一些专门法院(互联网法院和铁路运输法院)也在管辖知识产权案件。比如,杭州互联网法院专属管辖杭州市辖区内的互联网著作权(及邻接权)权属、侵权纠纷和互联网域名纠纷等第一审案件。根据《最高人民法院关于统一指定杭州铁路运输法院跨区域管辖一般知识产权民事案件的批复》,自 2016 年 7 月 1 日起,杭州铁路运输法院(与杭州互联网法院两块牌子,一套班子)作为第一审法院,跨区域管辖发生在杭州市江干区、上城区、下沙经济技术开发区、富阳区、临安市、建德市、淳安县、桐庐县辖区诉讼标的额在 500 万元以下的除专利、植物新品种、集成电路布图设计、技术秘密、计算机软件、涉及驰名商标认定和垄断纠纷案件之外的一般知识产权民事一审案件。

——**中级法院与基层法院在同类案件上并列管辖**。比如,武汉中院知识产权审判庭管辖发生在武汉市辖区内有关商标、著作权、不正当竞争、技术合同纠纷的第一审知识产权民事案件,但由武汉市江岸区人民法院、江汉区人民法院、东湖新技术开发区人民法院管辖的上述第一审知识产权民事案件除外。

——**著作权和商标侵权案件未将侵权结果发生地作为管辖地**。根据《中华人民共和国民事诉讼法》第 28 条:因侵权行为提起的诉讼,由侵权行为地或者被告住所地人民法院管辖。《最高人民法院关于适用〈中华人民共和国民事诉讼法〉的解释》第 24 条规定,《民事诉讼法》第 28 条规定的侵权行为地,包括侵权行为实施地、侵权结果发生地。不过,虽然涉及专利权侵权纠纷将侵权结果发生地作为管辖依据,但涉及著作权和商标侵权的司法解释,取消了侵权结果发生地这一管辖连接点。①

——**信息网络侵权纠纷可以侵权结果发生地作为管辖连接点**。根据相关司法

---

① 比如,《最高人民法院关于审理商标民事纠纷案件适用法律若干问题的解释》(法释[2002]32 号)第 6 条规定:"因侵犯注册商标专用权行为提起的民事诉讼,由商标法第十三条、第五十二条所规定侵权行为的实施地、侵权商品的储藏地或者查封扣押地、被告住所地人民法院管辖。前款规定的侵权商品的储藏地,是指大量或者经常性储存、隐匿侵权商品所在地;查封扣押地,是指海关、工商等行政机关依法查封、扣押侵权商品所在地。"该解释没有将侵权结果发生地作为管辖地。

解释,一般而言,著作权和商标权的侵权案件管辖地不包括侵权结果发生地。但信息网络侵权行为实施地包括实施被诉侵权行为的计算机等信息设备所在地,侵权结果发生地包括被侵权人住所地(《最高人民法院关于适用〈中华人民共和国民事诉讼法〉的解释》第 25 条),因此,以信息网络侵犯著作权和商标权等权利的纠纷可以把侵权结果发生地(包括被侵权人的住所地)作为管辖连接点。

——**存在多种特殊情形的专属管辖**。专属管辖是指法律规定的某些特殊类型的案件专门由特定的人民法院管辖,其他人民法院无权管辖,当事人也不得以协议的形式改变这种管辖。专属管辖也属于地域管辖的范畴。除前述杭州互联网法院专属管辖杭州市辖区内的互联网著作权(及邻接权)权属、侵权纠纷和互联网域名纠纷等第一审案件外,涉及驰名商标保护民事案件也只能由省、自治区人民政府所在地的市、计划单列市中级人民法院,以及直辖市辖区内的中级人民法院管辖。其他中级人民法院管辖此类民事纠纷案件,需报经最高人民法院批准。

跨区域管辖的复杂性

——**知识产权法院跨区域管辖**。目前,北京、上海两家知识产权法院因直辖市的原因,不存在跨区域管辖的问题,但广州知识产权法院可以跨区域管辖。

——**知识产权法庭跨区域管辖**。大多数知识产权法庭(设置在中院)都可以跨区域管辖。比如,宁波知识产权法庭管辖发生在宁波市、温州市、绍兴市、台州市、舟山市辖区内的专利、技术秘密、计算机软件、植物新品种、集成电路布图设计、涉及驰名商标认定及垄断纠纷的第一审知识产权民事案件。

——**基层法院跨区域管辖**。比如,上海市徐汇区人民法院管辖徐汇区、长宁区、闵行区、奉贤区、松江区、金山区内的第一审知识产权案件(2018 年 7 月 1 日起)。再如,北京市东城区人民法院管辖本辖区并跨区域管辖北京市通州区、顺义区、怀柔区、平谷区、密云区人民法院辖区内的第一审知识产权民事案件(2016 年 1 月 1 日起)。

——**技术类案件与非技术类案件区分对待**。宁波知识产权法庭管辖发生在宁波市、温州市、绍兴市、台州市、舟山市辖区内,诉讼标的额为 800 万元以上的商标权、著作权、不正当竞争、技术合同纠纷的第一审知识产权民事案件;而该法庭跨区域管辖技术类第一审知识产权民事案件时,没有"800 万元以上"的诉讼标的限制。这也使得非技术类知识产权案件,可能纯粹因为诉讼标的额不同,而受相去甚远的不同地域的法院管辖。

——**跨区域管辖套着跨区域管辖**。苏州知识产权法庭可以管辖苏州市、无锡市、常州市、南通市 4 个辖区内的第一审知识产权民事案件(商标、著作权、不正当竞争、技术合同纠纷的诉讼标的额为 300 万元以上),而无锡市滨湖区人民法院还受理无锡市崇安区、北塘区、惠山区范围内的,诉讼标的额在人民币 10 万元以下的第一审商标权民事纠纷案件(涉外、涉港澳台商标权案件除外)。

存在太多的例外情形

知识产权案件在级别管辖和地域管辖方面存在太多的例外情形,这里再归纳回顾或新增一些例证：

——按诉讼标的额划分级别管辖的例外。对于一般知识产权（商标、著作权、不正当竞争等非技术类知识产权）第一审民事案件,很多地方（如南京、苏州、宁波等地）是按诉讼标的额决定在基层人民法院还是在上级人民法院管辖,但在上海,则不论诉讼标的额高低,一般均由基层人民法院管辖。此外,对于一般的民事案件,中级人民法院管辖第一审民事案件的诉讼标的额上限原则上为 50 亿元（人民币）,高级人民法院管辖诉讼标的额 50 亿元（人民币）以上（包含本数）或者其他在本辖区有重大影响的第一审民事案件,①但《最高人民法院关于知识产权法庭若干问题的规定》第二条所涉的技术类知识产权案件类型除外。

——驰名商标案件相对于普通商标案件的例外。涉及驰名商标认定的民事纠纷案件,由省、自治区人民政府所在地市、计划单列市、直辖市辖区中级人民法院和最高人民法院指定的其他中级人民法院专属管辖。

——知识产权法院跨区域管辖的例外。广州知识产权法院可以跨区域管辖广东省内的技术类知识产权案件（专利、植物新品种、集成电路布图设计、技术秘密、计算机软件民事案件）及涉及驰名商标认定的民事案件,但又不包含深圳市的该类案件。

——知识产权法庭跨区域的例外。深圳、天津、兰州知识产权法庭严格上不存在跨区域管辖,只管辖本市范围内的知识产权案件。

——外观设计专利案上诉管辖的例外。虽然大多数跨区域集中管辖或划分级别管辖的案件类型中,对于专利（发明、实用新型、外观设计）未作进一步区分。但最高人民法院知识产权法庭集中管辖的专利上诉案件,不包括外观设计专利案件。

——知识产权刑事案件的管辖例外。目前跨区域集中管辖的知识产权案件主要是民事案件,不包含刑事案件,这使得同一权利受到侵犯引发的民事案件和刑事案件完全可能在不同地域甚至不同级别的法院审理。

5.3.3 知识产权案件管辖的抉择

到哪里去起诉

不要以为在哪里打官司效果都一样,选择一个有利的诉讼地点,也是诉讼成功的一个重要因素。如果是代理一审原告方,应选择有利的诉讼管辖地,此项工作可

---

① 参见《最高人民法院关于调整高级人民法院和中级人民法院管辖第一审民事案件标准的通知》（法发〔2019〕14 号）第 1 条和第 2 条。

以结合证据等多种因素进行综合考虑。如果是代理一审被告方,应首先审查该案的管辖是否适当。如果不适当,应当在征询客户意见后,及时在法定期限内提出管辖异议。

在选择管辖地之前,需要对知识产权案件管辖的规定足够熟悉,比如,了解涉及驰名商标认定的案件有特别规定,从而需要查明当地中级人民法院是否具有管辖权。目前上海仅有浦东、徐汇、普陀、杨浦四个基层人民法院有权管辖一般知识产权案件,并且可以跨区域管辖。但外省市的基层人民法院是否属于最高人民法院指定的有权审理商标、版权、不正当竞争及外观设计专利等案件的基层人民法院呢?由于最高法人民院在2010年后没有再统一公布这些基层人民法院的名单,很多批复又难以查询,恐怕需要打电话到法院咨询或询问有关同行,才能进一步确认。

在实践中,由于被告住所地是固定不变的,因此选择不同的侵权行为地,成为改变管辖地的一个很好的策略。当然,也有原告远赴他乡直接在被告住所地提出天价索赔诉讼,这种"不按常理出牌"的方式(通常的方式是避开被告住所地)出其不意,有时反而让被告觉得原告"背后不简单",变成一场"诉讼心理战"了。

必须提醒的是,尽管权利人转移诉讼管辖地有可能获得有利的判决结果,但如果被告不处于案件审理法院的管辖区域,在被告的住所地判决可能很难执行,或者很不方便执行。所以,不要一律排斥在被告的住所地诉讼。事实上,有的权利人还偏要到被告的住所地去起诉,主要希望在当地起到宣传震慑其他侵权人的作用。

选择管辖地的考量因素

在给客户设计诉讼方案时,应当明确诉讼管辖的建议,简要陈述利弊,并得到客户的同意。当然,考虑到有些不确定的因素,方案设计中的案件管辖可以不必过于具体,只需列明案件管辖选择的原则或方向。对于案件管辖地的选择,可以综合考虑以下因素:

——立案是否方便?
——法院的审判水平如何?
——法院的审理速度如何?
——法院既往判决的裁判观点是否有利?
——法院的判赔力度如何?
——证据保全等申请是否便利?
——判决是否易于执行?
——是否便于沟通(包括保全申请、鉴定申请、举证期限延长、执行等事项的正常沟通)?
——到法院是否交通方便?
——差旅等成本是否在可控范围?

——会不会有地方保护问题？

——委托人以往在该院处理案件的效果如何？

——其他有利因素的考量，如在当地起诉属于中级人民法院管辖。

策略性的地域管辖转移

在知识产权领域，捆绑起诉销售商来选择管辖地（通常是原告所在地或者原告律师执业所在地），也是司空见惯的现象，甚至都算不上"策略"。选择管辖地的原因，主要是便利原告的诉讼，节约差旅费或时间成本，或者增加对方的经济成本和时间成本。当然，有时也是为了选择一个更靠谱或倾向更有利的法院，以及降低或消除地方保护的影响等。

此外，可以利用跨区域管辖规则来锁定目标管辖法院。比如，客户希望到苏州中院起诉商标侵权，但经过调查没有在苏州发现有侵权销售行为。不过，苏州知识产权法庭（隶属苏州中院）可以跨区域管辖在无锡等地发生的且诉讼标的额在300万元以上的商标侵权案件。经过调查，在无锡发现了侵权商品的销售行为，于是在证据保全之后顺利到苏州中院提起了诉讼。

需要指出的是，虽然北京、上海和广州知识产权法院或发达区域的法院审判经验比较丰富，但也许基层人民法院才是更能创造奇迹的地方，因此，很难说案件在哪里管辖有绝对的优势或劣势，只能因案而异。

提高级别管辖的目的

注意查明最高人民法院及各地高院关于知识产权案件级别管辖的标准。比如，在南京，诉讼标的额在200万元以下的第一审商标民事案件即归基层法院人民管辖。而在北京，诉讼标的额在1亿元以下且当事人住所地均在本市的，以及诉讼标的额在5000万元以下且当事人一方住所地不在本市或者涉外、涉港澳台的商标一审民事案件，才归基层人民法院管辖。但在上海，第一审商标民事案件不论诉讼标的额高低，均由基层人民法院管辖。

对于在基层人民法院审理可能有阻力的案件，在无法转移管辖地的情形下，在征询客户意见后，可以通过提高索赔数额或者请求认定驰名商标的方式，提升级别管辖的层次（当然目前在上海，提高索赔数额这个方法似乎没有意义）。大多数情况下，诉讼管辖的策略考量主要在于地域管辖，但提高级别管辖，对于个别客户（或代理律师）也有特别的考虑：

——不信任基层人民法院，认为中高级法院水平更高。

——认为基层人民法院太忙，中级或高级人民法院有更多的时间和资源来关注本案，尤其当本案是一个疑难复杂案件时，更是如此。

——案件在中级特别是高级人民法院一审，相比基层人民法院更能避免地方保护或其他不当的干预。

——可上诉到最高人民法院,估计去最高人民法院打官司是一些律师或客户的"梦想",或者认为最高人民法院二审让案件结果更有保证。

需要指出的是,2019年年初成立的最高人民法院知识产权法庭集中管辖全国的技术类知识产权二审案件,这使得技术类知识产权案件上诉到最高人民法院是一件相当容易的事情。不过,2019年5月,最高人民法院下发文件,对高级人民法院、中级人民法院管辖第一审民事案件的标准进行调整。其中,中级人民法院管辖第一审民事案件的诉讼标的额上限,原则上为50亿元人民币。这样一来,非技术类的知识产权案件(如著作权、商标案件等)要上诉到最高人民法院又变得困难了。

5.4 确定侵权责任

5.4.1 如何主张侵权责任

侵权责任的形式

根据《中华人民共和国民法总则》第179条的规定,承担民事责任的方式主要有11种:(1)停止侵害;(2)排除妨碍;(3)消除危险;(4)返还财产;(5)恢复原状;(6)修理、重作、更换;(7)继续履行;(8)赔偿损失;(9)支付违约金;(10)消除影响、恢复名誉;(11)赔礼道歉。不过,在知识产权侵权诉讼中,承担民事责任的方式主要是停止侵害、消除影响、赔偿损失等责任,只有在侵害到著作权中的精神权利(人身权利)时,权利人才能向侵权人主张赔礼道歉的责任。

事实上,最受关注的侵权责任还是赔偿损失。《中华人民共和国著作权法》《中华人民共和国商标法》和《专利法》等法律关于赔偿数额计算的规定,并不完全一致。总体上有"按照权利人因被侵权所受到的实际损失确定""按照侵权人因侵权所获得的利益确定",或者在"权利人的实际损失或者侵权人的违法所得不能确定时"按照法定赔偿确定这几种计算方式。同时,商标侵权赔偿和专利侵权赔偿还可以参照商标或专利许可使用费的倍数合理确定。关于如何提高侵权赔偿的数额,后面将专节阐述。

值得注意的是,2013年修订的《中华人民共和国商标法》和2019年修订的《中华人民共和国反不正当竞争法》还支持原告主张惩罚性赔偿。而在修订过程中的《中华人民共和国专利法》和《中华人民共和国著作权法》未来也将纳入惩罚性赔偿制度。

提出最具威胁的责任

在一个漫长的诉讼中,什么是对被告最具威胁的侵权责任呢?有的被告最担心的不是赔偿,而是停止侵权(包括诉前或诉中禁令),特别是受到侵权指控的产品还要继续销售时;有的被告随时可以终止侵权的业务,他最担心的可能是高额赔偿问题。

这么笼统的描述还有些宽泛,但的确要根据案件特别是被告的具体情况来确定。比如,当你指控一家上市公司侵犯专利权,如果只主张200万元赔偿,它可能无动于衷。如果主张的赔偿提高到1000万元,它可能就要紧张了,因为这时它需要将这个诉讼进行信息披露,这有可能对股价造成影响。

同样,对于一家正在谋求IPO的企业,你提出100万元的赔偿主张,虽然它仍然会认真对待,但未必有诚意和你谈和解,当你提出1个亿的赔偿时,它极可能主动找你好好谈一下,因为这个量级的赔偿完全可能打断它上市的步伐。

索赔数额越高越好吗

要获得高额判赔,首先得提出高额的赔偿主张。目前在我国知识产权诉讼中,提出数千万、数亿,甚至数十亿赔偿要求的案件越来越多,相应的判赔金额也是水涨船高。不过,主张的赔偿数额越高越好吗?

当然,对于那些没有扎实的赔偿证据支撑,甚至侵权与否的定性都困难的案子,提出高额索赔,本身就是不理性的行为。这里假定确实有较多的证据支持高额赔偿的计算,即便如此,如果不是基于策略考虑,高额的索赔和判赔反而会给原告带来更大的挑战:

——原告诉请的赔偿数额越高,越会刺激被告聘请更优秀的律师,调动更高层的资源应对。

——在高额索赔的案子中,被告更有动力去"釜底抽薪",直接将你的权利基础给废掉,比如请求宣告专利权无效或宣告商标注册无效。

——法院对天价索赔的判决会更加谨慎,反而可能拖累审理速度。

——如果法院判出了高额赔偿,可能会让被告跟你"拼命",并最大化地动员资源去争取改判。

——对于高额赔偿,被告(或被告的控制人、股东)更没有支付意愿或支付能力。即使法院支持高额赔偿,在执行阶段可能会遇到极大的阻力或障碍。

如果确实有大量的证据证明被告侵权获利甚多,可以将案子分散化,不要集中在一个侵权诉讼中主张赔偿,比如,每个案子主张300万~500万元的赔偿,这个索赔的额度既能覆盖掉律师费等成本,同时法官作出判决也相对没有那大的压力。

案例:10亿元诉讼标的专利权被宣告无效

2018年9月28日,业绩优良的公牛集团在证监会官网披露了招股书,启动A股IPO,但在上市前夜遭遇了同行的专利狙击。当年12月,通领科技以南京中央金城仓储超市有限责任公司、公牛集团作为共同被告,向南京市中级人民法院提起专利侵权诉讼,涉及两项专利,分别是发明专利"支撑滑动式安全门"(专利号为 ZL201010297882.4)和实用新型专利"电源插座安全保护装置"(专利号为 ZL201020681902.3)。

公牛集团称,两项专利纠纷共涉及 10 起诉讼,每起诉讼金额为 9 990 万元,涉及公牛集团的 198 个产品,主要为转换器和墙壁开关插座等。这合计近 10 亿元的索赔,不仅相当于公牛 2015 年的全年净利润,也刷新了国内企业专利侵权诉讼标的额新高。

在通领科技起诉之后,公牛集团于 2019 年 1 月就涉及的两项专利向国家知识产权局提出了专利无效宣告申请,国家知识产权局分别在 2019 年 4 月 23 日和 5 月 24 日对上述两项专利的无效宣告申请案进行了审理。

2019 年 7 月 3 日,公牛集团称已收到国家知识产权局专利局复审和无效审理部《无效宣告请求审查决定书》(第 40759 号、第 40829 号)。其中提到,通领科技前述发明专利"支撑滑动式安全门"和实用新型专利"电源插座安全保护装置"的全部权利要求不具备《中华人民共和国专利法》第 22 条第三款规定的创造性,两项专利被宣告无效。

——摘自:《公牛集团 10 亿专利侵权被宣告无效"插座一哥"IPO 障碍仍待清扫》,《21 世纪经济报道》,2019 年 7 月 10 日。

5.4.2 如何提高侵权赔偿

提高侵权赔偿数额的维度

从调查统计的情况来看,法院对知识产权侵权的判赔金额一度不容乐观。中南财经政法大学知识产权研究中心的研究表明,2008—2012 年这五年的专利权侵权案件中,采取"法定赔偿"的平均赔偿额只有 8 万元,通常只占到起诉人诉求额的 1/3,甚至更低。[①]

中南大学法学院刘强教授等以 1993—2013 年我国法院受理的一、二审专利民事侵权诉讼案件为样本,共搜集到专利侵权案件判决书 1 674 份,分析结果显示:发明专利案件的平均判赔金额为 24.31 万元,实用新型专利案件的平均判赔金额为 12.36 万元,外观设计专利案件的平均判赔金额为 6.38 万元。[②] 如果去统计著作权侵权案件,平均判赔金额应该会更低。

当然,近年来知识产权的赔偿数额已经有了较大的提高,特别是在一些个案上,高额甚至巨额赔偿不断出现。如何提高侵权赔偿的数额,可以从以下几个维度

---

① 张维:《97%专利侵权案判决采取法定赔偿平均赔偿额只有 8 万元》,载《法制日报》2013 年 4 月 16 日。

② 刘强、沈立华、马德帅:《我国专利侵权损害赔偿数额实证研究》,南湖论坛会议论文,2015 年 4 月。

观察：

——**权利主体行不行**。权利人本身的规模、权利基础如何，都会影响赔偿数额。

——**诉讼对手行不行**。被告的经营规模、支付能力、侵权规模等也同样影响赔偿数额。

——**受理法院行不行**。法定赔偿自不用说，即使是按侵权获利来计算赔偿，法官亦有极大的自由裁量权。因此，法院在赔偿方面的支持态度、判赔力度都会影响赔偿数额。

——**代理律师行不行**。作为整个诉讼的操作者，原告的代理律师对于诉讼方案的制定，自然最终会影响到赔偿数额上。

——**诉讼策略行不行**。具体的诉讼策略，包括取证策略，当然会影响赔偿数额。

——**赔偿主张行不行**。适用法定赔偿的方法当然不能获得巨额赔偿，但采用侵权获利的计算方法，在有证据支持的情形下，有可能得到更高的赔偿数额。

提高侵权赔偿的 28 条建议

如果让法官来解释一下判赔为何低？理由肯定会很多。比如说专利案件，你的权利基础是外观设计专利权，不是发明专利权，当然赔得低；你告的是经销商，不是制造商，当然赔得低；你赔偿证据都不提供，当然赔得低；你是商业维权（以诉讼作为营利手段），当然赔得低……而最主要的原因是支持高额赔偿的证据呢？

显然，无论立法上是否修改赔偿规则，是否提高法定赔偿上限，是否全面适用惩罚性赔偿，关键还是要回到举证上去，要在证据上下功夫，同时也要采取一些诉讼技巧，这样才能在诉讼中提高法院判赔的赔偿数额。关于诉讼索赔问题，当然需要遇到具体案件具体分析。下面提供 28 条建议作为参考：

（1）选择更强大的权利基础。比如，在有选择的情况下，优先考虑用发明专利去诉讼（当然，并不是绝对的），选择更有知名度的商标去诉讼，选择经济效益更高的权利去诉讼。

（2）证明被告有实力且"多金"。除注册资金状况、经营状况、生产经营规模外，也可以翻阅各种报道或公司年报等信息，查找可以证明或间接证明被告实力或赚钱能力的证据。

（3）证明涉案产品的价值较大，包括自己和被告的涉案产品的销售价格、销售状况、市场价值等，比如从淘宝上调取涉案产品的销量纪录。

（4）选择高额判赔频率较高的管辖法院。不可否认，法院也有"个性"，有的比较保守，有的比较"激进"，关注一下哪些法院经常敢于判决高额赔偿。

（5）避免到被告所在地法院"客场"作战。这里不是要指责法院的地方保护主义倾向，但是，如果法院对本地的被告企业"下手太狠"，毕竟存在一些可以理解的顾虑。

（6）请求法院责令被告提供财务方面的账簿、资料等。2014年施行的《中华人民共和国商标法》已经明确提供了这方面的法律支持。

（7）申请法院证据保全,虽然这并不容易。不过,万一法院接受了你的申请呢,万一被告还野蛮地抗拒证据保全呢,这时被告可能会面临较高的赔偿。

（8）尽力证明被告侵权的恶意,可以通过侵权行为的性质、持续时间、重复侵权等来证明。

（9）如果发出侵权警告后被告仍在持续侵权,签署和解协议后再次侵权,这也是被告恶意侵权的最好证明;此外,证明被告以侵权为业也是一个好办法。比如,被告申请注册或使用了大量的傍名牌的商标。

（10）起诉制造商通常会比只起诉销售商获得更多的赔偿。销售商只对其销售范围内的侵权产品承担赔偿责任,显然不会对制造商的其他渠道的侵权产品销售承担责任,但制造商要对其生产及销售的所有侵权产品承担赔偿责任。

（11）尽力调取客观可靠的证明被告侵权规模的证据,尤其是侵权的持续时间、侵权产品销售数量、侵权地域范围、门店数量等。比如,申请调取海关关于涉案商品进出口的数据。

（12）可以在不同时间段、不同销售区域,对不同销售渠道采取保全证据公证,"多点开花",或对同一场所多次取证,有利于证明被告销售侵权商品的规模和持续时间。

（13）通过同业经营的上市公司年报等渠道,调查涉案产品的行业平均利润率,在有销售数量等证据支撑的情形下,可以为计算赔偿额提供重要支持。

（14）诉前与诉中取证,持续监控侵权活动。如果被告在被诉后,仍然在大规模从事侵权活动,有必要向法院提交证据,要求给予更严厉的赔偿"惩罚"。

（15）申请鉴定侵权行为给权利人造成的损失,这在商业秘密刑事犯罪案件中经常使用,该刑事案件中的鉴定结论有可能在民事诉讼中被法院直接采用。

（16）提出合理的许可费参照。对于确实存在知识产权许可的权利人,既要签署规范的许可协议,并体现许可的使用费或其支付方式,又要保留与使用费支付相关的汇款凭证、往来邮件等。

（17）在以往的和解协议中埋下高额赔偿的种子。考虑到不少被告都有重复侵权或继续侵权的行为,因此,在就第一次侵权行为签署和解协议时,为防止重复侵权或继续侵权,可以约定较高数额的损害赔偿数额(如再次侵权则加倍赔偿),以提高对方侵权成本,起到侵权威慑作用,也能提高日后诉讼的获赔金额。

（18）固定被告自我宣传甚至是自吹自擂的证据。比如被告官网上宣传的涉案产品产量或销量、销售区域、销售门店数量等。

（19）调取或申请调取被告的招股说明书、审计报告或会计报告等,或申请调取被告向主管部门申报的资料,比如申报著名商标、认定驰名商标、申请专利奖项的申报资料,或者税务方面的资料。

(20) 挖掘第三方机构与赔偿有关的数据或信息,比如,查询相关行业协会或调查公司公布的涉及被告的市场占有率、销量排行榜等数据。

(21) 先通过工商部门等机关的行政执法,甚至公安部门的刑事侦查,查处获得一定数量的侵权产品,甚至财务资料,为后续的民事赔偿提供支持。

(22) 如果让被告感到有刑事犯罪的风险,可能会让对方有兴趣与你讨论和解的问题,并获得更高的和解金额。

(23) 发掘被告在其他诉讼中,尤其是作为原告起诉他人侵权时提交的各类证据资料。当然,也包括被告在相关刑事等诉讼中被法院认可的相关证据。

(24) 多项权利共同出击,最好选择不同的战场。如果一个侵权产品存在多个知识产权,可以考虑多管齐下,当然最好在不同的法院起诉不同的侵权行为。

(25) 针对被告不同系列、不同规格、不同型号的产品,分别提出多个侵权案件,这些案件判赔的金额累积起来,通常会比以一个案件起诉所判赔的金额更高。

(26) 向法院提供维权所支出的合理开支,以及消除侵权影响的合理开支等。如果公证保全较多、律师费用较高、搜证支出较大等,也会影响最终的赔偿额。很显然,原告收集证据的情况,会影响法院对维权费用合理性的判断。

(27) 避免自己的案件被法院"认定"为商业性维权。如果法院认为你是"商业性"维权诉讼,并且你的举证又不负责任,那就很有可能"打压"你的赔偿请求。

(28) 向法院提供高额判决先例,尤其是案情相似的案件。目前法院正在推行"案例指导制度"或"先例判决指导制度",虽然"先例"对案件定性可能更有指导或借鉴意义,但应该也能够增强法院判决高额赔偿的信心。

延伸阅读:

1. 张雯,费宁:《如何代理民事诉讼》(第2版),载《律师之道:新律师的必修课》,第12章,北京大学出版社2016年版。

2. ipcode:《全国知识产权法庭/院1+3+20管辖图》,知产库,2019年5月14日。

3. 袁真富:《提高知识产权侵权赔偿的28条建议》,法务收藏家,2016-12-07。

4. 岳利浩:《知识产权高额赔偿36计》,知识产权出版社2018年版。

下编
从收案到结案

第6章 客户会见

关键词：会见准备　当面会谈　客户跟进　收费模式　报价策略

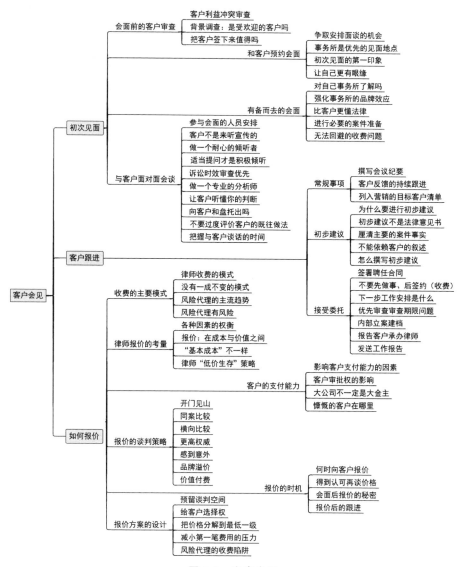

图 6-1　客户会见

6.1 初次会面

6.1.1 会面前的客户审查

客户利益冲突审查

最高人民法院在(2016)最高法民申 3404 号民事裁定书中指出:《中华人民共和国律师法》第 39 条仅规定律师不得在同一案件中为双方当事人担任代理人,而并未就同一律师事务所的不同律师不得担任争议双方当事人的代理人作出禁止性规定。《律师执业行为规范》中虽有规定,但该文件系全国律师协会制定的行业性规范,不属于法律法规的强制性规定。

最高人民法院的前述裁判规则严重颠覆了既有的通常惯例,在实践上很难被律师行业所接受。实际上,律师事务所都执行着更严格的利益冲突回避制度,避免同时为利益冲突的当事人提供法律服务。在预约客户会面时,通常已经了解到客户的基本信息,可以初步检索是否存在客户利益冲突。

背景调查:是受欢迎的客户吗

在对客户不熟悉的情形下,还应当事先调查客户的情况,比如公司性质(美资、日资、台资或内资等)、公司规模、业务领域、业内地位、既往案件、以前聘任的事务所情况等,这些背景对于业务洽谈也很重要。

如果发现客户在业内有不太好的名声或者不受律师欢迎的做法,就尤其要警惕了。比如,有的客户喜欢纯风险代理,有的客户甚至拖欠律师费。再如,个别客户喜欢通过自媒体以一种比较激烈的方式怒怼法官,或者叫板一些行政主管部门,律师会不会因此一起被"拖下水"也要谨慎的衡量,毕竟客户可能一生只做一个案子,而律师要做一辈子的案子。

把客户签下来值得吗

即使现在不存在利益冲突,也要从长期利益的角度,审视是否值得会见或签下这个客户。比如:

——这家客户是不是会成为以后开拓业务的障碍

举个例子,如果一家知名的电商平台成为你的客户,可能意味着你会失去很多品牌客户。因为在起诉电商平台上的假冒产品销售商时,为了管辖或者其他考虑,客户极有可能要求把这家电商平台一起送上被告席,这时可能就有利益冲突了。

——客户的案子会不会影响律师的形象和定位

如果你一向致力于为权利人提供法律服务,客户群体都是鼎鼎有名的大品牌商。那么,一家因仿冒他人品牌或包装的客户找上门来,你要不要接待甚至签下他呢？此时你最需要考虑的是，为一家仿冒厂商提供服务会不会影响你的形象和定位，毕竟你一向是为权利人提供服务的。再如，权利人是 NPE、商业维权类的案件要不要代理，从长远发展的角度看，都是值得谨慎思考的。

6.1.2 和客户预约会面

争取安排面谈的机会

无论客户的来源是熟人推荐、慕名而来、电话咨询，还是主动开发的，最好通过微信、邮件或电话与客户沟通，评估是否有必要与客户面谈，对于有价值的客户，应当与客户预约会面。因为现场进行的面谈能进一步增进相互的了解，建立信任关系；也能获得有价值的故事细节和案件信息。当然，对于路途较远或者已经建立较好关系、比较熟悉的客户，也可以安排电话会议。

在见面的时间上，优先满足客户的要求，而且越早越好。因为此时客户往往面临多个选择，越早抓住机会，成功的可能性越大。预约会面或者确认会面时，最好能够了解客户方参加的人数、职位、目的，以便于安排接待律师、准备资料、确定会议室。

专栏：律师会见客户的目的

代理客户通常起始于一次会见。以下是律师在会见客户时所持有的目的：

1. 建立律师与客户之间的关系。在个人层面，你和客户将彼此了解对方的个人情况；在教育层面，你将向客户解释各种事项（如果客户对此尚不知晓），诸如律师与客户间的保密义务，以及客户在解决问题中所应当或能够担任的任务；在合同层面，客户同意雇用你并支付律师费和案件费用，作为你完成承诺事项的交换条件。

2. 了解客户的目标。客户希望或需要做什么？对于实现这些目标的各种方法，客户持什么态度？

3. 了解客户所知的全部事实。这通常占据了会见的主要部分。

4. 切实减少客户的忧虑。就理智层面而言，客户来寻求律师的帮助是因为他们希望问题得到解决。但就情感层面而言，他们是为了减轻忧虑而来。通常情况下，客户只要知道该律师工作能力强、负责任、招人喜欢，并且已承诺会为解决问题做一切努力时，其忧虑便会在首次会见中大幅度地减轻。

——摘自斯蒂凡·克里格，理查德·诺伊曼著：《律师执业基本技能：会见、咨询服务、谈判、有说服力的事实分析》（第二版），中伦金通律师事务所译，法律出版社 2006 年版，第 95～96 页。

事务所是优先的见面地点

当面接待新客户时,应优先安排在律师事务所会议室,事先通知行政人员安排好会议室及相关接待工作。如果是电话会议,应当提前调试好相关的设备。

在律师事务所的会议室接待客户,一方面有利于节约律师会见客户的时间(至少节约了交通上的时间),另一方面显得很正式和正规,更方便展示事务所的实力和形象,大的事务所都在租金不菲的高档写字楼办公,不要浪费事务所的环境和氛围,这有助于提高成功的概率。

必要时也可以前往客户办公地点会面。去客户办公地点会面也有一定的好处,比如,能对客户的规模、经营情况有一定了解,从而推断客户实力和支付律师费的意愿;参观客户办公室或工厂时,有可能挖掘出新业务。

但在客户办公地点会面必须谨慎控制,尤其是对初次会面的客户,最直接的原因是这会花费更多的时间资源,而是否有合作机会又充满了不确定性。通常在拜访潜在客户时,才适于前往客户办公地点会面。

有个别国内客户可能喜欢吃饭的时候谈事儿,但喧闹的饭店等场所不是适宜的业务洽谈地点,而且吃饭谈事儿的客户可能并不打算付费,只是咨询一下,或者说,吃饭埋单的费用就是他支付的咨询费。

初次见面的第一印象

为建立良好的第一印象,从一开始就要让服务充满细节主义。比如,如果预约之时与会面时间相距较长(比如相隔一周),可以在会面前1~2天与客户再次确认或提醒。按照约定的时间提前一会儿到达也很重要,因为有的客户极其不喜欢等待的感觉。

会面地点的交通问题其实是给客户造成困扰的重要问题,要始终站在客户的角度提供关切。虽然目前交通十分方便,但在地点的告知上仍然要注意细节。比如,在发送地址的同时,如果有微信的话,给客户发送一个位置定位;如果客户开车,告知是否方便停车,停车场入口在哪条路上;如果坐地铁,告知几号线几号口出来;如果律所在高档写字楼,需要登记或刷卡进入的话,告诉客户即将到达前通知自己下来引导。

让自己更有眼缘

在某种程度上,现在好像是一个"以貌取人"的时代。律师职业虽然靠的是实力,但也要注意一下"颜值"和气质。如果张嘴就一股异味,西装的垫肩上满是头皮屑,那么专业能力再强,客户也难免会产生不适的感觉。

——接待客户以正装为宜,着装体现职业化和专业化,饰物适度,打扮精简,简洁、大方、干净、利落,符合客户对律师形象的期待。

——律师的言谈举止要得体,体现律师所具有的严谨态度。尤其是说话的语气要充满自信,有能够带动客户的自信心。

——关于着装打扮和言谈举止的要求不仅适用于接待客户,还适用于出庭、参加会议发言、领奖等场合。律师水平越高、资历越深,对职业穿着越讲究。

6.1.3 有备而去的会面

律师对自己所处的事务所了解吗

对新客户介绍自己的事务所是一项必经的程序,特别是强大的事务所品牌可以增进客户的信任。许多律师不一定对自己的事务所那么熟悉,特别是刚刚入职的律师。因此,作为会见客户的基础工作,应当对自己所处的事务所做一个基本的了解,包括事务所(及分所)成立时间、业务领域、主要荣誉、分所数量及地域分布、从业人数、合伙人情况、办理过的典型案件或相关案件、主要的大客户,以及其他对律师业务有利的各类数据。

幸运的是,大多数事务所都制作了纸质宣传资料,有定期更新的宣传幻灯片或视频可供播放,可以协助接待律师完成事务所的介绍工作。事务所甚至还有刊物或其律师著述的图书、法律汇编等资料。与客户初次会面时,可以根据需要准备好与业务洽谈相关的宣传材料,用于赠送客户。对于有可能长期合作的客户,可以准备一些小礼品,如印有自己事务所 LOGO 的笔记本、签字笔、U 盘等小礼物。

强化事务所的品牌效应

毫无疑问,不少客户并不完全是因为律师本人,而是因为律师事务所的品牌而找上门来的。特别是那些公司制的事务所,不像单打独斗的合伙人体系,往往拥有更多的可以调动的资源,这是吸引客户的一个重要方面。通过以下方面的宣传去加强事务所的品牌效应,极有可能打动客户:

——**成立时间**。显然一家历史悠久的事务所,比新近成立的事务所更能让客户产生品牌信赖度。

——**专业分工**。客户的案子就是疑难的知识产权纠纷,如果事务所是一家在知识产权细分市场拥有强大业务能力的专业所,客户更放心把案子交给你。

——**服务业绩**。每年都有代理的案件入选各地十大知识产权案件,或者展示给客户的案件都是些耳熟能详的知名案件,更能加强客户的认可度。

——**业内影响**。亮出各类知名媒体或评级机构发布的事务所排名榜单,事务所律师获得的全国优秀律师、十大东方大律师等货真价实的荣誉,或者向客户披露参与业内立法咨询等能证明事务所影响力的信息,可以为事务所的品牌形象加分。

——**机构规模**。事务所的规模有时也很关键,如果客户的侵权人遍布各地,那么在各地拥有众多分所的事务所更方便为客户提供调查、证据保全、诉讼等服务。

由于在知识产权服务行业,北京的地位尤其重要,一家在北京拥有实力强大的总部或分所资源的事务所,有时也是客户所看重的。

——**全服务链**。如果事务所(包括由一个老板控制的代理、咨询公司)拥有知识产权代理、诉讼和保护(打假)等完整的服务链,也许更能满足客户的需要。同一个知识产权案子可能衍生出一些确权的案子,客户可能不喜欢知识产权诉讼找这家事务所,因此而生的专利无效、商标无效或撤三案件,又需要去找另一家事务所。

比客户更懂法律

这是一个信息透明的时代,客户即使没有专业法务,也能通过网络了解到很多与案件相关的信息。更何况,有的客户还喜欢"货比三家",说不定在和你见面之前,已经见过或电话咨询过其他律师同行了,有的甚至已经找过其他律师事务所出具过书面法律意见。

因此,律师会见客户前,应当大致了解一下客户的案件基本情况、案件的诉求或需要解决的问题,这样才能针对性地做些必要的准备。比客户更懂法律是每个专业律师都应该做到的,千万不要出现客户比律师还懂法律的尴尬场面。

很多时候,体现律师专业的不仅仅是对相关法律或案件的了解,知识产权律师对自己所在的细分行业了如指掌,也可以给客户留下深刻的印象。比如,对知识产权主管政府部门的坐落地址、主管领导、法院管辖区域与案件范围等应当有所了解,否则客户都会怀疑你是不是知识产权"圈中人"。

考虑到不是每个客户都拥有专业的法务,最好提示客户带上关键材料,必要时可以让客户事先通过邮件、快递等方式提供初步的案件资料或信息,以免客户口述的信息对你形成误导,不仅仅是事实方面的误导,还有可能是工作量大小的误导。

进行必要的案件准备

接待律师可以根据事先了解的案件情况和客户诉求等,让助理或实习生协助进行必要的简单准备,比如涉案专利/商标查询、相关法律检索、同类案例查询、管辖法院选择等。当然,实体性的问题不宜花费过多的时间,毕竟见面洽谈后也不一定会签约。

但可以适当花一些时间,考虑一下应该向客户询问什么问题,以更快地找到客户的痛点或者关切点,提出让客户更感兴趣的方案。对一些由熟人推荐,谈下来希望极大的客户,可以花费更多的时间来思考如何和客户讨论这个案子。

比如,对于一个商标侵权的案子,从前面电话沟通来看,似乎原告存在恶意抢注的问题,那么,在会见客户时,可以询问一些关键的事实:(1)客户(被告)使用涉案商标的商品具体是什么,以便于判断与原告注册商标指定使用的商品是否相同或类似?(2)被告在原告申请商标前,是否在国内生产并销售过相关的产品,能不能提供相应的证据?(3)原告抢注被告的商标包括图形和文字商标,但原告在实际使用中,是否一并使用了图形和文字商标?如果有,再决定是否建议客户反诉原告侵犯版权,等等。

律师要对案件办理的时间周期,如民事侵权案件一审、专利无效、商标异议一般要花费的时间周期,反诉的程序和管辖问题,甚至缴纳的诉讼费等官费数额有一个初步的了解或判断,客户有可能会关心这些问题。

无法回避的收费问题

如果会面很愉快,很多客户会当面问起案件的收费情况。和客户会面前,可以了解事务所或咨询合伙人、资深律师类似案件的收费标准或收费方案,以及事务所一贯的收费模式。即使律师无法当场给出一个报价,也至少能给出一个收费的原则、方向或者参考模式。

如果从经验上看,签下这个客户的机会比较大,可以根据事先了解的案件情况和客户情况,初步判断案件的工作量和复杂、难易程度,并就拟采取的收费模式(计时、按件或者风险代理等)、收费金额,预先有一个初步的框架性方案。

专栏:客户会见的五个部分

如果在客户会见开始之前即做准备的话,将使会见效果更好。会见本身可以分为五个部分:

1. 简短的开场白。这是律师和客户开始彼此熟悉,并静下心来讨论案件的部分。

2. 信息收集部分。通常是会见中持续时间最久的部分——这是律师了解客户所知一切事实的部分。这部分可细分为几个阶段:a.开放式陈述阶段(客户讲述故事),b.调查阶段(由律师提出细节问题),c.回顾阶段(律师按自己的理解讲述故事,并让客户对其进行纠正和补充)。

3. 目标确认部分。这是了解客户在解决手头问题时所期望达到的确切目标的部分。

4. 前期筹划部分。律师或许会和客户讨论——通常只是试探性地讨论——解决问题的潜在策略;在纠纷案件中,这通常包括对一些能够支持客户立场的潜在方法的考量。

5. 结束部分。这是律师和客户达成会见后事项的部分。

在实践中,这些部分往往会彼此重叠。例如,某些方法测试和策略制定(第4部分)或许会发生在信息收集过程中(第2部分);或者,客户或许在会见的开始(第1部分)就主动明确其目标(第3部分)。只要不影响你的会见目的,这种重叠并无大碍。

——摘自[美]斯蒂凡·克里格,理查德·诺伊曼著:《律师执业基本技能:会见、咨询服务、谈判、有说服力的事实分析》(第二版),中伦金通律师事务所译,法律出版社2006年版,第101~102页。

6.1.4　与客户面对面会谈

参与会面的人员安排

当客户抵达会议室后,除接待律师以外,还需要有哪些人员参与?

——如果客户派出了上市公司总裁、总经理这样的领导层过来,按对等原则,至少要事务所老板或高级别合伙人参与(哪怕只是正式会谈前露一个面)。

——考虑到会面之后有一些客户跟进工作,负责接待的高级别律师应当邀请协办律师一起会谈,以便于后续安排协办律师负责撰写初步建议、寄送报价等事务。

——根据需要可以带上助理,负责记录谈话要点,尤其是会面后要跟进的事项,以便于在会面后形成会议纪要。

——如果与客户讨论的问题跨业务领域,可以邀请事务所其他业务团队的律师一起参加会面。

当然,如果事务所的团队分工没有那么精细,以上接待工作由接待律师或其助理参与即可。

客户不是来听宣传介绍的

如果是新客户到访,律师在见面的时候一般会进行自我介绍,包括对事务所的介绍。但是,客户不是来听你做宣传的,因此,介绍的时间应尽量控制,不宜过长(比如3~5分钟即可)。对自身及事务所实力的展示,其实可以在后面的谈话中逐步穿插和释放,或者让客户翻阅事务所制作的宣传材料。

即使在宣传的时候,也要注意这些风险的发生:

——虚假或不当宣传的风险。比如,为了博取信任、成功代理,夸大宣传、虚假宣传,甚至向客户宣传和某某法官非常熟悉等;或者虚构曾代理过知名案件等。

——诋毁律师同行的风险。"同行相轻",但要避免评价律师同行,尤其在代理二审案时贬低一审代理律师。律师行业圈子很小,没有不透风的墙。

——泄露客户敏感信息的风险。不要过度宣传以往客户的案件细节,尤其是不要泄露客户的机密或敏感的商业信息。事实上,正在会面的新客户很容易换位思考:这位律师将来会不会把我的商业信息也向其他客户,甚至同行业的客户透露呢?

做一个耐心的倾听者

在法律执业中,良好的倾听能力与良好的谈话能力同等重要。律师首先应当倾听客户介绍或回顾一下案情及背景。倾听必须耐心,特别是在前几分钟内尽量避免打断客户陈述。正如美国著名棒球球员亨利·阿伦(Henry Aaron)所言:耐心,是"等待的艺术"。

为展现倾听者的姿态,律师与客户会面时,应当带上笔记本和笔,这也是专业律师的形象体现,既方便记录,又尊重客户的发言(当然律师不能一直埋头记笔记,否则很难进行眼神交流)。客户当面递交的书面资料,最好要当面翻阅,并浏览一下重点,这有助于引导会谈内容。

律师可以一边倾听客户陈述,一边迅速整理思路,必要时可以记录关键词。思路整理可以包括案件呈现的故事是什么?案件的要点是什么?诉讼风险是什么?案件如何处理?对客户的建议是什么?诸如此类。

适当提问才是积极倾听

耐心倾听不是消极地当听众,而是积极地倾听——通过插话或提问鼓励对方对话,包括时不时地请对方澄清某些令人迷惑的地方,或者对某些粗略的地方补充细节。能够提出正确的问题,也是高效律师的标志。

如果客户在讲述案情或故事时,没有从律师那里获得任何回应,大部分客户都会感到不安,并最终停止讲述。[1] 律师适当的插话或提问——如"这个品牌确实很有名""对方像是个职业注标人""你和对方谈过价格吗",表明律师领会了客户的讲述,甚至产生了共鸣,将促使客户继续兴致勃勃地讲述。

当然,适当的插话或提问不仅是为了激发客户倾诉的欲望,更是为了发掘隐藏在客户脑海深处的宝藏,因此,耐心倾听不代表听凭客户按照自己的想法任意发挥和想象,要通过提问掌握沟通交流的主动权。可以在客户陈述案情时,插入针对性的提问,从而引导客户正确地陈述案情,或及时获得有价值的信息。律师可以通过不断发问的方法来"挖掘"案件事实,准确归纳法律关系和争议焦点。

特别要提醒的是,在倾听阶段,律师以插话、提问或补充信息等方式介入客户案情介绍时,时间不宜过长,最好在一两分钟内,就要把谈话权迅速交还给客户。不要喧宾夺主,接过话头就滔滔不绝,否则客户会认为律师根本没有耐心,甚至没有兴趣听自己把事情说完。

诉讼时效审查优先

律师在倾听了客户的介绍,打算分析案件前,首先应当关注时效的审查问题,关注诉讼请求是否超过诉讼时效(或上诉是否超过上诉期限)。如客户的诉讼请求超过诉讼时效或上诉超过上诉期限的,应明确告知并拒绝接受委托,并及时中止会谈,避免在签署聘任律师协议时才发现时效问题,白白浪费双方的时间。

---

[1] 参见[美]斯蒂凡·克里格,理查德·诺伊曼著:《律师执业基本技能:会见、咨询服务、谈判、有说服力的事实分析》(第二版),中伦金通律师事务所译,法律出版社2006年版,第98~99页。

做一个专业的分析师

轮到律师讲话时,应首先简要总结客户的案情陈述,回应客户关心的问题,包括案情概要、争议焦点、法律问题、客户诉求、诉讼风险、律师建议。最好能够援引法律规定和既判案例,尤其是援引律师已成功办理的案件,来支持律师的论断。可以围绕讨论的案件,就过往类似案例、司法发展动态、主审法官观点、此类案件办理经验等发表意见,向客户展示对类似案件有足够的经验和研究。

一起参与会面的律师或律师助理,对案情分析有分歧时,不要轻易或果断地否定其他律师发表的观点,应当委婉地表述你的另一种观点。或者通过微信等方式给发言律师提示,请发言律师自圆其说,避免律师之间相互拆台,给客户留下不好的印象。

让客户听懂你的判断

有的客户并没有法务或没有专业对口的法务,他见了好几拨律师未必是在比较谁更专业,而是在比较谁更能让他信服。如果律师能通过明白浅显的语言,讲清楚复杂的专业问题,那你就比其他律师的成功率高很多。谈专业问题最好单刀直入,先亮明观点,再给出理由,快刀斩乱麻,简洁又有效。

向客户和盘托出吗

对具体案件进行分析时,应当以分析结论为主导方向。鉴于尚未收案,以及未作详细的研究等原因,对于具体的诉讼策略及方案、具体的操作步骤等,通常应该比较简要地提及,而不必详细论述。有价值的智慧成果,不应该轻易在业务接触阶段就甩手赠送。特别是在和客户还没有建立足够的信任时,律师似乎也应该留一手。有些一点即破的策略,过早披露可能让客户放弃聘用你,而选择聘用一个价格更低的律师,甚至自己上阵,不要律师。

事实上,案源充足的资深律师或大律师显然不必一见面就倾囊相授。但年轻律师,则可能必须和盘托出,因为他们没有更多争取业务的机会,只能在有限的时间里向客户全面充分地展示自己的专业能力,并且依靠毫无保留的专业分享和真诚态度,来换取客户的委托信任。

不要过度评价客户的既往做法

律师在给客户分析案情时语言不要有攻击性,不要批评客户的失误或犯下的错误,特别是不要在公司老板或高管面前批评法务负责人犯下的低级错误。比如,客户当初选择了一个别人的知名商标作为公司字号,现在被商标权人告上了法院。你并不清楚造成这个纠纷的字号命名是谁做出的决策,随意评价造成纠纷发生的决策是危险的。其实,无论是谁作出的决策,这都属于客户的内部事务,律师不用也不要去评价它,你只管分析其中的法律问题,并提出解决争议的方案就行。

把握与客户谈话的时间

张键律师认为,律师应当学会掌控与客户的谈话时间,让客户在最短的时间得到其想要的答案,这样既可以满足客户需求,又可以提高律师的工作效率。客户拿出时间与律师沟通,其目的是解决问题,因此我们给出客户需要的答案所需的时间越短,客户越喜欢。

与客户谈话时间过长的主要原因:

——不敢给客户一个确定的答案。越是给不出一个确切的答案或问题解决方案,客户的危机感就会越强烈,他们越会选择不停追问。

——对案情和案件背景缺乏足够的了解。如果客户表达能力有限,无法准确描述案件事实,很容易使会谈时间延长下去。

——客户认为我们有足够的时间与他们交流。有的客户甚至在问题解决之后还要和我们谈一些与案件无关的事务。这无疑增加了我们与客户会谈的时间。

那么,如何控制好与客户的谈话时间呢?

——在与客户谈话时,应当坚持一针见血的原则,迅速发现问题,直接给出答案,原则上不进行过多专业性论证。

——如果与客户临时会见或谈话,应当首先了解客户的目标、痛点以及需要解决的问题,直接给出明确的答案。

——不管采取什么样的会谈形式,原则上应当要求客户提前预约,并明确会谈主题,并要求客户提前提供必要的案件资料,以便做好充分准备。

——无论采用什么方式进行会谈,当问题解决完毕之后,都应当及时变相提示客户我们仍有重要事情需要处理,以便及时结束本次谈话。

——与客户通过电话沟通案件或解答法律咨询时,应当坚持 3 分钟原则,即在 3 分钟内完成对客户提出问题的解答。[①]

6.2 客户跟进

6.2.1 常规事项

撰写会议纪要

在和客户会面结束后,应当及时安排撰写会议纪要(或备忘录),简要回顾会谈的要点,包括客户基本情况、案情要点、主要争议点、客户诉求、律师初步分析、后期需要客户落实的事项等。会议纪要可以及时发送给客户,但必须审查在内部汇报

---

① 张键:《律师与客户谈话时间的把握是一门学问》,载《中国律师》,2015-07-31。

时使用的会议纪要是否有不合适向客户披露的内容。

会议纪要不能只写有利的方面,对客户面临的风险,必须一并记载。比如,一审败诉后代理客户上诉的二审案件,应披露败诉风险;可能涉及专利或商标被无效或撤销或类似结果的情形,应披露相关风险。这其实也是保护律师,避免发生风险后,客户把责任推到律师身上。

对会面后需要立即跟进的事项,应当及时逐一处理,比如,及时传送报价。如果客户需要出具案件初步建议(初步方案)的,应当及时安排处理,并迅速地提交给客户。

客户反馈的持续跟进

无论是会议纪要、报价方案还是初步建议,通过邮件向客户发出后(最好不要采用微信,万一发错就不只是尴尬那么简单了),为避免邮件被拦截等情况,应当及时通过短信或微信等方式向客户发送信息,告知什么内容的邮件已经发出,敬请查收。

如果客户未及时作出反应,可以时隔几天后给客户电话或邮件回访(最好是邮件),询问事态的进展情况,表示对案件的关注。如果客户反馈有建议,特别是对报价方案或初步建议提出重要调整的,应当及时沟通,或向更高一级的合伙人汇报,并及时反馈给客户相关意见。

列入营销的目标客户清单

根据需要,可以将会面的客户信息收录到客户名单,或移交给宣传或销售部门,以便将来通知其参加事务所举办的会议,或者持续推送事务所电子资讯等,以向客户持续传达最新动态,并保持联系。

6.2.2 初步建议

为什么要进行初步建议

对于一些重要的客户、重要的案件,有的律师会向客户提议在会面后提交一个简单的、书面的、初步的诉讼建议或设计方案(简称"初步建议"),以方便客户根据建议决定是否提起诉讼或委托本所处理。

有的客户特别是外资客户可能会主动提出这个需求,主要是方便向主管领导进行汇报,或者和业务部门进行沟通。如果案件启动是因为应客户业务部门的需要,并且预算也是由业务部门支付时,应当及时启动初步建议,以避免迟延处理导致案件最终被客户搁置。

如果初步建议是收费的,应当向客户披露提交初步建议的收费标准或收费方式。如果是免费提供,律师就要仔细权衡了,因为提交初步建议也未必能换来客户的委托,毕竟撰写书面的初步建议要花费一定的时间,而律师在某种程度上就是出卖服务时间的专业人士。权衡的标准主要是根据会面的情况评估客户委托自己代理的可能性有多大,以及自己要争取这个案件的决心有多大。

初步建议不是法律意见书

初步建议不是法律意见书,不是诉讼代理词,只是提交给客户,作为是否诉讼或是否委托本所代理的临时参考。通常情形下,初步建议的撰写不宜详细论证,以至于篇幅过长,无论是法律分析还是行动建议,都宜以结论的方式提出。但是,在援引法律条款时,不能粗糙地只陈述为"根据有关法律规定",这是不专业的表现,因为阅读者无法核实。

如果初步建议不收费,或者只收少量的费用,自然也没有必要长篇大论,因为此时律师还没有收案进来。而在计时收费的情形下,律师写的篇幅太长、花费的时间太多,反而让客户有一种费用不可控的不安全感。

厘清主要的案件事实

对于客户介绍的案件事实,应当简单回顾与总结。对于案件事实,应当向各个方向调查收集,包括有利的和不利的,确定的和不确定的,被攻击的可能性和能够反驳对方的事实。案件的主要事实可以分为两部分:

——基本事实:指争议发生前有关案件的基础事实,如之前的保密协议签订情况等。案件基本事实应当依据客户提交的有效证据进行归纳,归纳的案件事实应当客观真实。对于不能通过有效证据证实的事实,如无法作证的客户工作人员陈述,应当予以备注。

——案件现状:指争议发生后的现实状况,如权属情况等。案件现状应当依据客户提交的资料及相关人员的陈述,并经核实后方可确认。

厘清案件事实的思路主要有三种模式:法律要素模式、时间模式和故事模式。对于客户而言,以时间顺序组织案件事实(时间模式),或围绕某个统一主题构建案件故事(故事模式)的方式,更容易理解和认可。

不能依赖客户的叙述

向客户提供初步建议时,必须审阅客户提供的诉讼材料及其他材料,初步了解和核实案情,必要时须自行进行相关调查,不能完全相信并依赖客户陈述的事实。因为客户的案情陈述有可能存在以下情形:

——避重就轻。本来是一个比较严重的问题,但被轻描淡写。

——复杂案情简单化。这会影响律师评估工作量,甚至影响报价。

——关键事实错误。比如,涉案商标根本未核准注册,只是提出了申请而已。

——隐瞒真相。个别客户存在侥幸心理,比如与案件相关的项目申报文件有两份,但只披露了对他有利的那一份。

因此,对客户的叙述,不能确认是否真实的,需要通过多种渠道核实。比如,对客户的商标的注册情况和法律状态,可以通过商标局官网查询核实;对双方当事人达成的一致意见,要求客户提供相关合同、会议纪要、邮件等予以核实;对于其他暂时无法佐证的,律师可以通过深入询问挖掘更多信息,多方面验证客户叙述的真实性。

怎么撰写初步建议

初步建议的分析意见或相关建议,最好归纳为几点,一点一点进行陈述,以展示律师的专业素质和清晰的思路。比如,对接待的准备上诉的案件,建议:第一,建议抓紧上诉,并阐述上诉的有利和不利之处;第二,如果有机会的话,建议以反诉逼和解。比如,反诉的理由有两个:一是对方商业诋毁,二是对方仿冒我们作品。

在撰写初步建议时,对于事实及客户诉求不清晰的地方,可以进一步和客户保持联系与沟通,但这种沟通应当是前面会面未曾了解的信息或尚需确认的信息。

对客户的案件要全面分析利弊,对可能胜诉的案件,不能把结论说得太确定,要留有余地。比如,商标是否近似,商品是否类似,有时并不容易把握。

通常,初步建议的内容主要包括以下内容:

——案件事实要点简要回顾;

——可能的争议点归纳;

——客户的诉求或期望总结;

——初步结论及其法律、事实依据;

——诉讼的主要风险;

——是否诉讼及相关措施等初步建议,等等。

6.2.3 接受委托

签署聘任合同

经过可能不止一次的协商,客户同意律师的初步建议,并批准了律师的报价方案。然后,律师在事务所还有内部审批流程要走,最关键的是在收案审批完成后,应当及时签订律师聘任合同。

——应当备齐繁简不同的律师聘任合同范本,并能适用各种客户的需求。

——签订聘任合同前需检查律师费支付方式是否符合要求。尤其是应当考虑到不予立案、和解、撤诉等可能性,并在律师聘任合同中配置如何处理前述情形律师费的条款。

——律师聘任合同范本要及时根据实际情况及客户需求进行内容更新,尤其是银行账户、办公地址和电话等联系方式的更新。

——律师聘任合同要确保代理案件等服务内容确定且具体,不要包含预期以外的服务内容。

——可能需要支付鉴定费、公证费、差旅交通费等额外支出的情形,应当列明由谁负担。对于市内交通费,一般就不要斤斤计较由客户承担了,因为金额一般不大,但增加的财务审批工作量反而会让客户产生不满。

——签订律师聘任合同时,应当关注客户是否及时将盖章后的合同寄回一份,以存留档案。

不要先做事、后签约(收费)

有时客户找律师时,情况很紧急,比如马上要开庭,上诉期即将届满;或者客户临时起意,打电话给律师要求增加一项服务,比如专利有效性评估。此时,也许是客户没有兴致谈律师费,也许律师来不及和他谈协议,也许是客户信誓旦旦肯定能申请到预算做这个案子,总之,他们更希望律师先干活后签协议、后谈费用。

但是,一名谨慎的律师在客户与之签署聘任合同或委托书之前(偶尔是在收到第一笔费用之前),往往不会开展任何工作,因为这么做的风险极其巨大:

——客户事后和你谈律师费时,可能把价格摁到了地板上。

——客户取消了心血来潮的律师服务,当然,也就不用谈费用了。

——客户后面告诉你,他以为这个服务是免费的。比如客户让你写一个可行性分析报告,但客户后来发现无法说服老板实施。

——客户信誓旦旦的案子,并没有得到审批。

——客户对你的成果严重不满意,不愿意付费,或者不愿支付律师期望的费用,等等。

事实上,即使如此,也极少出现律师起诉客户的情况,毕竟这并不是一个无法承受的损失,而且律师(以及事务所)也担心此类诉讼会影响自己的形象,不值得闹到法院去争辩。总之,无论事情多紧急,建议先把聘任合同签好,甚至把律师费收到手,再干活儿也不迟。

下一步工作安排是什么

签署聘任协议(正式收案)后,律师应当经过初步审查案件情况,进一步安排工作,如寄发律师函、证据保全、诉讼文件准备等。如果是代理二审上诉案件,在接受委托后,如有必要,应尽快到法院查阅并复印、复制、摘抄已有案卷材料,包括以下内容:

——诉讼文件,如有的话,包括起诉状、答辩状、代理词、申请书等;

——案件证据及各方的质证意见,如有鉴定事项,要复制包括鉴定申请、鉴定委托书、鉴定报告、各方的异议、鉴定机构答复意见、庭审质询笔录等;

——法庭笔录,包括庭审笔录、调查笔录、询问笔录等;
——一审判决书、裁定书等;
——其他相关材料。

优先审查期限问题

收案后,如果是代理被告或者接手二审案件,首先要审查最紧迫的期限问题,根据期限区分轻重缓急,及时排列处理优先级事项。这些期限包括以下内容:
——作为被告的答辩期限;
——作为被告的举证期限;
——二审案件的上诉期限,等等。

内部立案建档

律师聘任合同签署盖章后,应当在律所内部启动收案流程。承办案件的律师或负责案件承接的其他责任人,应当按照要求填写收案表,或者在事务所系统中登录相关案件代理信息。

当然,在实践中,有的律师会在进行利益冲突检查时就将案件信息录入事务所系统中,因为很多大型律师事务所在全国各地均有分所,律师人数众多(多达几千人也不稀奇),极有可能出现利益冲突。为保护自己收案不受影响,在律师事务所不要求提交盖章合同文本即可将案件信息录入系统时,很多律师会选择如此操作。

报告客户承办律师

接待客户的律师未必就是案件承办律师,在一些较大规模的律师团队或公司制的事务所,这很常见。因此,在收案后,应当立即将负责客户案件的律师(或律师团队)报告给客户,并由承办律师尽快与客户进行联络和对接。对于诉讼案件,最好指定2名承办律师(可以写在律师聘任合同里),以便应人员变动或日程冲突的需要。

在承办案件过程中,律师与客户交往应当遵循基本的原则或规范,具体可以参见"客户体验"一章。比如,在开票时,应当询问客户是否需要开具增值税发票。

发送工作报告

客户在建立委托后,通常比较关心案件推进的速度,包括何时能够立案,诉讼流程如何,诉讼耗时多长等,承办律师可以通过发送工作报告的方式与客户进行沟通。工作报告的作用:(1)明确工作计划,方便客户日程安排;(2)告知诉讼程序,帮助客户了解诉讼进程;(3)方便客户内部反馈,降低沟通成本。

在工作报告中,对后续代理工作的基本安排主要包括以下内容:
——即将开展哪些工作,这些工作分别需要做什么准备?

——在工作安排上需要客户在哪些方面予以配合，例如还有哪些重要事实或材料需要再次核实或提供？

——根据以往工作经验及法律实践向客户列明案件可能经历的步骤以及各步骤的周期，等等。①

6.3 如何报价

6.3.1 收费的主要模式

律师收费的模式

律师收费模式没有国家标准，比较灵活，不同事务所的收费模式不完全一样。即使是同一律师对不同客户、不同案件，收费模式也不一样。收费模式决定了报价方案如何写，因此，了解一些常见的收费模式是必要的。当然，只要客户能够接受，律师可以变形或组合下面这些收费模式，以及创造新的收费模式。

——**按件收费**：对一个案件给出一个相对固定的收费。内资客户还是喜欢"一口价"的计件收费方式，因为支付总额可预期，成本可控。总体上看，按件收费是主流的收费模式。

——**计时收费**：根据律师提供服务的工作时间收费，律师的时间真正变成了商品。一般来说，计时收费以 0.1 小时即 6 分钟为一个计时单位，差旅在途时间减半计算。计时收费要求律师在工作中养成及时记录的习惯，不能多计，也不要漏记。通常外资客户比较容易接受计时收费。国内客户很少接受的原因还是信任机制，担心律师虚构工作时间，以及担心工作时间总量不可控。事实上，按时间计费的，律师都会提供合理的时间支出明细。（见表6-1）

——**分段收费**：以完成一个阶段或达成一个目标作为收取一次费用的节点。通常在无赔偿的案件（如商标或专利行政确权案件）或者代理被告的案件中容易采用。

——**风险代理收费**：以赔偿额（包括和解、调解达成的赔偿或补偿）的一定比例作为律师服务费，或者以实现诉讼目标作为给付一定律师费条件的模式。风险代理中以赔偿金额提成的基数也有两种模式，一种是以判决、调解、和解中确定的数额为基数，另一种是以执行阶段能执行到的数额为基数。一些规模性的商业维权案件或常发性的普通案件，喜欢采用风险代理的模式。有的律师甚至连诉讼费、公证费和差旅费都自己垫支，这是有点自带风险的"纯风险代理"了。

——**基础费用＋风险代理收费**：客户支付一笔固定的律师费（基础费用或前期费用），同时另以赔偿金额提成、以被告减损额提成、目标实现奖励等方式给付律

---

① 张瑜：《一件案子，你至少需要这六份工作报告》，天同诉讼圈，2019-05-11。

师费（风险代理费），这类模式也可称为"半风险代理"。一些前期投入较大，判赔预期也较大的案件，比较适合采取这种模式。

表 6-1　法律服务费明细表模拟示例（计时收费）

日期	律师	工时	描述
14/08/13	胡×	1.8	在×公司会议室与鲁××、安××、杜××就驰名商标认定事项涉及的法律问题进行了会谈
14/08/13	沈××	1.8	在×公司会议室与鲁××、安××、杜××就驰名商标认定事项涉及的法律问题进行了会谈
14/08/13	刘××	1.8	在×公司会议室与鲁××、安××、杜××就驰名商标认定事项涉及的法律问题进行了会谈
14/08/14	袁××	3.6	审查分析×公司的商标组合(0.5)；起草《×公司驰名商标认定的框架性方案》(2.5)；就方案与胡×、沈××、刘××进行内部讨论(0.6)
14/10/10	刘××	0.6	与袁××律师和沈××律师就案件的启动进行内部会谈
14/10/10—13	刘××	6.5	起草并最终确定《关于×公司申请驰名商标认定证据材料收集建议》
14/10/20	刘××	3	将《关于×公司申请驰名商标认定证据材料收集建议》翻译成英文
14/10/29—31	刘××	9.5	审查从×公司获得的证据，并编制一份清单，说明收到了哪些证据，需要进一步收集哪些证据，以及律师对证据准备的意见

没有一成不变的模式

前述收费模式并不是绝对的。比如，对一些法律咨询、尽职调查等耗时不会太长的非诉业务，有的国内客户也乐于接受计时收费的模式，甚至有一些聪明的客户，把工作量可能较大的非诉业务要求按件计费，而把工作量并不大但对客户业务重要性较大的非诉业务要求计时收费。

对计时收费，客户也有一些变通的做法。比如，对计时收费实行额度总量控制原则，超出额度部分不再支付。有的客户会要求律师在报价方案里预估这个案件将花费多少时间，从而把工作时间控制在一个可控的幅度内，这比较考验律师的办案经验和预估能力。

风险代理的主流趋势

除按件收费比较容易被客户接受外，风险代理（包括半风险代理）似乎也在向主流收费模式发展，因为风险代理模式更能满足客户为胜诉付费或愿意为胜诉高额付费的心理。客户通过风险代理在某种程度上，把诉讼的费用风险转移给了律师。如果没有达到预期的目标，律师花费的很多时间可能无法获得回报，这也有可能转变成让律师更加勤勉服务的鼓励或刺激。

在著作权诉讼领域,可能是纯风险代理泛滥的地方。这甚至已经不是律师为争取案源而主动要求,而是客户一开始就制定好的方案。因为著作权侵权行为频发,侵权人数太多,维权成本相对较高,有的客户干脆直接无成本地外包给律师。当然,如果客户很想启动一个诉讼,也会向律师支付前期费用,有的客户预算充裕,也愿意支付前期费用保障办案质量。

在知识产权领域中,还有所谓的"总经销型"纯风险代理,客户不支付任何费用,律师还向委托人支付承包费,独享一定区域内的打假维权活动。胜诉赔偿先扣除上述费用,按比例提成律师费。这在KTV版权维权、文字作品转载维权、图片维权、动漫作品维权等以维权索赔作为主要收入来源的商业维权领域比较常见,在专利和商标领域也时有发生。

风险代理有风险

采用风险代理模式,客户同样肩负着风险,通常纯粹的风险代理案件,在律师的业务优先级排序上都不会太高,服务品质一般无法保证,毕竟时间投入越多,亏本风险也越大,特别是当律师在办案过程中评估下来这个案子基本无法达成诉讼目标时,很可能内部已经"放弃"了这个案子,从而让案件的结果更糟糕。

不过,在实践中,有很多纯风险代理的案子不是客户主动交办给律师的,而是律师自己发现的线索,并向客户争取过来代理的。律师往往对这些案子的"收益回报"进行过评估,有足够的获得胜诉和拿到赔偿的自信,因此,律师办理这些纯风险代理案子的积极性不会受到影响。

特别要强调的是,风险代理协议的签署要注意合规性。最高人民法院已经在数个判例中认定律师"风险代理"无效,比如,在贺某与中国长城资产管理公司石家庄办事处(简称"长城石办")委托代理合同纠纷案[(2012)民再审字第216号]中,双方当事人签订的《全风险代理协议》第十条约定"如甲方(长城石办)中途终止合同,或未经乙方同意撤回起诉,或私下与欠款责任方和解,视为总涉案标的已全部追回,甲方应承担一切责任,并按合同第八条规定全额支付代理费"。最高人民法院认为,诉讼中是否和解、调解、撤诉是当事人的权利,但风险代理协议的约定实质上是对委托人权利形成了限制,与委托代理合同应有的目的、性质不符,二审判决认定该条款无效正确。[①]

6.3.2 律师报价的考量

各种因素的权衡

有的律师做一个知识产权案子就收了上百万元人民币,甚至百万美金。而有

---

① 甘国明整理:《最高人民法院:律师"风险代理"无效五种情形》,小甘读判例,2018-08-27。

的律师做一个案子才收一两万元,甚至几千元。为什么会有这样的差距?对于案件的报价,虽然有价格谈判的技巧问题,但更多的是各种因素的综合影响。

这些考量因素包括以下内容:
- 案件对客户的重要性
- 对方当事人的实力
- 案件标的大小
- 案情本身的复杂性
- 案件的难易程度
- 案件的工作量
- 案件性质(民事诉讼、行政查处或刑事立案)
- 案件类型(专利、商标、版权、商业秘密还是不正当竞争诉讼)
- 客户诉求
- 事务所的品牌
- 事务所的价格定位
- 承办律师的资历、知名度及影响力
- 承办律师需要调动的资源
- 客户的类型及价格敏感度
- 客户对法律服务的支付意愿
- 客户法务或IP负责人的审批权限
- 客户法务或IP负责人的性格或能力
- 老客户还是新客户
- 诉讼业务的可持续性
- 客户对律师的信任程度
- 收费模式,等等

报价:在成本与价值之间

尽管可以列举众多的价格考量因素,但律师想收多少律师费,能收多少律师费,肯定有主观判断的成分,并且是与客户博弈的结果。无论需要考虑什么因素,律师在提出报价方案时,都会有一个基本的判断,即办理这个案件的基本成本,或者说最低成本是多少?

根据办理同类型案件的工作量和代理经验,律师可以初步预估一个成本价格,然后再以此为基础,依靠经验和交流来展现律师服务的价值创造、判断客户的价值认可程度,并综合权衡各种考量因素,给客户报价。

价格介于成本和价值之间,要让客户接受律师的价格,必须让客户认可律师的价值。律师需要挖掘和梳理清楚客户在诉讼中的主要利益点(如诉讼速度、反击武器、赔偿金),以及律师自身在法律服务中想实现的利益点(如新闻价值、长期合作机会），并设计出众多利益点交换的双赢方案。

"基本成本"不一样

即使对待同一个案件，为什么不同律师的报价可以差异十倍？因为每个律师计算出来的"基本成本"不一样。律师显性的"基本成本"包括单位时间的薪资、律所管理费/座位费、案件开发成本等，但是，隐性的"基本成本"并不那么容易量化。比如：

——教育水平的差异。一个留学海外取得名牌大学法学博士学位的律师，和一个国内非"985"、非"211"、非双一流、非"五院四系"的本科毕业的律师相比，对基本成本的要求通常会高一些。

——执业环境的差异。一个在以低价竞争取胜的事务所成长起来的律师，与长期浸淫于红圈所环境的律师相比，对基本成本的要求也完全不一样。

——服务品质的差异。如果一个律师的服务品质更高，当然基本成本也高。有的律师的代理词就像是一两页纸的提纲，有的律师的代理词长达十数页，引用法条、援引先例、勾连证据，加上附件甚至像本书。显然，服务品质背后的工作量完全不一样。

——分配机制的差异。通常一个松散型合伙制事务所的提成律师，更能接受较低的收费。假设一个专利案子向客户报价10万元，并成功签署代理合同，这个提成律师有可能拿到这10万元的70%甚至更高比例的提成，而在一个公司制律师事务所执业的律师，他做一个10万元专利案子带来的回报很难达到7万元，甚至连3万元都困难。这并不是说公司制的律所收费一定更贵——经验上看好像就是这样的，但不同的分配机制肯定对报价，特别是基本成本的计算有着重要的影响。

律师"低价生存"策略

很显然，有的事务所或者有的律师报价的确不高，甚至可以说很低，那么，他们如何做到"低价生存"的？考虑到客户预算日益紧张的现实，有的律师也打算削减自己的报价，这又该如何做到？既然律师是一个"卖时间"的职业，显然"低价生存"主要就是从工作时间开刀：

——为服务减负。比如，简化给客户的汇报。用15分钟的邮件汇报，或者5分钟的电话汇报，代替1小时的书面汇报，当然更省钱。

——去掉奢侈品。比如，把不是必需的可视化工作省略。为法官做个精致的时间轴，花了4个小时，客户将为此支付8 000元，这项工作真的有必要吗？

——以结果导向。不过度重视服务的过程和结果的论证，有的时候，可能做多做少都是一样的结果。

——别去想太多。做案子想得太周全，把案子当作学术研究来做，反而花了大量的时间,结果提高了成本。对于有的案件而言,律师不妨把简单的案子复杂化。

——不穷尽证据。有的案件在法定赔偿的情况下,非核心证据即使收集了很多,但对判决的影响可能意义不大。

由此可见,"低价生存"必然带来服务品质的下降,可谓一分钱一分货。当然,凡事皆有度。本来办案的成本是5万元,非要报价1万元,那就只能偷工减料了,这不是本书鼓励的做法。

有的律师为了节约成本,大力压榨低阶律师的薪资,大量聘用低补贴的实习生,这也不是值得鼓励的方式。应该为律师,包括实习生提供体面的收入或补贴,这样才能找到和吸引优秀的法律人才,才能让律师行业更受人尊敬。

6.3.3 客户的支付能力

影响客户支付能力的因素

客户的价格承受能力或者说支付能力受制于很多方面,比如:

——客观支付能力。客户的规模性质、营利情况、诉讼预算、运营状况等决定了客户客观上能支付多少律师费。

——主观支付能力。这取决于客户的预期价格和对律师的认可程度。

——客户需求的主观紧急程度。比如,公司总裁亲自过问甚至主抓此案,价格承受度相对更高。

——客户需求的客观紧急程度。比如,作为被告距离开庭的时间不多了。

——客户有无替代方案。客户如果有其他律师可供选择,也是重要的影响因素。[①]

随着中国经济增长的速度进入新常态,越来越多的企业都在调整或者说在压缩预算,律师也必须因应经济环境的变化而调整定价策略。

客户审批权的影响

有的企业法务或知识产权部门有自己独立的诉讼预算,甚至有完成诉讼的年度指标;有的企业法务或知识产权部门没有自己独立的诉讼预算,每个诉讼的启动都必须寻求业务部门的预算支持。有的外资企业的法务负责人预算审批的权限极小,超过5万元就必须报请境外总部批准;有的外资企业法务负责人的预算审批权相对较大,甚至达到百万级。

显而易见,一个超过法务或知识产权部门预算审批权限的案子,客户内部的批准程序更复杂,审批流程更长,作出决定的人也更多,高报价获批的难度自然也相对更大一些,因此,如有可能,在报价之前先了解一下客户聘用律师的先例或内部

---

① 王刚:《律师如何优雅的与客户谈钱不伤感情》,中伦视界,2015-11-12。

的报批程序,分析客户的财务预算和心理价位,这对报价很有帮助。

当然,向见面才第一次的客户直接打听这些有关预算权限和审批程序的"敏感"信息,通常是不合适的,只能通过你对这行业的了解,以及熟悉之后的闲聊,来间接或逐步地了解,这也是为什么资深律师报价更有经验。

大公司不一定是大金主

那些声名在外、市值高企、行业领先的大公司通常更有付款能力,但这并不代表它们一定是愿意支付大价钱的大金主。有很多因素可能在左右客户的决策:

——这些大公司的案件一般都不少,比如侵犯它们专利权和商标权的诉讼非常多,即使它们有 1 000 万元的预算,但如果一年有几十甚至上百个案子需要处理呢?这样每个案子的投入就不多了。

——大公司由于预算有限,案件太多,会对案件采用分级管理制,那些不太重要的案子自然预算也少,而它们给你的可能正是这些预算少的案子。

——大公司虽然愿意在知识产权上投入,但它们看起来比较充裕的资金用处也不少,除诉讼之外,大量的专利商标申请、维护同样需要不菲的投入,更何况它们需要把很多投入花在一大批知识产权精英这样的人力资源上。

——个别大公司的法务擅长搞逆向思维,他可能认为律师的眼光不应该放在律师费上,而应该放在大公司的名气上,这有助于律师今后的广告宣传。

慷慨的客户在哪里

遇到慷慨的客户,当然是律师的福气。尽管没有一个标准去识别哪些客户是慷慨的,但是,可以根据经验去观察和发现,但这绝对不是鼓励律师去宰客。任何违反职业道德的行为,最终都会影响你的口碑。

——欧美的外国客户,特别是它们的业务都还没有进入中国的,有可能会受本国的律师费标准的影响,来对待中国的律师服务费(客观地说,目前有的中国律师的收费并不一定比欧美律师的便宜)。当然,长期扎根中国经营的外资企业,也许会把律师费的支付标准不断向内资企业靠近。

——没有法务部门的客户,说不定比有健全法务部门的客户有更高的支付意愿。客户的法务更熟悉这个行业,有可能更追求律师费的性价比。

——第一次遇到诉讼的客户,或者说很多年才打一次官司的客户,因为他会更重视这个诉讼,从而有更高的支付意愿。

——暴利行业的客户,既然钱赚得很容易,自然花得也很慷慨。

——诉讼结果对其很重要的客户,任何客户都愿意为他必须解决的问题或对公司影响极大的案件花钱。

6.3.4 报价的谈判策略

对于标准化程度不高的法律服务,很难提供一种有参考性的、可量化的谈价方法。只有置身于法律服务的销售场景中,才能更好地理解价格是如何谈出来的。一些有策略的谈判方式,可以作为参考,但是,任何谈判策略都是在发挥辅助性作用,千万不要本末倒置。

开门见山

在一般的商务谈判中,让对方先表态是一种谈判策略。因为首先开口的一方总会落下风,显然,首次报价可以让你了解到对方的心理价位,可以帮助你限定对方的价格范围。但是,作为律师,让客户先表态愿意支付多少律师费,恐怕比较困难。当然,如果和客户十分熟悉和信任的情形下,也不妨直截了当问他,这个案子的预算是多少,以及客户的预算主要卡在哪里。然后,再根据预算反过来评估是否接手这个案子,以及如何设计报价方案。

同案比较

可以向客户简要介绍一下以往做过的类似案子的大致收费情况,但不得泄露具体的客户名称、具体的案情等细节。比如,去年有个服装公司的驰名商标是我们做的,收了差不多100万元。这是在暗示客户,你这个案子涉及驰名商标认定,也在100万元上下浮动,并借机观察客户的反应。

横向比较

了解同一事务所或其他事务所同一层次律师的收费标准,告诉客户处于同一序列的同行,做类似的案子收费是多少。不断调整和刺激客户的价格预期。同案比较和横向比较旨在抬高客户对法律服务价格的锚点——心理价位。

更高权威

不要让客户知道你有权作出最终决定,因为当客户发现你有最终决定权时,他就会意识到自己只要说服你就可以了。但如果你告诉对方,你必须把报价方案向更高权威汇报时,情况就会发生转变,对方会明白自己必须提出一份能够让你说服你的上司的合理价格。更高权威是一种非常有效的谈判方式,在给对方制造一定的压力的同时,又不会导致任何对抗情绪。[①] 作为律师,不妨灵活使用一下。

[①] 徐光明:《面对客户压价,律师竟有这么多谈判策略?》,iCourt 法秀,2019-01-27。

感到意外

这不是鼓励律师给客户制造一个令人意外的报价。有的时候,客户在要求你报价之前,会有意无意地谈到其他事务所的报价,当然这些报价肯定是低价,高价就不会从客户嘴里说出来了。如果确实低于你的预期或事务所的价格定位,你应该流露出感到意外的表情,甚至用稍微夸张的肢体语言表达大吃一惊的反应。因为,当人们第一次谈到报价时,他们通常只是想观察你的反应,并非指望你会接受他们的报价,他们只是随便开个价格,然后静观其变。事实上,当你听到同行的报价感到意外时,客户可能就不会再用这个价位来讨价还价。

品牌溢价

聘请大律师、名律师需要支付更多的律师费,与看高级专家门诊比看普通医生需要支付更多费用一样。一家有品牌、上规模的律师事务所,一名资深的、有名望的大律师,就同样的案子,他的报价即使高于中小所、普通律师30%甚至更多,客户也愿意接受,因为这让客户更有安全感、信任感。显然,品牌可以带来适当的溢价空间。因此,要强调品牌的力度,纠正客户把品牌所与一般所的价格进行比较的思考方式。

价值付费

清楚地告诉客户,这个案子成功后会带来什么样的价值。不排除某些案件对经验丰富的律师而言,其实花不了特别多的时间和精力,但案件的结果对客户影响重大,那么是按成本来付费吗?当然不是。客户应当是为价值付费而不是为成本付费。反过来,即使你需要为案件付出大量的成本,但客户只会在意你创造的价值,未必会关心你付出了多少成本!

6.3.5 报价的时机

何时向客户报价

前面讲到的谈判策略,更多的作用在于改变客户的心理价格预期,提高客户的价格容忍度,为下一步向客户报价提供铺垫。当然,报价通常建立在已经了解案件全貌,并大致可以预测工作量大小和案件难易程度的前提下。如果律师已经操作过类似的案件,完全可以应客户的要求在会面交流或电话交流时当场给出报价。不过,通常建议事后以电子邮件等方式提出报价,特别是在未曾代理过类似案件,或者案件属于重大案件,或者报价需要合伙人确认等情形下。

得到认可再谈价格

常见的针对第一次客户的销售步骤包括接触、面谈、展示、认可、谈判和终结。客户认可服务价值是谈判（包括价格谈判）的前提。如果律师过早谈价格，客户对你的服务没兴趣，就不会和你谈下去；如果律师的建议和方案没有得到客户认可，也没法谈价格，特别是面对价格敏感性的客户，一上来就谈钱，很容易赶走客户。只有客户认可了你，认可了你的服务价值和竞争优势，才有基础谈价格。①

会面后报价的秘密

很多时候，客户和律师的分歧不是其他，而是报价。越来越多的律师开始拒绝与客户会面时直接亮出报价，而选择在会面后向客户寄送报价方案，而这是客户最为关心的内容。当然，这并不是说律师在会面时可以绝口不提报价的问题，恰恰相反，在会面时最好谈一谈案件的定价机制，为后面的报价做好前期铺垫。会面后寄送报价方案的原因，至少有以下几点：

——由于案情的差异，律师对案件的报价是非标准化的，可能无法当场确定比较适当的报价。

——律师需要在会谈后根据对案件的了解，准确把握工作量、难易程度和工作目标等，从而决定更精准的报价方案。

——律师也需要根据会谈时对客户的了解，评估客户对这个案件的期望，特别是客户本身的特性，以便更好地选择报价方案。

——会谈后寄送报价方案，往往会更正式，甚至会列明或切分每个工作阶段或工作成果的报价，从而让客户更有信服感。

——在有的事务所（特别是公司制的律所），不是每个律师都有权决定报价。对于一些知识产权疑难或重大案件，有的事务所制定有价格审核程序，接待律师向客户发出的报价，可能需要经过事务所有决定权的律师或合伙人的同意或确认。

——作为一个有尊严的律师，不愿意在会面时与客户讨价还价。

报价后的跟进

律师在完成初步报价或初期咨询后，可能会出现三种情况：
（1）不闻不问，静等客户反馈。
（2）天天打电话或发邮件追问客户是否作出决定。
（3）过两三天发邮件或打电话询问客户的反馈。

显然，第三种跟进操作比较适合，频繁追问会让客户感觉过于纠缠，不闻不问也许你就此失去了和客户二次磋商的机会。

---

① 王刚：《律师如何优雅地与客户谈钱不伤感情》，中伦视界，2015-11-12。

6.3.6 报价方案的设计

预留谈判空间

通过与客户会面,或审阅客户提交的资料,律师对案情有了一个基本的了解,大致可以根据前述收费的各项考量因素,结合本案的实际情况,制定一个报价方案。律师如何决定报价方案的考量因素可能有很多,而客户决定是否接受报价的考量因素也不少,因此,寄送报价方案必须审慎。

律师作为第一次报价的提出者,最好要预留一定的价格谈判空间,因此,应当审慎设定好自己的期望,然后在报价时开出的条件最好要高出自己的期望。这么做可以让律师和客户有谈判的空间,也方便客户还价时,你根据自己的期望能够迅速作出反应——同意客户还价,还是进一步协商。

任何人都想在讨价还价中得到成就和优惠,很多客户有折扣才愿意成交。谈判过程是一种体验,要让客户体验到讨价还价的成就感。事实上还存在一个客观情况,有的公司决定是否诉讼以及律师费用的关键,并不在法务部门而是在业务部门。这时,法务部门需要在和律师的来往邮件中获得成功压价的"证据",以体现自己在价格谈判过程中的贡献,也有助于他们说服业务部门接受报价。

讨价还价还有一个原则,要逐步降低让步幅度,让的越来越少,让对方感受到接近你的临界值了。当然,有的律师开出了实诚的报价,原则上不接受客户还价,但愿意尝试其他灵活的方式,比如,把一次性支付调整为分阶段支付,或者把一部分费用转变成风险代理费用,特别是在开发新客户时,做出妥协可能是必要的。

给客户选择权

提出报价时,不要只给客户一个报价方案,可以根据客户的支付能力同时给出2~3种收费模式,让客户有比较、有选择,但报价必须符合事务所一贯的市场定位。比如,律师设计的报价方案由两个以上选项组合而成:(1)按件计费方案+分阶段支付方案;(2)按件计费方案+"基础费用+风险代理"方案。当然,可以有更多种方案供客户选择,但是,并不是提供的方案选择越多越好,太多反而让客户无所适从,甚至怀疑律师自己都不知道应该如何收费。

当然,律师给客户的选择往往包藏玄机。如果律师更倾向于让客户接受按件计费的模式,他应该会把风险代理的赔偿提成比例写得很高,而且基础费用也不那么低。反过来,为了让客户接受"基础费用+风险代理"的方案,他可能会把按件计费且一次性支付的金额写得比较高。既然要作出选择,必然就需要比较优势。

把价格分解到最低一级

如果是一件不服商标驳回复审决定的行政诉讼,可能报价也很简单,不用搞得那么复杂,否则反而有些小题大做。但是,对于情况复杂、工作量大的案件,要像装修行业一样,把价格细分到每一项,或者说分解到最低一级的水平,客户或许会感觉自己所需要承担的费用并不高,从而提高交易的成功概率。

把律师工作内容进行细分,逐一标明报价,而不是模糊一块,这种"看得见"的收费依据,不仅让客户易于接受,也避免客户挥刀乱砍价。事实上,有时也方便客户砍掉那些收费的小项,可能这也正是律师的目的。

减小第一笔费用的压力

能接受一个案件一次性支付数百万元律师费的客户确实有,但在法律服务竞争激烈的市场上,这样的客户恐怕是凤毛麟角。如果案件的工作量确实很大,需要支付的费用的确太多,不妨站在客户的角度想想,特别考虑一下那些预算审批权限不足或受到限制的法务或 IP 负责人,如何才能拿着这个报价方案去说服他的老板。

"基础费用＋风险代理收费"可能是一种折中的模式,无非是基础费用到底高一点,还是低一点的问题。事实上,一些优质的客户也愿意接受这种模式。即使最后因为案件办理很成功,支付的律师费并不低,但"基础费用＋风险代理收费"还是更能被接受:

——基础费用作为客户支付给律师的第一笔费用,金额不会太大,无论客户自己审批,还是说服老板或业务部门,压力会减少很多。

——客户感觉更有安全感,毕竟达成目标才支付风险代理部分的费用。

——当达成目标时,客户也愿意支付更多的律师费。

——风险代理费还延迟了客户的付款时间。其实,对律师而言,如果有信心达成目标,无非是早收到还是晚收到这笔律师费而已。

风险代理的收费陷阱

拒绝"纯风险代理",不仅是能否获得回报的问题,可能还涉及一些品牌事务所或大律师的执业尊严。虽然凡事不能一概而论,但"纯风险代理"的确不是一个值得倡导的模式,因为它在诉讼启动时缺乏最基本的激励。

即使是"基础费用＋风险代理收费"模式,都存在激励不足的问题。客户支付的基础费用一般较低,甚至很低,随着诉讼的推进,律师发现需要投入大量的工作量,尽管有可能达成诉讼目标(比如取得较高的赔偿金额),但在判决之前,谁能料到呢？此时,那微不足道的基础费用极可能让律师犹豫不前,到底要全力以赴,还是适可而止？这可能降低律师的服务品质,反过来其实也损害了客户利益。

作为律师,要认真审视案件及服务合同,避免跌入风险代理的陷阱:

——对于执行困难或者客户诉讼目标不在于赔偿的案件,要谨慎考虑风险代理,尤其是以赔偿提成作为律师费的纯风险代理。比如,被告送达传票都要公告,将来赔偿执行也是一个问题。再如,原告希望以此商标侵权诉讼逼迫被告归还抢注商标,那么侵权诉讼的赔偿应该不是原告十分关心的问题,最后和解时象征性赔偿一两万元都有可能。

——风险代理的诉讼目标如何界定?因为诉讼目标并不是单一的,而且实现程度也会有差异,最好分解或细分诉讼目标,然后再配置相应的风险代理收费条件。比如,原告起诉被告侵权的权利基础有五个注册商标,诉讼请求有五六项,请求赔偿的金额高达500万元(甚至还可能在诉讼中追加),如何才算为被告实现了诉讼目标,约定起来并不那么简单。

——客户作为权利人采取诉讼行动,可能只是围魏救赵、声东击西的权宜之计,当客户的其他目标达成时,反过来即要求撤诉,该不该收取风险代理费,可能需要有一个明确的约定。

——达成目标后的风险代理费从哪里出?如果是从被告的执行款里出,虽然更合理,但风险也更大,先不说等到执行之日不知是猴年马月,能不能执行到位也是一个极大的未知数,最好不要把风险代理费单纯地依附于执行的赔偿款。

延伸阅读:

1. [美]斯蒂凡·克里格,理查德·诺伊曼著:《律师执业基本技能:会见、咨询服务、谈判、有说服力的事实分析》(第二版),第5、8章,中伦金通律师事务所译,法律出版社2006年版。
2. 薛晓蔚:《实习律师指南》,第1章,法律出版社2016年版。
3. 周燕敏:《律师会见客户的风险解析》,法律会诊,2015-12-22。
4. 徐光明:《面对客户压价,律师竟有这么多谈判策略?》,iCourt法秀,2019-01-27。
5. 王刚:《律师如何优雅地与客户谈钱不伤感情》,中伦视界,2015-11-12。
6. 蒋帅:《制作会谈笔录六步法》,天同诉讼圈,2019-7-13。

第 7 章 立案准备

关键词：立案规划　证据收集　证据整理　诉状撰写　立案材料

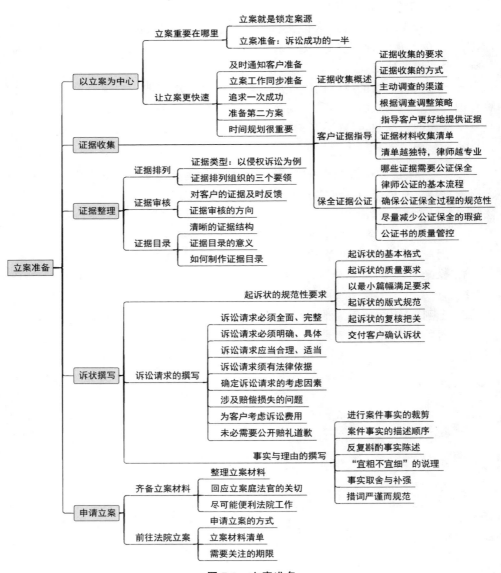

图 7-1　立案准备

7.1 以立案为中心

7.1.1 立案重要在哪里

立案就是锁定案源

不少大企业或跨国公司在案件管理上比较精细化,他们会将一个诉讼案件细分为很多步骤或环节,前期的案件讨论和初步方案设计,通常并不会消耗太多的费用。启动立案才是案件推进的重要一步,从这个环节开始,在计时收费的案件中,律师才能更多地向客户开账单。在立案以后,虽然不至于是"开弓没有回头箭",但大多数情况下客户会将诉讼进行到底。

如果说案件裁判的决定权是在法官手里,那么,立案的主动权很大程度上掌握在律师手里。如果律师能够在得到客户的指示后,迅速启动立案准备,并高效地完成立案工作,就相当于锁定了案源。

立案准备:诉讼成功的一半

一个好的开局相当于成功的一半。立案准备是所有诉讼行为的起点,律师应当调动足够的精力和时间,去精确设计诉讼的思路和方向,去考虑所有可能面临的困难。如果此前已经向客户提交诉讼方案的,立案准备工作应当与诉讼方案保持一致,如有调整应当及时向客户说明。

立案准备的工作相当多,包括但不限于:

——证据收集与整理,包括制作证据目录。
——法律检索与研究,确定法律依据。
——案例检索与研究,主要是类似案例检索。
——诉讼方案分析,包括确定原被告、法律关系、诉讼目标、法院管辖等。
——准备法律文书,尤其是起诉状。
——准备立案材料,包括律所函、委托书、原告资格证明等。

当然,上述部分工作既可前移到方案设计等阶段(如法律检索与研究),又可能贯穿于后面的庭审准备等阶段(如证据收集与整理)。但是,毫无疑问,立案准备集中了一件诉讼案件需要介入的大部分工作事项,因此,做好立案准备也是为将来庭审打下坚实的工作基础。

事实上,立案阶段将决定一些基础性的事项,比如管辖法院、案由、诉讼请求、基本的案件事实等。这些事项如果在立案时就发生错误或遗漏,不仅在程序上,而且在实体上都会带来不好的影响,甚至影响客户基于诉讼而作出的相应安排。比如,客户要求尽快启动对侵权的竞争对手的打击,结果一立案就被对方成功地提出了管辖权异议,导致案件被移送管辖,结果一拖半年还未收到新的开庭通知,势必影响客户打击竞争对手的士气。

7.1.2 让立案更快速

及时通知客户做好准备

在诉讼方案基本确定后,及时通知客户准备好授权委托书、营业执照等文件,可以与诉状的撰写同步进行。在需要客户提供相关文件时,应当专门列明具体的份数、盖章或签字、公证认证等要求。根据案件性质及争议标的,计算诉讼(仲裁)受理费、鉴定费等,此项工作可以在更早之前告知存在哪些环节的费用,然后计算清楚,要求客户做好准备。

对境外客户,还须办理公证、认证、翻译等手续,需要提前规划。由于境外客户的主体资格证明材料公证认证及翻译的时间较长,可以在诉讼方案通过之后立即进行准备。准备的授权委托书中委托事项要尽可能全面,列明公证、代为签署、代为进行和解、代为接收和解执行款项等。由于境外当事人有境外汇款及无法直接快速签署授权委托书的限制,因此要尽量将委托事项写得全面、具体、详细,不要只概括地写明"特别授权"。

立案工作同步准备

立案需要准备的工作较多,特别是涉外的诉讼。加上各个法院立案庭的要求既不一致,又多变化,导致很多程序性的工作似乎千头万绪。此时,更需要从一开始就要统筹规划,不要一个一个事项逐项处理,而且需要开启多任务模式,同步准备,同步推进。比如,在交代涉外的客户准备授权委托书、起诉状签字(有的法院需要当事人授权代表签字,有的法院不需要)、相关授权文件公证认证等事项时,初步侵权证据公证、证据整理、申请财产保全的保函等事项也要同时进行。否则,需要客户准备的材料都齐全了,律师还没有完成证据的整理或诉状的起草,立案又将拖延下去,甚至耽误了几个月还没有立上案。

立案准备的思路很重要,要事先确定好办事的步骤,唯有思路清晰,办事才会顺畅,特别是需要交代客户去办理的事项,最好一次性或同时交代清楚,不要这周让客户准备一个委托书,下周让客户在起诉状上盖章,如果这些事项本是可以一次交代或一次完成的,结果弄得像挤牙膏一样,必然会引发不愉快的客户体验。

追求一次成功

凡事都应当有目标,准备立案材料亦不例外。简言之,"追求一次性立案成功"就是立案准备的首要目标。对于立案的材料要求,虽然有原则性的法律规定,但在实务操作上,不同法院有不同的要求,甚至不同法官都有不同的要求,几乎没有统一的规则,比如,受理法院是否需要法定代表人(法人为原告)在起诉状上签章?有特别授权的律师是否能代表当事人在起诉状上签字？不同的法院对此要求不一样。

通常情况下，律师立案都是按照既有的经验去准备，但经验有时候不可靠，变化可谓猝不及防，唯有小心求证、全面准备。比如，对待"是否需要法定代表人在起诉状上签章"这个问题，如果以"追求一次性立案成功"为目标，你可以选择：（1）事先打电话给立案庭或通过其他可靠途径探明受理法院的立案要求；（2）特别要求委托人在加盖公司公章的同时请法定代表人签章，以应对不同法院的要求。相对而言，一些比较简单，且不涉外的国内案件，"追求一次性立案成功"更容易做到。

准备第二方案

客观地说，各个法院的立案要求并不一致，有的法院立庭案甚至提出了令人惊诧或难以理解的要求（其原因是为了减少立案还是基于其他目的，不得而知）。对于涉外案件而言，由于原告主体在国外，很多文件的准备工作需要耗以时日，可能一时难以满足立案庭"突然""意外"或"不讲道理"地提出的新要求。

在这种情形下，可能需要律师在立案的管辖法院上准备好第二方案，以免因为立案问题在某一法院僵持或拖延太长的时间。一位从事知识产权业务的青年律师说："在杨浦法院立案被扫地出门后，当天下午立即在苏州立了案，并拿到了缴费通知书。"同样一套立案材料，在不同的法院得到了不同的待遇。事实上，有些地区的法院在立案门槛上就是高，必须冷静地承认这种差异，并做好第二选择或留好退路。

时间规划很重要

每到年底，诉讼律师总会遇到立案难的问题，这很大程度上是法院年底案件考核指标的要求，导致立案庭找出各种理由而不受理立案。面对这不可抗拒的现实困难，怎么办？

一是事先给客户打好预防针。10月底才接手的案子，特别要提醒客户，做好立案准备可能已经12月了，今年未必能立上案。二是要规划好时间，不要把6月接手的案子，拖到12月才去立案。

7.2 证据收集

7.2.1 证据收集概述

证据收集的要求

古罗马有谚曰："举证之所在，败诉之所在。"意即不能举出证据，则只有败诉。证据是法官在审理案件时认定过去发生事实存在的重要依据，任何一件诉讼都需

要通过证据或证据链还原事件的本来面目。在民事诉讼中,证据应该满足以下四个要求:

——**关联性**。证据与待证事实之间必须具有一定的联系。依据联系的紧密程度,可以将证据分为直接证据和间接证据。

——**合法性**。合法性包括四个方面:一是证据主体合法,即形成证据的主体及收集证据的主体必须符合法律的要求;二是证据收集方式合法,即证据的收集方式没有违反法律禁止性规定、没有严重侵害他人合法权益、没有严重违背公序良俗;三是证据程序合法,即证据必须经过法律规定的诉讼程序,否则不能作为定案证据;四是证据形式合法,即证据在种类和形式上须符合法律的规定。[①]

——**真实性**。真实性有形式上的真实与内容上的真实之分。形式上的真实指证据的载体或证据本身必须真实,而不论其是否反映了案件的真实情况;内容上的真实是指证据的内容能够反映案件的真实情况或待证事实,这是证据真实性的实质内容。

——**证明力**。也称证据力、证明效力,是指证据对案件事实有无证明作用及证明作用的程度。不仅要考察证明力的有无,还要考察证明力的大小。证明力较大,就能证明待证事实;证明力较小,就证明不了待证事实。因此,具有"三性"(关联性、合法性、真实性)的证据,未必就有证明力;具有证明力的证据,未必就能证明待证事实。[②]

证据收集的方式

通常,证据首先是掌握在客户手里,因此,律师应当积极主动地指导或协助客户进行证据收集。常见的证据收集方式如下:

——客户提供或协助提供。包括从内部挖掘证据,从上下游合作伙伴、同业友商或行业协会等处获得证据。

——律师主动调查和收集证据。比如,通过图书馆检索相关的商标使用证据(如新闻报道、广告宣传等)。

——通过公证机构保全证据。多数情况下,都是在律师的指导和参与下办理保全证据公证。

——借助行政执法机关等公权力机关进行取证。有些案件在诉讼前,可以请求市场监督管理部门、海关、文化执法部门等相关执法部门,对侵权人进行行政查处,并获得相关证据。

——请求法院保全证据。有些证据无法获得的,可以考虑起诉后申请法院保全或调取证据,比如对银行账户进行取证。虽然法律规定了诉前证据保全,但获得

[①] 王新平:《民事诉讼证据运用与实务技巧》,中国民主法制出版社2017年版,第7~9页。
[②] 同上书,第14页。

支持的概率不高。

——申请法院调查令前往调查。向法院申请调查令，由律师持调查令对案外人调查取证，比如对支付宝账户等进行取证。

此外，近年来，证据的时间戳保全、线上保全等新的保全方式不断涌现，成本较低、使用方便，且逐渐得到法院的认可，在适当的时候也可以考虑采用。承办律师可以检索、学习并参考类似案件中反映出来的证据搜集渠道及方法，尤其是赔偿证据的取得方法。

主动调查和收集的渠道

律师可以根据案件具体情况，主动调查和收集案件相关事实（不限于证据）：

——访问客户及对方当事人的官方网站。

——通过全国企业信用信息公示系统等网站查询信息。

——通过图书馆检索。特别是标识类案件，最容易检索到报刊登载的证据。

——通过百度等网络搜索工具搜索。比如，输入双方商标，会发现有不恰当的产品比较。

——通过商标局或专利局查询对方（有时包括客户）的知识产权申请或注册情况。

——通过淘宝、京东商城等购物平台了解相关信息。

——查询行业协会或其他排名、评估机构涉及当事人的各种公开信息。

——查询涉及当事人的其他案件可能会反映出的证据，等等。

根据证据收集情况进行调整

证据收集并不是一个单纯的工作，通过证据收集获得的信息，可以因此反过来调整诉讼方案和诉讼策略，包括调整诉讼请求、调整案由等。

在搜寻证据时，如果发现客户网站有虚假宣传或其他不利信息，比如作为被告时，客户网站上有销售情况、年产量、加盟商数量等信息，或者客户有攻击对方当事人的声明等，应当及时通知客户撤除相关信息。

如果发现对方当事人（尤其是对方是原告时）存在权利瑕疵（专利系现有技术）、侵权嫌疑或商业诋毁行为，可以和客户沟通，向对方发起反诉，启动权利无效程序等。

7.2.2　客户证据指导

指导客户更好地提供证据

根据初步了解的案件事实及客户目标，及时向客户收集与诉讼相关的初步材料，特别是与立案相关的证据材料。可以初步考虑将提出哪些诉讼请求，然后依据诉讼请求所依赖的事实,以及诉讼请求涉及的金额及计算方式,就每个要件事实收集证据。

考虑到多数客户没有专门的法务,或者即使有法务也未必精通知识产权业务,律师有必要为客户进行专业指导,可以向客户发出证据材料收集清单,以指导客户更好地提供证据。

对客户提供的证据要询问一下是否有原件,该原件可能保管于什么地方,否则将来质证会遇到问题。如果客户不能提供原件的,需要尽可能地向客户询问清楚不能提供原件的原因。当然,律师整理证据时一般只要求提供复印件或扫描件即可,原件由客户自行保管,以免遗失。

证据材料收集清单

律师应当根据各个案件新出现的证据类型或形式,不断积累和更新证据材料收集清单模版。知识产权侵权案件中,涉及案件实体问题的证据材料,主要包括但不限于以下类别:

——证明权利人身份及权利范围的证据;

——证明权利使用及知名度证据(尤其是标识类侵权及不正当竞争纠纷案件);

——证明侵权人身份的证据;

——证明侵权行为的证据;

——证明侵权损害赔偿的证据;

——其他与案件相关的证据材料。

律师应当向客户表明,该证据清单是初步的,根据案件进展情况后续仍需提供各种证据。客户掌握的证据可以分阶段提供,但要控制好时间节点,给客户留出充裕的时间进行整理、补充和核实。

清单越独特,律师越专业

发给客户的证据材料收集清单里,只是笼统地写一句:被告侵权行为的证据材料——这和没有提供收集清单的效果差不多。事实上,一份证据材料收集清单也是展现律师专业水平和经验积累的绝佳机会。

证据材料收集清单应当根据具体案情进行优化调整,并体现出与诉讼目标、客户本身息息相关的独特性。比如,一般的商标侵权案件和以认定驰名商标为主要诉求的商标侵权案件或商标确权案件,在证据要求上肯定相差较大,后者更要体现出与"认定驰名商标"密切相关的证据材料关注点(见表7-1)。

表 7-1　模拟示例：申请驰名商标认定的证据材料收集清单（节选）①

建议收集材料	委托人提供的材料	律师建议
一、企业背景资料，如企业设立的时间、发展历史、注册资本、资产总额等情况		
1. ×公司简介电子版（简述企业发展历史、所有制性质、注册资本、资产总额、经营范围、经营状况、主导产品等，字数在300字以内）		★★★ 本所将从贵司网站上总结和概述出一套比较完整的简介，但是对于"资产总额、经营范围、经营状况"等，还请贵司协助提供更加准确的信息和文字说明
2. ×公司营业执照正副本，企业名称如曾变更请提供变更证明		★★★
……		★★
二、进制商标注册证明，包括在中国及境外的商标注册证明及相关附件等		
1. ×商标在中国的注册完整列表（我所已准备，请见附件1）以及相关商标注册证、注册证明、续展证明、转让核准证明等。请根据附件1提供相关的注册等文件（我所已列明需要提供的具体文件）		★★★ 我所已有在中国的注册完整列表，请根据我所的列表提供具体文件材料
2. ×商标在境外的注册完整列表，包括注册国家名称、申请日、注册日、类别、注册号即可，参考格式如下：……		★★
……		
三、证明相关公众对该商标知晓程度的有关材料，如国家行业主管部门或权威中介机构对使用该商标的产品或服务在中国同行业中市场占有率、行业排名的证明等； 注：时间段主要为2006—2014年。上述证据中的有关调查问卷、评估报告或排名等材料，如有最好，但也并非强制提交。如果目前没有，暂时不必准备。		
1. 中国相关权威组织机构，如行业协会出具的行业排名报告，要具体到名次		★★
2. ×商标获得的所有国际和中国奖项及荣誉		★★
四、证明该商标使用持续时间的有关材料，包括该商标使用、注册的历史和范围的有关材料，如商标最早及持续使用的广告证明等		
1. 拟认定的×商标在我最早使用的时间及证明（最早使用证明最好为销售或者广告证据（如商业销售合同、广告合同、发票等），能够同时体现×商标和具体日期为最佳）		★★★
……		

---

① 本示例参考了北京市万慧达律师事务所的证据收集清单，特此致谢。

续表

建议收集材料	委托人提供的材料	律师建议
五、证明该商标的任何宣传工作的持续时间、程度和地理范围的有关材料,包括广告宣传和促销活动的方式、地域范围、宣传媒体的种类以及广告投放量、广告支出的审计报告等有关材料 注：不包括贵司使用其他商标的商品或服务的广告发布情况		
1. ×商标在其请求认定产品上,2011年、2012年、2013年和2014年的宣传推广审计报告(包括宣传形式及载体、费用、持续时间、影响范围,按年度分列)。如果能收集到相关年份的广告监播报告更佳,则可不需要提供审计报告		★★★
2. 与审计报告对应的广告合同、商业发票、广告图片等(尽可能多提供)		★★★
……		
六、证明该商标作为驰名商标受保护记录的有关材料,包括该商标曾在中国或者其他国家和地区作为驰名商标受保护的有关材料,以及维权记录等 注：时间段主要为 2011—2015 年,如果可能,2009 年和 2010 年的有关材料也请提供		
1. 此前对其他主体近似商标提出过异议、争议的资料,如异议争议受理通知书、裁定书等		★ 之前委托其他代理所提出异议、争议的详细理由、受理通知书
2. 对侵权商品进行的行政投诉或者诉讼相关材料,如投诉书等		★★
……		
七、证明该商标驰名的其他证据材料,包括使用该商标的主要商品近三年的产量、销售量、销售收入、利税、销售区域等有关材料,如各地专卖店营业执照、销售发票、该商标产品销售收入的账务报告或审计报告等 注：不包括贵司使用其他商标的商品或服务的经济指标		
1. 拟认定商品和产品 2011—2014 年销售数据审计报告(包括销售量、销售收入、利润、纳税按年度分列),其他年份提供数据表格即可。根据销售情况及审计报告,请完善如下表格提供各个年度销售等数据,时间段主要为 2011—2014 年		★★★

续表

建议收集材料	委托人提供的材料	律师建议
2. 指定产品 2011—2014 年销售范围证明（合同或发票等，提供其中一种即可），每年的销售证明均需要覆盖 10 个以上省级行政区域		★★
……		
八、……		

备注：1. ★★★ 表示很重要，必须提供；★★ 表示较重要，尽量提供；★ 表示可有可无。

7.2.3 保全证据公证

哪些证据需要公证保全

由于知识产权侵权行为具有易逝性和隐蔽性的特点，可以说，大多数知识产权诉讼中都会有公证保全的证据。理论上讲，只要能够进行公证的证据，都可以申请公证保全。通过公证进行证据保全具有证据效力高、费用低、灵活方便等优点，但是，公证也是需要消耗时间和费用的。一般而言，有以下特点的证据尤其应当建议客户必须进行公证保全：

——**易逝的证据**。比如网页信息、公众号文章、赛事直播内容等，容易灭失，需要公证保全，以免诉讼时已被删除，无法举证。

——**隐蔽的行为**。比如在 KTV 设备上的侵权音乐播放行为，一般以公证的方式提交法院。

——**非物质性证据**。比如邮件内容，虽然可以当庭演示，毕竟多有不便。实践中多采用公证的方式提交法院。

——**需要封存的证据**。比如，手机的壁纸侵犯著作权，最好公证购买手机并封存，以免对方质疑做手脚。

——**不便当庭提交的证据**。比如雕塑侵权，显然原件无法带到法庭，公证保全为宜。

其实，总结起来，凡是容易灭失、易于篡改、不便当庭提交或者需要公证机构以公信力保证真实性的证据，都需要采用公证保全的方式。总的原则就是，如果原件带不来，或者易被质疑真实性的，都可以进行公证保全。

律师公证的基本流程

第一，要确定公证机构的执业区域。根据申请公证的主体以及保全事项等，确定公证机构。律师应当了解公证保全的程序及收费，尤其是熟悉本地公证保全的要求，并应当有保持长期合作的公证机构及公证员，以便于沟通交流。

第二，联系公证机构。在公证前须提前3~5个工作日和公证员（或其助理）预约，告知要办理的公证事项，确定公证费用或费用计算方式，询问申请材料有无特殊要求，确定办理公证的时间，确定出具公证书的时间，以及沟通其他一些细节问题（如公证书份数等）。

第三，准备保全必需的材料及款项。比如，以国内客户为公证申请人时，应当准备好客户的营业执照复印件、法定代表人身份证明、法定代表人身份证复印件、授权委托书、利害关系证明（如商标信息打印件）、受托人身份证明等，上述材料需按公证处要求加盖申请人的印章。有的公证处还要求申请人在公证申请表上盖章。

第四，做好公证保全的各项准备。比如，网页公证保全前要了解涉案的各个网页及其访问路径，掌握需要清晰截图的具体内容，排查有无对客户不利的信息，最好模拟一遍公证时访问网页和进行截图的过程。再如，购买公证要事先掌握购物地点、所购物品数量和价格，索要发票或购物清单小票等，确保一次购买成功。

第五，办理公证事项。公证保全时须和公证员沟通保全的目的，提出必要的注意事项和关键问题，必要时可以书面陈述需要保全的基本事实，方便公证员了解相关情况。

第六，沟通公证书出具等事项。事先确保公证书正文和附件等不出现错误、遗漏，或者满足诉讼的需求。一些公证机构在开具公证费用发票时不写明具体指向的公证书编号，或者多次公证的费用开具在一张发票上时，给权利人主张维权合理费用带来困难。因此，在批量公证保全时，尤其应就发票开具事项与公证员事先进行沟通或提示。

第七，获取公证书及发票。同时审核公证书份数是否足够，打印是否清晰，公证书内容、发票开具是否符合事先沟通的要求，公证书出具时限是否在受理之日起15个工作日内等。

确保公证保全过程的规范性

——关于申请主体

《中华人民共和国公证法》规定当事人与申请公证的事项应具有利害关系，因此，知识产权侵权证据保全公证应当由权利人或其委托代理人提出申请，其他无利害关系的人员一般不得代为提出申请。

——关于执业地域

《中华人民共和国公证法》第25条第一款规定："自然人、法人或者其他组织申请办理公证，可以向住所地、经常居住地、行为地或者事实发生地的公证机构提出。"因此，超出上述执业地域范围办理的保全证据公证是否合法，在实务中存在争议，在可能的情况下尽量避免该风险。实践中，有的以律师事务所名义而不是以当事人名义申办公证，很大一部分原因就是为了避开执业区域的限制。

——关于公证程序的操作

根据《公证程序规则》第54条第一款的规定,公证机构派员外出办理保全证据公证的,由二人共同办理,承办公证员应当亲自外出办理。

——关于电子设备的清洁性检查

证据保全过程经常需要使用计算机、照相机或摄像机、手机、存储设备或录音笔等电子设备。公证机构应当对电子设备进行清洁性检查,并对保全证据使用的计算机等电子设备、软件环境和网络环境等进行说明。如果公证书未说明清洁性检查的操作步骤,极有可能受到质疑。

——关于被保全证据的完整性

对取证结果进行固定,应当通过打印、存储的方式尽可能地完整显示操作人员在各个操作阶段所形成的阶段性生成品,以及尽可能地再现被控侵权作品的全部客观状态。

尽量减少公证保全的瑕疵

根据《中华人民共和国民事诉讼法》第69条规定:"经过法定程序公证证明的法律事实和文书,人民法院应当作为认定事实的根据,但有相反证据足以推翻公证证明的除外。"虽然法院对公证程序的认可度较高,但也要减少公证保全的瑕疵,避免对方抓住把柄质疑证据效力。

——公证过程的记载过于简单

有的公证书对保全网页证据过程中的计算机操作步骤进行了详细记载,从启动计算机到具体操作,再到关闭计算机的每个步骤都有记载,并且进行实时打印和录像,这是比较规范的做法。一般来说,如果公证没有录像,公证员会用详细描述的方式写公证词,如果有公证录像佐证,公证员就会概括描述。但有的公证书正文部分只有100余字,且没有对具体操作步骤进行记载。有的公证书中对购买被控侵权产品过程仅一笔带过——"申请人某某购买了被控侵权产品,并从该店铺当场取得购物凭证及名片各一张"。这样的描述还是过于简单了。

——公证书记载的内容存在问题

有的公证书对证据保全的步骤记载出现遗漏、颠倒的情形,或者对事实描述存在差异。比如,原告发现一网吧在网上非法复制、下载其享有版权的电影作品,遂委托公证人员以消费者身份至该网吧公证保全,并对公证过程制作了公证文书。公证书所记录的网吧名称与被告一致,但地址为某某路22号,而被告位于某某路23号。同时,某某路22号为另一家网吧。[①] 显然,该公证书存在重大瑕疵。

——公证书记载的保全时间不当

特别是涉及批量取证时,公证证词往往套用同一模板,极易出现纰漏。例如,

[①] 傅钢:《简析知识产权诉讼证据认定的几个热点问题》,载《上海律师》2013年第6期。

曾有公证证词记载二名公证人员在一天之内完成了向覆盖全城 4 座大型市场的 92 家商户的购买被控侵权产品过程的公证,不合常理。在一起植物新品种侵权案件中,在原告方提供的品种对比鉴定公证书中,出具公证书的时间居然比公证购买侵权种子的时间早一天,被法庭当场驳回。①

曾经有当事人在上海获得的公证书的公证时间往后延了一天,导致和该当事人第二天在合肥进行公证的时间相差仅 1 小时,由于该当事人负责办理公证委托的员工皆同一人,这么短的时间内在两地相继公证保全,显然违反常理。在来不及去修改的情形下,当事人只好被迫放弃其中一份公证书。

——公证书正文与附件内容不一致

公证书正文所记载的被控侵权产品购买时间、被控侵权产品名称与公证书中所附的收款收据记载的销售时间、产品名称不一致,或所附收款收据的出具单位、盖印单位并非公证证词中所记载的销售者。公证书正文也未对此予以说明。②

——公证书的附件存在不当之处

最大的问题当属应附的电子附件未附,导致无法当庭比对,从而无法认定侵权成立。有的附件不够全面,例如,在涉及网页在线播放影视剧或 KTV 使用他人音乐电视作品的证据保全时,公证书中仅有片头、片尾两张截图片作为附件;在涉及大型市场内摊位经营者的证据保全时,仅附有该市场的整体外观照片,未附销售被控侵权产品的具体摊位的外观、店面、店招、摊位号照片。有的附件不够客观,例如,公证书记载了购买某被控侵权产品的过程,并对店铺外观进行拍照作为附件,但是该照片显示涉案店铺处于打烊状态。③

当然,公证保全的瑕疵远不止前述列举的情形,事实上,它会出现在诸多地方,比如,不符合公证执业区域的规定、申请主体存在瑕疵,还包括实物封存有问题,如公证书中记载的实物与封存的实物不一致,封条易脱落、易破碎,公证实物封存时间晚于公证书出具时间,公证实物的包装未封存,公证实物上未载明公证书编号等。④

案例:公证瑕疵导致案件败诉

最高人民法院认为,在本案中,对于第 22931 号公证书的采信涉及如何对网络环境下的公证证据进行认证问题。对于当事人提供的相关公证证据,人民法院在必要时可以根据网络环境和网络证据的具体情况,审查公证证明的网络信息是否来自互联网而不是本地电脑,并在此基础上决定能否作为定案依据。根据原审法

---

① 军律,赵卫华:《证据保全公证在知识产权侵权案件中的运用(上)》,《法律征途》,2019-07-17。
② 同上。
③ 同上。
④ 同上。

院查明的事实,第22931号公证书涉及的公证行为是在新传在线委托代理人提供的场所进行,公证所用的电脑及移动硬盘亦为该代理人提供,并由该代理人进行具体操作,该公证书没有记载是否对该电脑及移动硬盘的清洁性进行检查等内容,且在技术上确实存在可以预先在本地电脑中设置目标网页,通过该电脑访问互联网时,该虚拟的目标网页与其他真实的互联网页同时并存的可能性,因此在未记载是否对公证所用的本地电脑进行清洁性检查的情况下,第22931号公证书虽能证明在公证员面前发生了公证书记载的行为,但还不足以证明该行为发生于互联网环境之中,即不足以证明自贡网通在网站提供过《疯狂的石头》的在线播放服务。

——来源:新传在线(北京)信息技术有限公司与中国网络通信集团公司自贡市分公司信息网络传播权纠纷申请再审案,最高人民法院(2008)民申字第926号民事裁定书。

公证书的质量管控

律师可以适当介入公证书的质量管理。比如,在网页公证时,如果后附的网页截图太小,一张A4纸上放了四张甚至更多截图,会让人根本看不清网页上的商品信息或商标图样,以至于不能满足举证需求,因此,要和公证员(或其助理)沟通,一方面,要确认附件保留能够证明侵权主体信息、侵权行为及侵权规模等重要信息的截图,删除或减少无关的截图;另一方面,要确保截图或照片打印清晰,最好一页一张。

公证书出具前,应当事先阅读一下公证书内容(公证词),并对公证内容、附件及措辞确认无误后,再要求正式出具公证书。如果在公证书出具后,事后再要求修改或调整,将不是那么容易的事情(甚至是不可能)。

以下容易存在错误或瑕疵的事项,应当在公证书出具前加以关注和检查:

——申请主体、受托人名称是否错误?
——公证申请及办理日期是否错误?
——操作步骤的顺序、操作流程的描述是否完整,是否有误?
——电子设备的清洁性检查是否描述?
——公证网页信息描述是否错误?
——外出公证的地点名称、位置描述是否错误?
——公证或封存的设备归属描述是否错误?
——购买时间或收货时间是否错误?
——公证书正文与附件内容是否一致?
——附件是否齐备,是否有遗漏?
——附件截图或照片排列顺序是否错误?
——附件截图或照片是否一页一张?
——附件打印是否清晰?

——附件内容是否错误或遗漏？

——附件文件刻盘时间、物品封存时间是否晚于公证书出具时间？

——封存的物品是否拍照，并作为附件？

——物品封存是否合乎要求？封条是否脱落、完整？

——发票的抬头、税号、金额是否错误？

——发票是否备注有公证书号？

7.3 证据整理

7.3.1 证据排列

证据类型：以侵权诉讼为例

《中华人民共和国民事诉讼法》规定的证据共有八种，包括当事人的陈述、书证、物证、视听资料、电子数据、证人证言、鉴定意见、勘验笔录。但在诉讼实务上，一般对证据的整理不是按前述类型进行归类，而主要是按证明目的进行归类。

即使细化到知识产权侵权诉讼，其证据材料也很难有一个统一的描述，因为诉讼双方的主体性质、行业特点、权利类型、侵权情形、相互关系等都不同，相应的证据材料也是千差万别。对原告（权利人）而言，侵权诉讼的证据一般包括哪些类型，这里只能从立案的角度简要介绍。

（1）证明权利人及权利范围的证据。这些证据通常包括以下内容：

- 主体身份的资格证明。自然人的为身份证，企事业单位的为营业执照或事业单位法人证书。
- 权利证书，证明权属状况、权利主体等。
- 许可合同及其备案证明材料。证明自己是被许可人，与案件存在直接利害关系。

（2）证明侵权人身份的证据。这些证据通常包括以下内容：

- 侵权人的工商登记或其他登记资料，包括有法定代表人、营业场所及地址等信息。
- 侵权人的身份证明。

（3）证明侵权行为的证据。这些证据通常包括以下内容：

- 侵权物品的实物、照片。
- 侵权物品的广告宣传材料。
- 侵权商品销售或展示的网页。
- 侵权物品的销售发票、购销合同。
- 侵权活动的公证文书，等等。
- 证明侵权行为地的证据，这是确定管辖法院的依据。

(4) 证明侵权损害赔偿的证据。这些证据通常包括以下内容：
- 许可合同：以合同约定的许可使用费作为请求赔偿的依据。
- 证明损失状况的财务审计报告。
- 权利人销售量减少的证据。
- 侵权产品销售量的证据。
- 调查制止侵权行为的合理费用，等等。

在行政诉讼中，原告可以根据不服行政行为的理由，进行证据归类。而对于被告而言，可以根据反驳原告诉讼请求及理由的需要，进行证据归类。

证据排列组织的三个要领

一是先程序，后实体。即身份证、营业执照等程序性证据材料排在前面，案件的实体性证据排在后面。身份证、营业执照等程序性证据材料虽然在立案时应当提交，但在举证阶段一般不必出示，除非与案件实体审理有关。

二是证明同一事实的数个证据，应当予以组合归类。单个证据其证明力可能并不充分，当它和其他证据结合起来作为一组证据，构成一个证据体系，则有可能共同证明待证事实。首先，数个证据都证明同一事实，如果不合并展示，在举证质证上就显得不够紧凑连贯，同时浪费时间，降低了司法效率。其次，大多数案件事实要靠数个证据共同组成证据体系来证明，一份单独的证据或者说孤证往往证明不了什么，只有同其他证据结合起来才能发挥证据链的作用。如果不合并举证，就会割裂证据间的内在逻辑关系，有损举证方的证明体系。

三是按照争议焦点组织证据。越来越多的法官会在法庭调查阶段归纳争议焦点，然后要求当事人围绕争议焦点逐一举证质证，不再允许当事人将所有证据一锅端上法庭。这就要求诉讼代理人应对案件争议焦点有清晰的预判，然后按照预判的争议焦点组织证据。否则，一旦法庭要求围绕争议焦点举证，就会打乱原先的证据次序，尤其是年青律师可能会不知所措。[①]

7.3.2 证据审核

对客户的证据及时反馈

对客户提供的证据，应当及时审核和反馈，避免拖延。对于不合要求的，及时要求补充和重制，比如，有的照片无法清晰地显示涉嫌侵权的商标。如果很久之后才对客户提供的证据进行反馈，尤其是要求补充或重制，会让客户感到不受重视。

证据审核的方向

证据审核除审查证据的合法性、关联性和真实性之外，更要从立案以及将来庭

---

① 王新平：《民事诉讼证据运用与实务技巧》，中国民主法制出版社 2017 年版，第 46～47 页。

审的角度进行全面的审查：

——审查是否满足立案的证据需要，尤其是权利证据和侵权证据是否基本齐备。

——审核提交法院的证据是否能够支持诉讼请求及事由。

——审核提交法院的证据是否存在错误。比如，公证书正文表述存在错误。

——审核提交法院的证据是否存在相互矛盾的情形。

——审核提交法院的证据是否有伪证的嫌疑。如果客户坚持提交，应要求其保证该证据的合法性、真实性。如果显系伪证，且客户坚持提交，律师应当向客户释明合规性风险，必要时可以拒绝客户的非法要求。

——审核提交该证据是否会产生不利的影响或后果。比如，披露客户的销售额或利润证据，可能会在其他案件中成为他人主张侵权赔偿的不利证据。再如，披露与第三方存在版权合作关系的合同，可能会对认定共同侵权产生不利的影响。如果提交客户的证据会产生不利的影响，无论该影响是在本案中还是在他案中，均应当谨慎考虑，并向客户提示和说明风险，并征得客户的同意。

7.3.3 证据目录

清晰的证据结构

证据结构是证据类型化的体现，是证据目录制作的内在逻辑。如何组织证据结构并无规范可循，通常，侵权诉讼的证据结构可以分为权利证据、侵权证据和赔偿证据等类型。

——权利证据，证明原告对系争标的享有诉讼权利。

——侵权证据，证明被告实施了侵害原告知识产权的行为。

——赔偿证据，证明原告的实际损失或被告的非法获利。

当然，不同的案件在证据结构的架设上肯定各有不同，而且有的类型，比如权利证据、侵权证据等类型的证据数量太多，可以进一步细分和归类。在知识产权行政确权诉讼中，还可以根据提出的诉讼理由或者诉讼思路（如反驳行政裁定的理由），对证据进行归类整理。

以认定驰名商标为诉讼目标的商标案件为例，此类案件的权利证据将占据中心地位，并且证据数量必然庞杂，应当按照驰名商标认定的逻辑进一步细分证据类别，逐项排列事实，比如紧扣商标的知晓程度、商标使用持续时间、商标广告宣传情况、商标的保护情况等类别按组阐述。

证据目录的意义

有的律师提交证据材料时（无论立案时，还是庭审前）并没有证据目录，这绝不是值得推崇的工作习惯。证据类型化、结构化只是第一步，制作规范的证据目录有其独特的价值。证据目录是体系化证据结构的外在体现,是律师表达观点、引领法官思路的具化过程。

在立案时,有证据目录的起诉材料,往往更容易获得立案法官的"青睐",提高立案成功率。同样道理,证据目录经过编写,可以帮助法官更好地理解原告起诉的事实逻辑和法律依据,也可以帮助律师在庭审时更好地完成举证陈述,同时节省对方的质证时间,避免庭审的拖沓。[①]

如何制作证据目录

证据目录应坚持美观整洁、方便查阅的原则。从外在形式上看,证据目录分为文字式和表格式两种,文字式的格式较为简单,但不如表格式逻辑清晰。通常,证据目录的主要项目包括以下内容(见表7-2):

——材料标题。如××诉××专利侵权纠纷案证据目录或补充证据目录,立案后可以标明案号信息。

——证据提交信息,注明提交日期,并可由律师签名盖章。

——证据序号或编号。证据目录应逐一分组编号。

——证据材料名称。如果证据材料本身有名称或专属名称的,采用该名称(如图书馆检索证明);如果没有或过长的,可以简单概括一个名称(如店铺内部装潢照片)。

——证据来源。说明证据的提供人或来源出处。

——证明对象(事实)。可以摘录部分证据材料中的事实,并说明(或结合其他证据说明)需要证明的事实或目的。

——证据页码。应当标明证据目录中所列证据材料所在的具体页码,方便查阅。与之相应,证据材料本身(复印件)也应当每页标明页码(可以手写或机打)。可以在证据目录编写完成,并对证据复印件标明页码后,再统一复印,以避免重复人工编写页码。

当然,证据材料的整理,除应该有完整的证据目录、页码编制外,还应当装订成册,尤其是对于证据较多的复杂案件。

表7-2 模拟示例:证据目录(表格式)

序号	证据材料名称	证据来源	证明事实	页码
8	图书馆检索证明	上海图书馆(上海科学技术情报研究所)	结合证据2和3,证明"×××"品牌最早源于我国台湾地区,且在我国台湾地区具有较高的知名度;证明上海×××与我国台湾地区×××没有关系;证明上海×××早在2000年初即被误认为系来自我国台湾地区的×××品牌	28~50

[①] 惠翔:《做过法官的律师是如何准备起诉工作的?》,问律,2015-09-14。

7.4 诉状撰写

7.4.1 起诉状的规范性要求

起诉状的基本格式

起诉状的结构通常由标题、当事人基本情况、案由、诉讼请求、事实与理由、致送法院以及具状人签章七个部分组成。

(1) 标题。对于民事诉讼案件,通常写"民事起诉状"即可。

(2) 当事人基本情况。根据《中华人民共和国民事诉讼法》,作为原告的当事人是自然人的,应当记明"姓名、性别、年龄、民族、职业、工作单位、住所、联系方式";作为被告的当事人是自然人的,应当记明"姓名、性别、工作单位、住所等信息"。作为原告的当事人是法人或者其他组织的,应当记明"名称、住所和法定代表人或者主要负责人的姓名、职务、联系方式";作为被告的当事人是法人或者其他组织的,应当记明"名称、住所等信息"。联系电话和住址关乎法院送达传票和相关文书事宜,所以如果不能提供准确的信息,有可能使案件的审理时间人为地延长。

(3) 案由。案由是案件法律关系构成与争议事实的概括。在某种程度上,选择什么案由,就选择了相对应的诉讼策略,甚至判决结果。案由不是民事起诉状的必备部分,但立案时法院往往会要求原告明确,有必要事先了然于胸。谨慎选择恰当的案由,选择最有利的角度和切入点,是案件启动各种程序的首要任务。

(4) 诉讼请求。写明向法院起诉所要达到的目的。诉讼请求是整个诉讼的最终目的所在,直接关乎当事人合法权益的实现。

(5) 事实和理由。写明起诉或提出主张的事实依据和法律依据,包括证据情况和证人姓名及联系地址。

(6) 致送法院。如果对管辖法院拿捏不定或做好了备选方案的,可以准备两份(多份)起诉状,不同的起诉状致送不同的法院,以备不时之需(有的律所不允许该栏空着,之后再手写补填)。

(7) 具状人签章。例如,原告:上海××管理有限公司(盖章),其下方具上年月日。

起诉状的质量要求

一份质量较高的起诉状,至少应当从四个方面考察(后面将分别加以阐述):

——格式是否规范。格式可谓是起诉状的"形体",代表着形象和气质。

——案由是否准确。案由可谓起诉状的"大脑",决定诉讼的方向。

——诉讼请求是否合理。诉讼请求可谓起诉状的"心脏",主导诉讼的目标。

——事实与理由是否表述到位。事实与理由可谓起诉状的"筋络",展现诉讼的因果和逻辑。

综上，一份民事起诉状其实就像一个人一样，谁都希望自己是一个心脏正常、大脑清晰、筋络通顺、形体美观的人。同样，一份格式规范、案由准确、诉讼请求合理、事实与理由表述到位的民事起诉状也会赢得法官及当事人的青睐，无形中也使律师取得了良好的开局。①

以最小篇幅满足要求

评价起诉状的优劣，当然不是以篇幅来决定的。但起诉状的定位的确会影响其篇幅的长短。事实上，作为民事起诉状的功能定位，表达的是原告战略性的框架主张。与框架性的主张相适应，起诉状显然不宜繁长冗杂，言简意赅为好，大多数情形下控制在2～3页纸即可，这样也方便法官在阅读时能一下子找到核心所在。

就起诉状的事实部分而言，一方面，原告有的事实在立案时可能还没有证据支持（或不愿在立案时提出证据），部分事实不太明朗；另一方面，还要考虑当事人未来的调整空间，这就决定了事实部分不宜详细罗列，否则在起诉时就"把话说得太死"，会在开庭面对新情况时显得被动。

就起诉状的理由部分而言，不仅要避免长篇累牍，以及令人生厌的过分理论化，而且过分详尽的理论阐述会提早暴露自己的攻击方向和火力点。个别情形下，基于策略的考虑，原告还可能会模糊其诉讼理由或侵权性质。比如，把帮助侵权模糊甚至误导为直接侵权（但也未明确表述是直接侵权），从而误导立庭案法官的理解，实现在律师执业所在地立案的目的。

多数情况下，在满足起诉状质量要求和目标实现的前提下，能够以尽量小的篇幅来撰写起诉状，是值得推崇的方案。当然，"麻雀虽小，五脏俱全"，不要篇幅小到"缺斤短两"，起诉状再短，也要清楚阐述基本的事实、法律依据以及理由。

与此相反，二审的上诉状，则应当针对不服一审判决的地方，一一指出并陈述理由，不建议写得简短，但也不需要把整个案件的案情及前因后果重复一次。在知识产权行政确权诉讼中，即使是一审程序也建议在起诉状中充分表达事实与理由。因为在一审或之前的确权程序中，各方的筹码基本上都已经亮出来了，已不需隐藏事实和理由。

起诉状的版式规范

民事起诉状通常是法官接触到的第一份法律文书。格式规范、版式美观、版面整洁的起诉状，能体现出律师良好的专业素养及严谨的工作态度。为打造一份更规范的起诉状，建议在以下方面加以注意：

字体。"起诉状"名称的字体可以大一些，比如用黑体2号。正文字体一般统

---

① 丁嫣：《书写民事起诉状四部曲》，《中伦视界》，2017-02-07。

一采用使用频率最高的宋体、仿宋或楷体,比如,统一为仿宋四号(或小三)。

间距。版面不要拥挤不堪,建议行间距为 1.5 倍。

加粗。事实与理由、诉讼请求等部分标题最好加粗,突出显示。正文个别需要特别标注或者引起注意的部分可以加粗,但加粗的地方不宜过多。

空行。当事人基本情况之间可以各空一行。各项整体内容之间可以空一行或段前 0.5 行间距,以示适当区隔或突出强调。

居中。比如,"起诉状"名称应当居中。

空格。"诉讼请求"和"事实与理由",可以在前面空两格。结尾部分的"此致",应当在前面空两格。

顶格。致送人民法院的名称应当左侧顶格,起诉状日期应当右侧顶格。

数字。数字最好使用罗马数字,尽量不要使用汉字数字(如一或壹),这样更美观和显眼。

页码。起诉状的页数超过 1 页,应当在每一页页脚中加入页码。

掉行。尽量避免第一页最后一段话中只有一两个字掉在第二页的第一行。

建议在打印之前,通过"打印预览"功能进行版式观察,直到把版式调整到看起来感觉舒适为止。

起诉状的复核把关

起诉状的初稿在撰写完成后,交付客户审核之前,律师应当复核把关,着重检查,包括但不限于:

√ 诉讼请求是否缺乏请求权基础?
√ 诉讼请求是否有错漏或歧义?
√ 事实部分的陈述是否繁简不当?
√ 有无自认对原告不利的事实?
√ 分析说理是否简洁?
√ 法律观点上是否自相矛盾?
√ 用语是否规范?
√ 是否有错漏或冗余的字词?
√ 是否有语法或语病问题?
√ 文风是否中性,是否带有情绪表述?

例如,对诉讼请求内容的表述,须使用"判令"(给付之诉)、"确认"(确认之诉)等动词作为谓语,但不要加入"请求法院"等类似的画蛇添足的内容。

为防止错字、漏字、语病等低级错误,或者为了精益求精,起诉状撰写完后至少要通读 2~3 遍。间隔一段时间(上午写、下午读)再读,或许更容易发现错误,同时,也可以安排助理通读校对一次。

交付客户确认诉状

起诉状递交法院前,须经客户核对和确认,并综合客户的意见进行沟通和修改。特别要提醒客户关注以下方面:

——确认事实描述是否与实际有出入?
——确认是否存在不当之处?
——确认是否有需要回避的事实?
——确认诉讼请求是否适当?
——确认赔偿请求及其对应的诉讼费用,等等。

7.4.2 诉讼请求的撰写

诉讼请求必须全面、完整

民事诉讼实行"不告不理"的原则。诉讼请求从本质上是向法院提出的请求,法院对于民事案件的裁判需在当事人的诉讼请求范围内进行,因此,诉讼请求其实具有限制法院裁判范围的效力,法院只能在原告诉讼请求的范围之内对原告的权益予以保护,不得随意超出当事人的诉讼请求范围或遗漏当事人的诉讼请求进行裁判。有鉴于此,诉讼请求一经递交后,不能随意变更,否则会在程序上拖延时间,比如须给对方重新答辩的时间,所以,诉讼请求的撰写必须慎之又慎。

律师在确定诉讼请求时,应本着全局意识,先行把所有可能提出的诉讼请求全面罗列,再对其进行逐项分析,依据案件事实、证据材料、当事人要求、合理合法性等,筛选出明确、具体、可行的诉讼请求。[①] 这一过程,务必与客户保持沟通,并征询客户的意见。

撰写诉讼请求时要了解原告的诉讼目的,从而更有针对性地进行设计。当然,诉讼请求未必是当事人真实目的的体现。有的起诉状还会隐藏自己的真实目的,比如当事人表面上为了请求赔偿,其实是在借此施加压力,让对方在其他方面达成协议(比如商标转让)。

诉讼请求必须明确、具体

诉讼请求不能写得含糊其词、抽象笼统,比如"赔礼道歉"或"消除影响"。以何种具体方式承担法律责任应表述清楚,比如"判令被告在《新民晚报》刊登声明,向原告赔礼道歉。"

如果原告对同一被告提出了两个以上的诉讼请求,建议分项列出,切忌将多项

---

① 周俊南,曲金亮:《民事诉讼十二时辰——如何确定具体的诉讼请求》,天同诉讼圈,2019-07-20。

请求混在一堆，以免法院漏审漏判。特别注意的是，在诉状中请求以何种具体方式承担法律责任，须事先与客户沟通确认。比如，赔偿道歉或消除影响的声明，应当通过哪个媒体来刊登，须与客户沟通确认。

在案件可以提出多个诉讼请求的情况下，要充分考虑各个诉讼请求之间是否存在逻辑上的递进关系，或者语言表达上的连接关系，从而在排列时遵循一定的顺序。

诉讼请求应当合理、适当

确定了诉讼请求，才能以此为目标或指引制定诉讼策略、搜集组织证据、撰写法律文书等。作为一名律师，应当熟悉受托案件、掌握案件全局，协助当事人确立起有效可行、合理适当的诉讼请求，从而彰显律师的办案能力与专业素养。

诉讼请求既要考虑到可执行性，又要考虑到现有的证据在多大程度上可以支持诉讼请求。切合实际的请求数额，不仅可以减少诉讼成本（案件受理费是以诉讼标的额为基数按比例收取的），降低诉讼风险，而且有利于法院的调解、双方当事人的和解。

此外，有的权利人也有判赔落差太大的担心。比如，公安机关已经查获了侵权人价值1000多万元的侵权货物。如果提出了900万元的赔偿请求，最终只支持了100万元，这诉讼请求与实际判赔之间巨大的落差，对客户的法务负责人而言并不见得是件好事儿。此时，客户（法务负责人）可能更希望提出200万元的赔偿请求。

诉讼请求须有法律依据

在诉讼过程中，诉讼请求是原被告双方攻守交战的中心所在，必须言之有理，出自有据。没有法律依据，就没有请求权基础。比如，在商标侵权诉讼的诉讼请求中，不能主张赔礼道歉，因为这没有法律依据。

不过，凡事都有例外。比如，根据目前的司法解释和司法政策，认定驰名商标按理不能作为诉讼请求提出。不过，为了让法官清楚地了解诉求，也可以先行写上，待开庭时再根据法官的释明，删除该项请求，只在事实与理由部分保留认定驰名商标的陈述。

此外，有的新型疑难知识产权或不正当竞争案件，可能没有明确的法律依据，只能援引原则性条款（如《中华人民共和国反不正当竞争法》第二条之规定），但要注意是否有类案或法理等作为支持。

链接：法官的金句

庭审中，张书青（杭州市中级人民法院知识产权审判庭副庭长）时不时冒出一些有意思的"金句"——

"原告方代理人,你们来自中国最好的律师事务所之一,自然应当知道合同的相对性,而你们两位原告分别委托的律师是存在不同的合同关系的,希望你们不要超越自己的合同权利。

"你们坚持法定赔偿,但商标法规定法定赔偿最高300万元(2019年4月已修改为500万元),原告方你们诉请赔偿800万,这中间差的500万元,我这法院怕是判不下这笔糊涂账啊!

"起诉书请求判决停止'一切'侵权,这个'一切'是什么?如果最后法庭照着你的诉讼请求进行判决,怕是我院执行局不乐意了,中国法院基本解决执行难要更遥远了。请把'一切'说说清楚。"

——摘自孟焕良,骆萍英,黄洪连:《知识产权法官张书青的一天:开庭、证据保全、加班写判决》,《杭州日报》,2019年1月15日。

确定诉讼请求的考虑因素

诉讼请求的实现既受客观因素的拘束,更受法院认可与否、对方当事人抗辩有效与否、律师主观能动性发挥程度等主观因素的影响。在确定诉讼请求之初,应对各方面的因素做全盘综合考虑,以实现去粗取精、去伪存真的目的,让诉讼请求的实现更具可能性,更符合诉讼目标。

——案件的基本事实

诉讼请求是无法脱离案件事实而孤立存在的。比如,被告销售的是平行进口的真品,不能请求判令对方停止销售该品牌商品,只能从被告的其他不当行为出发,看看能否寻求判令对方停止虚假宣传其系中国总经销商,或请求判令对方停止在店招上显著使用原告商标的商标侵权或不正当竞争行为。

——案件的证据情况

法庭追求的法律事实未必与客观事实完全相符。如果没有证据证明的事实,就无法支撑相应的诉讼请求。如果原告通过前期的行政执法拿到了被告的财务账册,或者通过诉前财产保全冻结了被告银行账户数以百万的资金,当然可以提出或变更为较高的赔偿请求。

——客户的预期和需求

诉讼请求的确定必须听取并尊重客户(委托人)的诉讼需求及诉讼目的,并询问、挖掘客户可以主张的潜在诉讼请求。但在具体操作中,律师要保持理性态度,对于明显不会被法院支持的诉讼请求,应当及时分析释明,预先进行风险提示。比如,侵权人在网上大量贩卖原告的版权视频课程,从实际情况来看达100余个,但基于诉讼工作量及诉讼策略考虑,先只公证保全了两个侵权视频课程。客户如果想按实际发生的100余个侵权视频课程主张1 000万元赔偿,显然与本案事实和证据不符,最后在律师的引导下只主张了20万元赔偿。

——被告的履行能力

被告的履行能力对于主张赔偿的诉讼请求影响甚巨。律师接受客户委托后，往往会从被告的注册资金、销售情况、广告宣传、投标情况、社会声誉等多个角度出发，评估被告的财务或实力，从而决定如何提出赔偿请求。

——法院认可的概率

充分考虑法院接受的可能性。比如，在合同违约诉讼中，请求判令对方承担原告的律师费，在没有合同明确约定的情形下，该项诉讼请求很难被法院所接受。

——诉讼的性质和策略

诉讼请求的确定受案件性质的影响。比如，选择主张著作权侵权之诉，就不能提出给付稿费的请求，只能提出损害赔偿的请求。同样，诉讼策略也会反过来影响诉讼请求，有的公司基于诉讼营销的传播目的，可能会在诉讼请求中提出上亿的天价赔偿。

涉及赔偿损失的问题

对于赔偿损失的诉讼请求，律师要清楚赔偿损失的计算方式。比如，是法定赔偿，还是按被告获利计算。合理费用最好分项目计算，比如：律师费多少、公证费多少、差旅费多少。未决部分请说明。这些问题，将来开庭时法官一般会进行确认。

在支持赔偿请求，特别是法定赔偿时，法官通常会打点折（有时打折比较厉害），因此，赔偿请求的数额可以比预期值有所提高，给法院判决或主持调解留有余地。

如果一项诉讼请求中包括两项或者两项以上的金额，应当在该项诉讼请求中注明合计数。同时，还要注意这两项或者两项以上的金额的计数方法保持一致。

关于"诉讼费由被告承担"的诉讼请求，在实践中会出现在很多起诉状里。根据《诉讼费用交纳办法》的规定，诉讼费用是由人民法院根据案件审理的结果决定的，并非根据当事人的请求，因此该项请求可以不用写在诉讼请求中。

为客户考虑诉讼费用

诉讼费用和诉讼标的（比如侵权诉讼所请求的赔偿额）密切相关。如果客户对费用敏感，应尽可能为其减少费用支出。目前法院均要求在诉状上注明涉及的财产标的金额，以便计收诉讼费用，律师应向客户释明大致的幅度，按"就低不就高"的原则，为客户争取最优的结果；但是，如果客户对诉讼费用支出不敏感，并且又希望增加对方当事人今后上诉费用成本的，可以反其道而行之，按"就高不就低"原则进行缴纳。[①] 在客户（原告）追求高标的额实现的同时，作为律师要适时作出提

[①] 惠翔：《做过法官的律师是如何准备起诉工作的？》，问律，2015-09-14。

醒,以平衡委托人的预期。

未必需要公开赔礼道歉

从法律上讲,只有涉及人身权利的损害才可以主张赔礼道歉,因此,在侵犯专利权、商标权这类纯粹财产权的侵权案件中,原告请求被告公开赔礼道歉,很难得到法院的支持。即使是在侵犯著作人身权的案子里,被告通常也不愿意在和解谈判中同意公开道歉。

但是,原告不必纠结于公开道歉这个形式。在诉讼和解的协商过程中,原告可以要求被告提供私下的道歉函作为公开道歉的替代品。到时原告把这个道歉函上的被告名称遮蔽掉,一样可以在网上公开,达到与公开道歉相当的效果。

即使在专利和商标侵权这类案件中,如果有足够诱人的交换条件,比如原告愿意降低赔偿或和解金额,被告或许会同意出具一个私下的道歉函,甚至在个别案件中,在原告愿意放弃本就不高的赔偿金额时,被告在法官都不会判决支持的情形下,居然愿意公开登报道歉——他认为自己的声誉相比付给原告的赔偿金更不值钱。

7.4.3 事实与理由的撰写

进行案件事实的裁剪

在撰写起诉状前,必须了解案件的全局,尤其是通过证据掌握案件事实。案件事实陈述应当注重逻辑性,以诉讼请求为出发点,从当事人描述的事实中、从证据反映的事实中进行裁剪。去除与诉讼请求无关的事实,保证起诉状篇幅的简洁。

起诉状中的每个事实原则上都应当与提交的每份证据确定的证明对象一一对应,从而确保每一项诉讼请求获得支持所需的全部要件事实均有证据支持。要善于把复杂的事情简单化,做到事实清楚,重点突出。

案件事实的描述顺序

为了便于叙述纠纷产生的过程,可以主要按照时间顺序简要叙述事实经过。基于知识产权侵权而提起的诉讼,起诉状中可以按如下顺序描述案件事实:

(1)主体信息。从案件事实发生至原告提起诉讼期间,原告和被告诉讼主体变更情况以及各方在案件中的地位。

(2)涉案权利的主要事实。比如商标申请、注册和续展,或者受让、许可的事实。

(3)涉案权利使用现状的事实。比如商标的知名度、取得的荣誉等事实。

(4)损害发生的事实。被告的侵权行为,导致原告受到侵害及发生损失的情况。

(5) 权利救济的事实。被告侵害了原告权利后,原告采取的救济措施,比如发送警告函、请求行政查处等。

(6) 应当列明的与各项诉讼请求的管辖来源、权利来源、救济来源等相关的其他事实。

反复斟酌事实陈述

对于事实的具体描述应当反复予以斟酌,因为起诉状一旦予以呈交,则可能在今后成为对自己不利的证据(构成自认),或者成为对方当事人甚至法官挑刺的地方。特别强调的是,诉状中的事实部分,应当与立案所附的证据对应或协调。比如,2016年6月底撰写的起诉状称,在2015年10月向被告提起著作权侵权诉讼之后,"最近又发现"新的侵权作品,但所附证据中的购买发票是2015年1月的,显系表述不当。

"宜粗不宜细"的说理

起诉状中的"理由部分"的描述可以适当列举适用的主要法律法规、司法解释。注意适用的法律法规要保持开放性,比如,根据《中华人民共和国商标法》第×条等相关法律法规及司法解释的规定。一般不必细化参照的指导性案例和借鉴的其他案例。

"理由部分"的分析说理如无必要,一般不用展开,不必论证,简要说明,甚至一句带过即可。言多必失,战局刚刚拉开序幕,原告就让对方全然了解自己的战略战术(代理思路),容易在诉讼中处于不利境地。

事实取舍与补强

纠纷发生的过程中,可能存在对原告不利的事实,也存在对被告不利的事实。如果某些事实的表述对原告不利,可以考虑在起诉状略过或者进行模糊表述,以避免构成自认,将来百口难辩,陷入被动。

原告如果确认被告有不诚信等做法,也可以以此为主题,构建一个充满事实细节和场景描述的故事梗概,来增强被告的不诚信形象,即使这些事实与本案的诉讼请求关系不是那么密切。比如,原告起诉一个商标抢注者(被告)先前的恶意诉讼行为,主张损害赔偿责任时,可以适当陈述该被告抢注知名品牌的事实(最好有证据),从而在立案之时即给法官塑造了一个恶意抢注、观感不好的被告形象。不过,这里一定要注意"度"的把握,不要把事实陈述变成了主观猜测,甚至"诽谤"。

措辞严谨规范

事实与理由部分的事实陈述应当客观,尽量不要代入主观推测,避免情绪化、口语化用词,比如"恶贯满盈""劣迹斑斑"等,否则会激化不必要的矛盾。

原告或者被告为两个以上时，在"事实与理由"部分为了陈述事实方便，可以称"第×原告"或者"第×被告"，但是不要在当事人基本情况部分就写上"第×原告"或者"第×被告"；也可以在第一次出现当事人名称时使用全称，并括号注明简称为何，其后便可使用当事人名称的简称。

7.5 申请立案

7.5.1 齐备立案的材料

整理立案材料

立案需要的诉讼文件或材料基本上可以分两类：一类是程序性文件，比如营业执照、授权委托书等；另一类是实体性文件，比如起诉状、证据材料等。通常而言，立案时需要齐备以下材料：

（1）原告资格证明（复印件，客户盖章）

——要求客户准备《法定代表人身份证明》《企业法人营业执照（副本）》（复印件）等。

——对于外资企业的商业登记证明，应当检核：公司中英文名称与商标注册证记载的初始注册人或受让注册人名义是否一致；证明有否记载法定代表人/董事长/CEO/授权代表姓名及权限；证明有否记载公司住所地、存续时间。

——对于法定代表人或授权代表人身份证明，应当检核：法定代表人或授权代表人是否系该公司董事长/CEO，或其他经公司章程、董事会决议等文件任命或授权的代表人。

（2）律师委托书（原件，客户盖章）

——客户应当出具授权委托书。授权委托书形式及内容可以使用律所的格式版本。

——受委托的律师应当具备诉讼代理人资格，系中华人民共和国律师或《中华人民共和国民事诉讼法》规定的其他代理人。

——授权委托书上的签署人应与法定代表人/授权代表人一致，或得到其再许可的明确授权。

——授权委托书上签署人名字、职务及时间应清晰记载。

（3）律所函（原件，律所盖章）

（4）被告资格证明（工商登记、事业法人资格等，复印件或者网上打印相关材料）

（5）起诉状（原件，原告签名或盖章，即使代理人有特别授权，有的法院仍然要求不得由代理人代为签章）

（6）证据目录（可以盖律师印章）

(7) 证据材料(按证据目录顺序整理)

前述第 1~7 项材料应给法院准备至少一份(个别法院要求审判人员人手一份),对于被告只需要按人数准备第 5~7 项材料即可。

前述第 1~7 项材料,律师自己留一套,并且最好是正本。另外,最好再交付客户一份复印件或扫描件。(此后举证,亦同)

对于境外当事人,要检查是否具备诉讼法特别要求的其他材料,并且要根据进展提前准备这些材料,做好公证、认证手续,以免耽误立案时间。

请求诉前或诉中保全证据的,请在立案前及时准备好相关材料。

对于商业秘密或者方法专利等需要在送达原告诉讼材料前进行证据保全的,请事先与法院做好沟通工作,并准备好相关的文件。

回应立案庭法官的关切

立案材料是给立案庭法官看的,立案庭法官最关心的首先是管辖问题,其次是案由,再次是授权文件、签名日期,最后是诉讼费的计算,等等。因此,在准备立案材料时,除了关注起诉状质量以外,还要从立案的角度,通过起诉状内容及证据材料,回应立案庭法官的关切。

立案时提交的证据材料可以根据诉讼策略的考虑,只需满足立案要求即可,不必提交当时所掌握的所有证据材料。

尽可能便利法院工作

在基层法院案件数量普遍居高不下的情形下,律师应在力所能及的范围内为法官、书记员着想,通过自身细致的工作降低其劳动强度。例如:

——尽可能在诉状上书写被告的联系地址、联系人、联系电话,方便书记员通知送达;

——纸张尽可能不要双面复印或打印,以免徒增书记员复印、粘贴的工作量;

——证据页码可标在页面最下方中间,留出书记员敲归档页码的空间;

——对于当事人众多、案情复杂的案件,尽可能通过图表等"诉讼可视化"方式描述案情,方便法官把握案件方向,等等。[①]

7.5.2　前往法院立案

申请立案的方式

立案可以现场立案。立案受理通知、举证通知等材料,应当及时扫描或复印后寄给客户。

---

① 惠翔:《做过法官的律师是如何准备起诉工作的?》,问律,2015-09-14。

邮寄立案的(特别是外地的上诉案件)，建议采用EMS快递，并在内件品名一栏写明"某公司诉某公司××一案诉状及证据材料"，作为证明。在行政确权诉讼或者二审上诉时，必须保留邮寄凭证，并盖邮戳章，以免被指超过期限。

有的法院开通了网上立案，可以关注其官网披露的立案方式及操作流程。

立案材料清单

立案材料清单清晰地记载了在立案时己方所提交的证据材料，既方便律师自己留存备用，帮助事后回忆立案时提交了哪些资料；也方便在立案填写立案材料清单时直接进行誊抄。有的法院认可律师立案时提交的立案清单，在立案时收走证据材料并直接在其提交的立案材料清单上加盖立案章，节省了到法院立案庭窗口重新填写立案材料清单的时间。

需要关注的期限

缴费期限：法院接受立案后，会向律师出具《缴费通知书》等材料，同时要求7日内缴费，否则作撤诉处理。律师应当把缴费通知书及时寄给客户，并告知客户关于法院诉讼费的缴纳方式，并在到期前两三天，与客户联系确认。

举证期限、开庭时间等：在事务所邮件系统、软件系统或律师本人记事本上进行备忘，设置日期提醒。在期限到达前，应当查核一下相关事项是否完结。

专栏：重视立案询问

立案也是跟立案庭法官沟通的一个过程，因此，在立案前至少应当对以下几个问题做到胸有成竹：

问题一：请介绍一下案情

虽然现在是立案登记制，但立案庭法官为了快速掌握案情，确定是否能够立案，会询问律师关于案件一些基本情况。律师需要对案件熟悉掌握，并且能够言简意赅、逻辑清晰地向法官介绍案情。

问题二：案件案由是什么

法官对案件案由会有不同的理解，有时候会征求律师对案由的意见。而案由涉及请求权基础，因此应当能够清楚表达请求权基础，以及确定案由的依据。

问题三：不属于我院管辖

立案庭法官一般不会问"你为什么向我们法院起诉？"而是会换种方式："这个案件我认为不属于我们法院管辖"。这是律师最怕遇到的问题，也是律师在立案时最应当充分准备的地方，为什么要到这个法院立案？合同有约定？法律有特别规定？对于法院比较少接触的案件类型，律师需要准备法院管辖的相关规定，在立案庭法官提出时就要立即回答并提供依据打消法官顾虑。

问题四：案件受理费如何计算

一般有具体诉讼请求金额的案件，案件受理费的计算不存在争议。但对于解除合同、确认合同效力等未涉及具体金额的诉请，法官可能会有不同理解，且如何收取案件受理费关系到委托人利益，因此立案人对如何收取案件受理费应当能够做到心中有数、清楚向法官进行表达和说服。

另外，对于有多项涉及具体金额的，建议在诉请后增加标注："以上第×、×项诉请合计为××元。"

——摘自陈泉源：《民事立案你可以这样准备》，惟胜会，2018-10-12。

延伸阅读：

1. 惠翔：《做过法官的律师是如何准备起诉工作的？》，问律，2015-09-14。

2. 王新平：《民事诉讼证据运用与实务技巧》，第1～2讲，中国民主法制出版社2017年版。

3. 军律，赵卫华：《证据保全公证在知识产权侵权案件中的运用》，法律征途，2019-07-17。

4. 牟驰：《诉讼类法律文书写作（之一）：起诉状的写作要点及范例》，德衡律师集团，2016-10-11。

5. 丁嫣：《书写民事起诉状四部曲》，中伦视界，2017-02-07。

6. Zenonlawyer：《民事起诉状撰写指引》（2018年版），iCourt法秀，2018-08-25。

第8章 庭审准备

关键词：如何举证　质证准备　诉讼可视化　代理意见　庭审工具

图 8-1　庭审准备

8.1 如何举证

8.1.1 将举证进行到底

贯穿始终的举证

打官司就是打证据,证据是打开胜诉之门的钥匙。"证明责任乃诉讼之脊梁",法谚也形象地展现了举证责任的重要性。因此,证据收集不可能止步于立案准备阶段,在立案之后,应当继续收集证据,及时提交证据。持续地收集和整理证据贯穿于法官作出裁判之前。

下列情况当事人应当承担举证责任:

——在申请立案时,按立案标准提交证据;

——在对方当事人提出新的诉讼主张或抗辩意见时提交证据;

——针对法庭要求核实的事实提交证据;

——就出现的新事实提交证据;

——其他应当举证的情形。

举证责任分配的基础

哪些事实需要我方举证,哪些事实属于对方举证责任,作为诉讼律师心中必须有数。这需要熟悉举证责任分配的一般规则,尤其是《最高人民法院关于适用〈中华人民共和国民事诉讼法〉的解释》(法释〔2015〕5号,以下简称《民诉法解释》)第91条规定的证明责任的分配方法。①

举证责任分配的基础是对要件事实的分类,作为举证对象的要件事实可以分为权利发生要件事实、权利障碍(包括权利限制和权利妨害)要件事实和权利消灭要件事实。凡主张权利存在的当事人,应当对权利发生的要件事实负举证责任;反驳权利存在的当事人,应当对权利限制、权利妨碍或者权利消灭的要件事实负举证责任。

权利发生的要件事实容易识别,例如,一般侵权损害赔偿请求权的要件是有加害行为(作为或不作为)、有损害结果、加害行为与损害结果之间存在因果关系、加害人有过错。这些要件事实就是主张侵权损害赔偿请求权的当事人应当举证加以证明的,如果这些事实不能证明,其请求权便不能成立。

相比权利发生要件事实来说,权利限制要件事实、权利妨害要件事实、权利消

---

① 《民诉法解释》第91条规定:"人民法院应当依照下列原则确定举证证明责任的承担,但法律另有规定的除外:(一)主张法律关系存在的当事人,应当对产生该法律关系的基本事实承担举证证明责任;(二)主张法律关系变更、消灭或者权利受到妨害的当事人,应当对该法律关系变更、消灭或者权利受到妨害的基本事实承担举证证明责任。"

灭要件事实不太容易识别。如果对权利限制、权利妨害、权利消灭抗辩或抗辩权作一区分的话,它们的区别在于权利限制与权利妨害都是承认对方的请求权,但由于抗辩事由的存在阻止对方请求权发生效力,其中权利限制是暂时性地阻止对方的请求权,权利妨害是永久性地阻止对方的请求权。与权利限制、权利妨害不同,权利消灭是承认对方请求权虽曾产生,但由于抗辩事由的存在而归于消灭。①

由上可见,(1)请求权人承担权利发生要件的举证责任,请求权人的对方当事人承担权利限制要件、权利妨碍要件或者权利消灭要件的举证责任;(2)主张抗辩者需要对抗辩的事实承担举证责任,主张否认者不需要对否认的事实承担举证责任,或者说肯定者承担举证责任,否定者不承担举证责任。②

举证责任分配的特殊规则

法律要件分类说是我国举证责任分配的一般性规则。凡有一般,必有特殊。我们还须关注法律、司法解释对举证责任的特殊性规定。《民事诉讼证据规则》第4条列举了八种情况,③我国知识产权法或相关法律上也规定有举证妨碍、举证责任倒置等有利于原告的举证责任分配规则。原告律师在诉讼过程中,可以视情况提出相应的请求。知识产权法上这些特殊举证责任的规定主要有如下内容:

《中华人民共和国商标法》第63条第二款规定了举证妨碍规则:"人民法院为确定赔偿数额,在权利人已经尽力举证,而与侵权行为相关的账簿、资料主要由侵权人掌握的情况下,可以责令侵权人提供与侵权行为相关的账簿、资料;侵权人不提供或者提供虚假的账簿、资料的,人民法院可以参考权利人的主张和提供的证据判定赔偿数额。"

《中华人民共和国专利法》第61条第一款规定了侵犯方法专利权的特殊举证责任:"专利侵权纠纷涉及新产品制造方法的发明专利的,制造同样产品的单位或者个人应当提供其产品制造方法不同于专利方法的证明。"

《中华人民共和国反不正当竞争法》第32条规定:"在侵犯商业秘密的民事审判程序中,商业秘密权利人提供初步证据,证明其已经对所主张的商业秘密采取保密措施,且合理表明商业秘密被侵犯,涉嫌侵权人应当证明权利人所主张的商业秘密不属于本法规定的商业秘密。"(第一款)"商业秘密权利人提供初步证据合理表

---

① 王新平:《民事诉讼证据运用与实务技巧》,中国民主法制出版社2017年版,第25~27页。
② 凡有通常,必有例外。按照法律要件分类说,诉讼时效已过属于权利妨害,被告照理应当对诉讼时效已过的事实承担举证责任。但依照最高人民法院诉讼时效司法解释的精神,义务人只需提出诉讼时效抗辩即可,并不以其有证据证明诉讼时效期间已过的事实为必要,权利人有责任证实自己主张的权利在法律保护期限内。由此可见,抗辩者并非一律承担举证责任。王新平:《民事诉讼证据运用与实务技巧》,中国民主法制出版社2017年版,第31~32页。
③ 这八种情况中少数属于举证责任倒置,如因新产品制造方法发明专利引起的专利侵权诉讼、环境污染责任诉讼、共同危险责任诉讼;大多数属于对法律构成要件的进一步解释或具体化,并非举证责任倒置,如高度危险责任诉讼、物件损害责任诉讼、饲养动物责任诉讼、缺陷产品责任诉讼、医疗损害责任诉讼。

明商业秘密被侵犯,且提供以下证据之一的,涉嫌侵权人应当证明其不存在侵犯商业秘密的行为:(一)有证据表明涉嫌侵权人有渠道或者机会获取商业秘密,且其使用的信息与该商业秘密实质上相同;(二)有证据表明商业秘密已经被涉嫌侵权人披露、使用或者有被披露、使用的风险;(三)有其他证据表明商业秘密被涉嫌侵权人侵犯。"(第二款)

可否撤回已提交证据

在诉讼过程中,有的当事人提交了证据后,觉得反而对己方不利,或者有其他方面的考量,此时当事人可否申请撤回已向法庭提交的证据?在学理上有作者认为,在"辩论主义"诉讼中,应当允许证据提供者在符合一定情形时撤回证据。[1] 最高人民法院民一庭编写的《民事审判实务问答》对此问题也有答案:

对于当事人提出撤回已提供的证据的,应当区分不同情况处理。如果当事人申请撤回的证据尚未送交对方当事人,且所要证明的事实不涉及国家利益、社会公共利益或者他人合法权益的,法院审查后可予以准许。如果当事人申请撤回的证据复制件或者副本已经递交对方当事人,审判人员应当征询对方当事人的意见,对方当事人表示同意的,则应允许其撤回该证据,对此不再加以审查,视该当事人自始未提供该证据,对方不同意的,则不允许其撤回。[2]

在实践中,有原告律师对其提交的证据,当庭表示不举证,被告律师提出抗议。轮到被告举证时,又出示了原告的该证据,原告律师表示抗议,认为这是原告方的证据,被告方无权举证。结果法庭当庭驳回了原告律师的抗议。[3] 这表明,在没有明确法律规定的情形下,在办理诉讼案件时,举证要谨慎,不要发生证据无法撤回的尴尬局面。

举证意见的制作

举证(及质证)意见大纲集"全案证据之精华",系证据交换的关键武器,其中应突出载明重点证据名称、重点证据中需强调的内容、该内容所在证据册的具体页码和行数、证据间的关联呼应、法官和对方可能就该证据提出的质疑及回应等信息。[4]

需说明的是,有的举证意见可以直接体现在证据目录(尤其是证明事实或证明目的)中;有的举证意见则是独立于证据目录,需另行单独制作,以备庭审之需。举证意见(包括电子版)可以提交给法官和书记员,节省庭审时间和记录时间。但要去除不适合提交法院的内容,比如上面注明的对方可能提出的质疑、己方的应对等。

---

[1] 江伟、邵明主编:《民事证据法学》,中国人民大学出版社2015年版,第37页。
[2] 黄有桧主编:《民事审判实务问答》,法律出版社2005年版,第259页。
[3] 王新平:《民事诉讼证据运用与实务技巧》,中国民主法制出版社2017年版,第37~39页。
[4] 胡雅蓓:《带你看一场证据交换庭审背后的博弈》,天同诉讼圈,2018-08-18。

模拟示例：原告举证意见

证据5：(2017)沪徐证经字第××××号公证书

由中华人民共和国上海市徐汇公证处(以下简称"徐汇公证处")根据红星公司代理人的申请，于2016年6月6日在被告泰州红星家居广场有限公司(以下简称"泰州红星公司")经营的"泰州红星家居广场"所作的实地证据保全公证，证明被告泰州红星公司在其经营的"泰州红星家居广场"实施了被控商标侵权及不正当竞争行为，具体包括以下三种情形：

(1) 在商场外墙、宣传海报、出入口、内部装潢、价签等多处使用含有"红星"字号的企业名称，即"泰州红星家居广场"字样；【证据第45页，49页，50页，54页，57页】

(2) 在商场外部宣传海报、内部装潢、价签、物流货运车装潢等多处突出或单独使用"红星家居"字样；【证据第46页，47页，53页，55页，59页】

(3) 在商场外部宣传海报、导购图、物流部工作人员名片等处单独、突出使用"红星"字样。【第47页，52页，59页】

具体使用方式请参见原告提交的图示文件。

(特别说明：上述"红星"等公司及品牌名称系对真实案件的虚拟替代)

法定赔偿也要积极举证

目前，在我国专利法上规定的法定赔偿上限是100万元，在商标法上是500万元，在著作权法上是50万元。虽然法定赔偿是在无法根据权利人受损或侵权人获利(或无法参考许可使用费)计算赔偿数额时，由法官根据案件情况自由裁量。但是，严格意义上讲，法定赔偿不应该是法官拍脑袋拍出来的数字，依然要考虑到证据所反映出来的案件事实。

在确定法定赔偿的数额时，可能需要考虑：

——权利本身的情况。比如，在著作权侵权案件中，要考虑作品的类型、创作高度或知名度、保护有效期、上市销售期限(如电影上映期限)、已有的受保护状况等。

——被告的情况。比如，是制造商还是销售商、侵权人的主观恶意程度、注册资本、经营状况等。

——侵权行为的性质、情节、持续时间、重复侵权等。

——涉案产品的销售状况、分布范围、市场价值等。

——其他情形，如侵权人是否有抗拒证据保全的行为等。

因此，原告律师仍然应当积极举证，以全方位展示案件事实，即使缺乏财务资料,仍然可以说服法官往法定赔偿的上限判赔。更何况,在司法实践中,可以通过举证,让法院的判赔突破法定赔偿上限。

《北京市高级人民法院侵害著作权案件审理指南》(2018年4月20日公布)第8.4条明确指出,无法精确计算权利人的实际损失或者侵权人的违法所得时,可以根据在案证据裁量确定赔偿数额,该数额可以高于法定赔偿最高额。此即裁量性赔偿方法之应用。

法院的判例也表明,可以根据侵权情节和在案证据,结合适用举证妨碍和法定赔偿原则,在法定赔偿最高额以上确定赔偿额。比如:在SAP股份公司提起的侵害计算机软件著作权纠纷案中,合议庭根据被告收取培训费的数量推断被告复制原告软件的数量,并推定其对原告造成的损害已超出法定最高赔偿额为50万元,故酌定赔偿额为118万元;在兄弟工业株式会社提起的工业缝纫机专利侵权纠纷案中,在案证据显示被告因侵权行为获利远高于法定最高赔偿额为100万元,故综合涉案专利对产品获利的贡献率及案件的其他情况,判决被告赔偿原告损失550万元。①

举证期限内的程序问题

虽然目前法院对民事案件的举证期间并不严格限制,甚至可以说是十分宽松。但在举证期间内,就有关程序等事项及时和主审法官保持沟通仍然有必要。

——申请延期举证。如果举证时间紧张,可以向法院提交书面的延期举证申请。

——申请法院调查取证或申请调查令。通常,申请调查取证应当至少在举证期限届满前7天向法院提出书面申请。对于难以调取或收集的证据,应该设法与法官沟通解决方法而不是主动放弃。

——申请法院进行证据保全。申请证据保全应当至少在举证期限届满前7天向法院提出书面申请。

——申请证人出庭作证。申请证人出庭作证应当至少在举证期限届满前10天向法院提出书面申请。

——申请司法鉴定。一般在举证期限内向法院提出申请。

——申请专家出庭。应在举证期限内向法院提出申请。

8.1.2 举证的主要原则

体系化原则

一审举证是从诉讼请求出发,向法官展现案件的事实全貌,并通过完整的证据

---

① 陈惠珍:《破解知识产权侵权损害"赔偿难"的司法实践》,《中国知识产权》,2018年第20期。

链条使法官形成内心确认,这对证据组织的全面性提出了较高的要求。证据组织体系化思维包括依时间顺序进行、依争议焦点进行、依法律构成要件进行,借助证据组织的内在逻辑,使之形成完善的证据体系,以提升证据的整体证明力。

分类管理原则

每一类证据可以分为目录内证据、不提交证据、储备性证据。

——目录内证据,为主动提交法庭,并在证据目录上列明的证据。目录内证据也应当按照支持诉讼主张成立所需的证明要素,进行证据分配和归类,并区分核心证据和辅助证据。

——不提交证据,为非法庭强制否则不提交的证据,比如作为被告的财务资料一般不会主动提交。

——储备性证据,为依被告抗辩和法庭指示的需要而补充提交的证据。如果举证只需要达到最低限度标准,剩余的证据也可以作为储备证据。储备证据应按法庭可能出现的新问题进行分类,保证在需要时能够及时准确地调取。

在开庭前,有时不清楚对方当事人是否提出某项主张或抗辩,是否提交某些证据。因此,当事人的部分证据可能需要根据庭审情况决定是否提交。有时为了避免对方用专业术语误导或狡辩等,需要提交一些证明材料,比如商品分类表、中国药典(如说明氧化铁是药用辅料),以便随时查证,因此,储备性证据的准备,其实是证据实务中的常规工作。

精简原则

一个案件的证据有优劣及证明效力高低之分,证据体系化也不是要求证据越多越好。证据数量多并不代表证明力大,证据数量少也未必表示证明力不大。证明力源于证据的"质",源于证据的分量。西方有句法谚:证据在其分量,而不在其数量。[①]

因此,提交证据也要有取舍,不是每一份证据都是必须提交的。律师应当运用专业和经验去判断证据的好坏,通过甄别和筛选,择优选出最能为案件目标服务的证据。尤其是对于重复的、具有相同证明作用的证据,要将其尽量精简,只提交其中的一份或几份证明效力最高的证据。过于重复的证据会增加法官的工作负担,让法官无法快速精确地了解己方证明目的。[②]

证明力优先原则

就待证事项,(1)直接证明效力优先。具有直接证明效力的证据,显然优于仅

---

① 王新平:《民事诉讼证据运用与实务技巧》,中国民主法制出版社2017年版,第17页。
② 宋迅:《诉讼律师如何打好庭审这场仗》,惟胜会,2016-09-02。

具有间接证明效力的证据;(2)最高效力等级优先。首先使用效力等级最高的证据予以证明。即使在同一组证据中,也应当兼顾证明力大的在先、证明力小的在后,主要证据在先、次要证据和补强证据在后的结构排序。

依来源不同,证据按证明力由高到低如下排序:
- 含有对方自认内容的证据;
- 法庭依职权独立调取的证据;
- 法院的生效裁决;
- 国家机关持有或出具的证据;
- 公证机关公证的证据;
- 案件当事人共同确认的证据;
- 普通第三方持有或出具的证据;
- 案件一方当事人单方制作的证据。①

瑕疵预检原则

举证前的风险评估、利弊权衡是一项基本的作业程序。但不要忘记,举证(未必是举证不当)所带来的不利影响有可能会在将来的其他案件中爆发。律师在举证前应当客观分析所举证据可能带来的负面效应。

一方面,有的证据或证据链可能本身存在瑕疵,需要仔细核查。比如,有的商标侵权案件,原告提供的商标使用证据都类似于象征性使用,服务商标未使用在店面门头,而是在电灯、空调开关上方使用。如果不预检这类证据,并完善证据链,庭审时很可能就会成为对方进行抗辩的利器,导致原告庭审局面的被动。

另一方面,有的证据可能具有两面性,是一把"双刃剑"。它可以起到证明己方某一说法的作用,但同时可以为对方所用。比如,销售发票等财务证据可以支持当事人专利技术"在先使用"抗辩的主张,但同时也会暴露当事人涉案产品的定价策略甚至利润率,此时,是否要出示该份证据,就需要权衡利弊、再三斟酌。

预判反制原则

诉讼是一场博弈的游戏,己方证据同样需要接受对方的质证。在向法庭提交证据之前,不妨对自己要提交的证据进行换位质证,以此审核一下这些证据是否经得起对方的质疑,如何对对方的质疑进行解释和回应,是否会产生反而对己方不利的情况等,以此避免举证的失误,以及庭审质证的被动。②

除充分考虑对方当事人可能采取的质证策略外,可能提出的质证意见,并考虑到相应的应对策略及完善方案,还要考虑法官针对所举证据会提出什么问题或

---

① 参见张健:《律师举证质证指引》,iCourt 法秀,2014-09-18。
② 杨永东:《庭审如何有效质证》,高杉 LEGAL,2019-01-03。

要求。
- 站在对方的角度,对己方证据可挑出哪些瑕疵,并做何应对?
- 反驳证据该在哪个环节提出为佳?
- 哪些证据可以视庭审情况特别是对方陈述情况而决定提交或不提交?
- 对于法官提出的进一步补充证据的要求(通常是庭审时提出)该如何应对?是一味抵制还是一味顺从?

专栏:举证的风险

面对权利人的诉讼攻击,被告如何举证,有时并不是一件容易的事情。任何一个合格的律师都清楚,不是所有的证据都可以拿到法庭上去"坦诚相见"。律师必须为当事人考虑:提交该证据是否会对当事人产生不利的影响或后果?

有时,一份证据虽然有利于被告的主张,但同时又是一把"双刃剑"。比如,被告的证据虽然可以拿来支持现有技术抗辩,但又暴露了价格或利润,如果最终被法院认定现有技术抗辩不成立,仍然构成专利侵权,那么这份证据极有可能会被法院作为计算赔偿数额的依据或参考因素。

再如,在新产品方法专利侵权诉讼中,被告要证明自己没有使用原告的专利方法,可能需要提交自己使用的生产工艺,然而又担心原告可能因此而掌握了自己更加先进的工艺技术,甚至担心自己的技术秘密由此泄露,或者因丧失了新颖性而在将来无法获得专利授权。

这种担心不无道理。上海市高级人民法院已经在张长顺与永莹辉贸易(上海)有限公司侵害外观设计专利权纠纷一案[(2012)沪高民三(知)终字第3号]中明确指出,如果向法院提供的证据载有技术方案或外观设计,在没有保密要求时可以视为已经"公开":

"被上诉人张长顺主张现有设计抗辩的依据是其提交的一份载有MD0447A-1型灯具产品的照片的产品图册,该产品图册早在2005年郑州中院审理(2005)郑民三初字第117号一案的过程中已在法庭上经过举证和质证,且记录并归档于该案的卷宗资料中",因此,"在2005年郑州中院开庭前至少开庭时已经公开。"其理由是:"……第三,东莞莹辉公司(案外人,作者注)将该产品图册作为证据向郑州中院提供,该证据应当交换给案件的当事人张长顺,不承担保密义务的张长顺获得该证据副本时,该产品图册即意味着公开。第四,该产品图册在2005年郑州中院的公开开庭中被作为证据出示,不承担保密义务的公众想要得知该产品图册,就可以通过旁听庭审而获知该产品图册上的相应设计内容,从而使该产品图册处于能够为公众得知的状态。第五,该产品图册记录并归档于该案的卷宗资料中,2005年郑州中院相应案件审结后,不承担保密义务的公众在履行一定手续后就能够从郑州中院的案件卷宗中获得该产品图册,这也使该产品图册处于能够为公众得知的状态。"

不过，前面这些举证的担心似乎还不是什么大问题，因为尚有选择余地或应对措施。特别是对于泄密的担心，完全可以向法院请求不公开审理或不公开质证，以及要求对方当事人及代理人签署保密承诺书。真正让人进退两难、骑虎难下的，是那些可能决定案件判决走向，却又埋藏着巨大风险的证据，到底是提交呢，还是不提交呢？

因商标近似而发生的商标行政确权案件或商标民事侵权案件中，最容易遇到这种状况。在前不久一起商标行政确权案件中，发生争议的两件商标在外观上相差无几，又指定注册在大致相同范围的商品上，但拜商标审查员漏审所赐，它们都被核准注册了。过了几年，在先商标的注册人请求无效在后的注册商标，在后商标的注册人抱着主张"商标共存"的希冀，提交了几十组使用证据（不乏证明销售地域广泛、使用时间较长、销售业绩颇丰的证据），试图证明其商标使用较久，且颇有名气，应允许继续共存，如同几枚"鳄鱼"商标共游神州一般。不幸的是，终究无力回天，在后的商标注册还是被无效了。

显然，在后商标的注册人如果不举证证明自己的知名度，其商标注册被宣告无效是板上钉钉的事情，但是提交大量的使用证据，又面临着巨大的不确定性，一旦商标注册还是被无效，那么这些使用证据已经落入在先商标注册人之手，届时必然会被直接作为侵权索赔的证据。

由此可见，举证可能带来的不利影响，未必一定显现在本案中，它可能会在将来的其他案件中爆发出负面的影响。而且举证（甚至未必是举证不当）所带来的负面影响，不仅表现在赔偿计算上，还有可能直接对他案的侵权定性发生重大影响。

事实上，即使是权利人作为原告发起诉讼，在提交证据时也要小心翼翼。因为今天你是本案原告，说不定明天就是另案被告。在一起实用新型专利诉讼中，原告起诉被告侵犯专利权，谁知道被告就涉案产品反而更早地申请并获得了实用新型专利。最后，自然是剧情反转，被告反而将原告诉至法庭，并直接援引原告当初提交的生产销售等证据，主张侵权赔偿。当初原告提交那么多的生产销售证据，无非是想多讨些赔偿，结果搬起石头砸到了自己的脚。当然，本案原告在诉讼前显然也没有检索评估自己专利的有效性，更没有调查被告的专利拥有情况，否则就不会自投罗网了。

在具体的诉讼中，如何决定是否提交证据，如何选择提交证据，以及提交证据后如何降低其负面影响，当然要因案而异、因地制宜，并周全考虑、权衡利弊。在举证前必须始终不忘证据提交的风险评估，是一项基本的作业程序，特别是对那些既有利于己方，又有利于对方的"似是而非"的证据，更需要充分评估、权衡再三。

需要进一步强调的是，审视举证风险的视野不要受困于当事人正置身其中的案件，一定要跳出本案去思考、预防或避免举证不当（甚至是恰当举证）所引发的风险。这里提供两个参考性的建议或提示：

1. 未雨绸缪的证据准备。在实践中，不少版权许可的合同都有两个版本，一个是完整的协议，另一个是简化的"授权书"。"授权书"只是记载了诸如授权的双方主体、授权的作品（或作品清单）、授权的权利内容、授权的使用方式、授权的区域及期限、被授权人有无诉权等简单内容,而其他价格信息、合作方式等皆被省略,因此其篇幅甚至只有半页纸。一旦发生第三方侵权,被授权人起诉时只需要提交该授权书即可完成其"权利主体资格"的举证任务,而完整的合同文本作为商业文件,并未因此向被告披露(对方可能是同业竞争对手)。

2. 评估是否存在潜在案件。比如,权利人使用的是组合商标,其中一半自己拥有注册商标,而组合商标的另一半被江苏一家公司注册了(历史原因暂且不表)。当权利人打算起诉浙江的侵权人侵害其注册商标专用权时,就要考虑清楚了,因为一旦启动诉讼,权利人在本案提交的所有证据,最后都有可能被江苏公司拿来打自己的脸。"瞻前顾后"的窘境,迫使权利人考虑再三后放弃了对浙江侵权人的直接诉讼,只能另辟蹊径、另谋出路。

——摘自袁真富:《举证的风险》,《中国知识产权》,2016 年第 3 期。

8.1.3 证据管理精细化

时间管理

立案后应当制定计划表,最好在法院指定的举证期限届满前一周完成证据材料的准备工作,以便有时间对证据进行审核,发现错误,或者补充遗漏证据。如果时间紧张,应当向法院申请延期举证。

还要留出时间对证据进行整理、分类、复印、装订和寄送。对于外地的客户,或者在外地进行证据保全的,更要留出足够的时间进行证据准备。

证据提交后,可以在预期送达的时间向法官电话确认是否收到证据。在开庭前未收到对方证据的,也可以打电话给法官确认其是否收到并寄出对方的证据。

证据原件

证据组织时应当向当事人逐项确认证据有无原件。为了避免证据丢失的风险,原则上尽量不要保留客户提供的证据原件。确需律师保管或需开庭携带原件的,应当在庭后及时归还客户。

证据扫描

对证据材料最好进行扫描,一方面,方便四处奔波的律师放在电脑或手机中进行阅读;另一方面,也方便办案团队内部分享信息,以及后续的存档调取。

色彩管理

在每份证据前可以粘贴不同颜色的序号标记,以方便律师庭审查阅。对于证据材料,包括法律法规、类案研究,可以在重点部分用荧光笔突出显示,不仅方便自已查阅,而且方便法官审阅。比如,律师提交给法庭一大沓财务资料的证据,应当把哪一页有重点数据,哪一个数据需要特别注意,进行显著标注。不能让法官一一核对几十页上百页的资料,替你找出来哪个数据对你有利。

遗漏检查

在初步做好证据的准备工作之后,应当对所有准备提交法院的证据进行检查,防止有重要的证据遗漏。证据一旦遗漏,很可能就无法与其他证据形成证据锁链,不但使其他相关证据也失去其价值,而且无法达到预期的证明目的。而防止证据遗漏最好的方法之一,就是制作证据目录或证据清单进行查核。[①]

证据提交

立案后的证据提交,一般采用邮寄的方式,给法官的证据材料不建议装订,便于法院后期归档(否则还要费劲儿地拆装)。邮寄前应当仔细核对法院地址,以及承办法官的姓名,以免无法寄达。传票上的承办法官签名不清楚时(比如是"杰"字,但草书容易视为"杏"),应当借助网络检索手段确认,或者电话确认。如前所述,最好在寄出证据后,和法官确认是否收到证据。

8.1.4 赔偿主张6步法

近年来,中国知识产权大案要案频频发生,索赔金额屡创新高,而判决金额也节节高涨。广东高院已经一审判决出14.4亿元人民币的天价赔偿,各地法院数百万、数千万的赔偿更是应接不暇。如何探寻知识产权侵权损害赔偿的真相?提高侵权赔偿额的举证策略知多少?高额赔偿案件的证据都来自哪里?

2017年5月,在北京君策知识产权发展中心和上海大学知识产权学院联合举办的第5期"IP Share:知识产权侵权损害赔偿实务"研讨沙龙上,来自北京万慧达(上海)律师事务所的合伙人苏和秦律师,介绍了标识类知识产权侵权损害赔偿的6个步骤。鉴于该侵权赔偿主张的经验颇具代表性,兹撷其精要,以飨读者。

STEP 1:如何确定赔偿主张?

在法定赔偿、权利人受损、侵权人获利这几种方法之间,如何抉择?

出现以下8种情况,建议选择法定赔偿:

- 涉及驰名商标的跨类保护(在不相同也不相类似的商品上保护)。
- 涉及注册商标在类似商品上的保护。
- 原告的财务数据不宜披露。
- 案件侵权认定存在较大争议。

---

① 宋迅:《诉讼律师如何打好庭审这场仗》,惟胜会,2016-09-02。

- 权利人的注册商标没有投入使用。
- 权利人的注册商标使用较少。
- 被告不正当利用原告商誉的故意不明显。
- 有历史或其他客观原因（如老字号冲突）。

不存在上述 8 种情况，且同时满足以下情况的，则建议选择按照权利人受损或侵权人获利主张赔偿：

- 权利人商标具有很高的知名度；
- 被告的侵权恶意明显；
- 被告的侵权规模巨大，等等。

STEP 2：如何确定赔偿主张（侵权获利）的计算方法？

实践中，按权利人受损来主张赔偿，往往存在障碍，因为很难证明权利人因侵权受到损失，或者受到了多大的损失，因此，主张侵权获利的更为常见。

侵权获利的计算方法主要有：（1）侵权产品销售数量×单位利润；（2）侵权产品销售收入×营业利润率。在确定收入或利润时，可以采用市场假定法、可比价格法、行业平均法等经济或会计分析方法。

STEP 3：如何确定计算侵权获利所需的信息？

如何确定单位利润及营业利润率？可以按照（1）侵权产品的单位利润或营业利润率；（2）权利产品的单位利润或营业利润率；（3）行业平均单位利润或营业利润率；（4）同行业第三方产品的单位利润或营业利润率来计算。

其中，权利产品或同行业第三方产品单位利润或营业利润率，可以通过以下信息来源获取：（1）权利人年度财务审计报告；（2）权利人产品营业利润率或单位产品利润专项审计报告；（3）上市的同行业第三方公司财务报告；（4）行业主管部门或行业协会公布的行业平均利润率或平均单位利润；等等。

对于侵权产品的销售数量、销售收入或营业利润率，可以查询的信息来源更广泛，包括以下方面：

- 侵权人上市年报（包括 A 股、港股和新三板）；
- 侵权人向市场监督管理局（工商局）报备的财务资料；
- 侵权人向税务局报备的纳税财务资料（包括增值税发票清单）；
- 侵权人向海关及商检报备的进出口资料；
- 阿里巴巴、淘宝、天猫、京东、苏宁云商等电商平台保存的侵权销售数量或收入数据；
- 侵权人或其相关负责人宣传或陈述的销售数量或收入；
- 侵权人向会计师或税务师事务所提供的审计资料；
- 侵权人向发改委、经信委、科技局、市场监督管理局（质检）申报荣誉（著名

商标、知名商标)、政府奖励资助时提交的财务资料;
- 侵权人向行业协会申报排名时提交的财务资料;
- 侵权人的银行流水记录;
- 侵权人的上下游合作商所持有的与侵权产品有关的财务资料,如原酒、鞋底、化工原料等;
- 侵权产品配套合作商处与侵权产品有关的财务资料,如包装盒、防伪标志等。

STEP 4：如何收集前述财务资料信息?

——**律师自行收集**。包括听取权利人市场部门关于行业及产品市场规模、竞争格局、经营方式及侵权人销售规模、销售地域、销售方式等背景情况介绍;听取权利人财务部门关于行业及产品的背景财务知识及线索介绍;指导财务部门收集和提供权利人产品利润率的财务资料;图书馆检索、网络检索;研究侵权产品财务数据可能需要报备或提供的机构,等等。

——**申请公证保全**。包括多次购买公证,关于生产规模、销售网点的公证,关于销售规模的电话录音公证等。

——**申请法院调取证据**。包括向侵权人可能报备/提供财务资料的机关、协会或中介机构调取,向阿里巴巴、京东、天猫等平台调取,向侵权人开户行、上下游合作商调取,等等。

——**申请法院保全证据**。申请和采取保全措施前要进行必要的调查,这样申请法院保全证据获得同意的可能性更高一些。

——**申请法院责令侵权人提供**。证明侵权人应该保留有完整的财务资料,证明侵权人有能力提供,但拒不提供,进而多次申请或提醒法院责令侵权人提供财务资料。

——**经济分析和司法审计**。如有可能,请评估师或会计师事务所对侵权人提供的财务资料进行分析。

STEP 5：如何确定可影响法官采信的因素?

如何确定哪些因素可影响法官采信权利人提交的侵权获利证据及其计算方法?当然,这首先依赖于权利人的充分举证。在以下情形下,法官更容易采信权利人提交的侵权获利证据及其计算方法：

——侵权定性不存在争议

——侵权人侵权故意明显

——侵权人营业利润的计算方法符合法律规定和会计规则

——提供最保守的计算方法(亦算出赔偿金额超过诉请主张)

——权利人对于赔偿主张意志坚定

——权利人积极说服法官适用举证妨碍规则

——销售收入及利润数据的来源相对权威、客观

STEP 6：如何说服法官积极适用举证妨碍规则？

首先，穷尽诉讼程序上的可能性，"创造"使侵权人妨碍举证的条件。例如：向法院申请证据保全侵权人财务资料、申请法院调取证据、多次申请法院责令侵权人提供等。

其次，积极研究、援引同一法院或上级法院等适用"举证妨碍规则"的先例。如在"雅马哈"商标侵权案中，侵权人拒绝按照法院要求提供财务资料，法院最终作出不利于侵权人之推定。[①]

最后，权利人积极尽力举证。按照 STEP 1～STEP 5 的步骤，积极收集证明权利人受损或侵权人获利的证据；并证明侵权人有能力提供，但是拒不提供。

8.2 质证准备

8.2.1 质证概述

质证是庭审的核心

质证是庭审中一个十分关键的环节，是揭示案件真实情况、保障当事人诉讼权利、限制法官自由裁量权的有效方式。庭审是整个诉讼环节的核心，而质证又是整个庭审的核心。对于证据的质疑与确认，直接关系到法官对事实的判定，进而影响最终的诉讼结果。

不少案件的律师或者不专业、不敬业，或者为了防止对方针对性准备，将证据目录简化成了证据清单，没有证明事实（内容）或证明目的。律师需要站在对方的角度，结合对方提供的证据材料判断其证明事项或证据目的为何。如此操作，并不值得鼓励。

听取客户的意见

对法院送达的对方当事人证据，应当及时提交客户并组织核实，然后向客户了解如下情况：

- 向客户充分了解证据的形成过程和背景，如果客户知道；
- 向客户了解证据的真实性，评估对方是否能够出示证据原件；
- 向客户确认是否同意对方当事人的证明目的；
- 听取客户对该等证据的综合性意见。

根据向客户了解的情况，确定对方当事人所提交证据中哪些属于证明其主张的关键性证据，哪些是影响我方主张事实的关键性证据。然后充分评估该证据对案件处理结果的整体影响。

---

① 雅马哈发动机株式会社与浙江华田工业有限公司商标侵权纠纷案，最高人民法院（2006）民三终字第1号民事判决书。

围绕对方举证调整策略

诉讼是一个充满了针锋相对的过程。答辩状 vs. 起诉状,举证 vs. 质证,法庭辩论更是唇枪舌剑,因此,一旦收到对方的证据,必然会根据对方当事人的举证情况,进一步完善自己的举证策略、举证意见,并收集新证据,制订反制策略。同时,也根据对方的举证情况充分准备代理意见、辩论意见等,持续完善和优化诉讼方案。

庭前证据交换的信息披露考量

在实践中很多法院为提高庭审效率,往往先让法官助理(也有可能由庭审法官)主持庭前证据交换(或庭前会议),让当事人就支持各自诉讼请求的证据出示给对方,并由对方对所出示的证据发表意见。通常也要求双方当事人一并发表举证或质证意见,但会要求仅限于事实问题,不展开辩论(尽管有很多当事人和律师分不清楚调查和辩论的区别)。

但有的律师错把庭前证据交换当作正式庭审,甚至视之为法庭辩论,滔滔不绝,诉讼策略方向与质证攻击点和盘托出,提前暴露无遗,为对方律师充分准备正式庭审提供了不少启发和思路,甚至让对方律师知悉了其之前根本没有想到的抗辩点。当然,从法官的角度,他倒也不希望出现辩论意见突袭,否则法官需要对突袭的内容进行临场应变,可能原本的庭审计划就打乱了。

需要说明的是,民事诉讼法修改后差不多变相废除了举证期限,在这种制度下,证据突袭变得没有多大的意义,因为法官必然要给另一方当事人相应的补充证据的机会。因此,在庭前证据交换时隐藏部分证据的意义并不大。当然,在庭审时进行证据突袭也可能会有好处,对方当事人因事先没有准备,可能会透露案件真实情况,或者做出自认。但在对方聘请有一定水平律师的案件中,获得这种"好处"可能就微乎其微了。

不要为了否认而否认

实务中,有些律师的质证意见过于牵强,说服力不强。特别是对于证据的真实性的问题,有的律师即使看过对方拿出的政府机关批文原件,还在嘴硬:"无法确认真实性"。总体上,还是要承认客观事实,不要为了否认而否认,否则非但起不到削弱对方证据证明力的目的,反而影响了自己在法官心中的诚信度。

对证据信息的充分发掘

通常,一份证据蕴藏着丰富的信息。只看到表面信息,是远远不够的,必须仔细审核,详加揣摩,发掘该证据背后所隐藏的深层信息,有时会有出其不意的发现。①

---

① 杨永东:《庭审如何有效质证》,高杉 LEGAL,2019-01-03。

专栏：细节是魔鬼

"法官请看，就是这里，这里有洞！"

在美国律政剧《法庭浪子》中，有这样一个剧情：对方证人的证言无懈可击，律师黔驴技穷之际，发现一份主要文件复印件的左上角有一道黑杠，显然是在订书针未取下时复印的。律师马上逼问证人是否存在另外一页文件，结果对方证人当场崩溃，还咬出了己方律师教唆其作伪证的事实。

正是在最高人民法院的法庭上，我们经历了与电视剧极为相似的一幕。在庭审中，对方当事人提出了一份只有一页纸的新证据，这是一份我方当事人发给对方函件的最后一页，盖有我方的公章。据我方当事人称，这份函件一共有3页，如果单看第3页的内容对我方不利，但是与前两页的内容结合起来，对我方是较为有利的。对方只提交了对自己有利的第3页，而第3页的内容恰好与前两页相对独立。

在法官的要求下，对方当事人出示了这页纸的原件。我们注意到其左上角有两个小洞，明显是拆除订书针留下的痕迹，同时右下角有一个"3"，是页码。天同的出庭律师当即举着文件冲到法官面前，将文件上的小孔和页码展示给法官看，几乎将文件贴到了法官的鼻尖。法官很快要求对方做出解释并提供文件的其他部分。对方当事人表示这份文件只剩一页，前两页的内容记不清了。我们立即表示这种说法不能成立，法官也表示要保证证据的完整性，不能只截取一部分提交。最终，对方当事人仍然只是重复这一页证据的内容对我方不利，直到庭审结束也没有提及其他两页的内容。

——摘自杨骏啸：《质证细节：真实的法庭大逆转！》，天同诉讼圈，2014-07-03。

8.2.2 质证方法

证据"三性"的质证顺序

《民事诉讼证据规则》第50条对证据"三性"的排列顺序是真实性、合法性、关联性，但是关联性、合法性和真实性的排列，更能反映法庭质证和认证的逻辑顺序。对于当事人提供或者法庭调取的证据，在质证中，首先应当分析证据与待证事实是否相关，如果不具有关联性，则提出异议；再进一步分析证据是否具有合法性，如果不具有合法性，则提出这方面的异议；再进一步分析证据是否具有真实性。只有具备关联性，证据才可以进入诉讼的"大门"。合法性是对具有关联性的证据的价值判断，其目的是排除非法证据。[①] 当然，前述的质证顺序只是遵循法律上

---

① 王新平：《民事诉讼证据运用与实务技巧》，中国民主法制出版社2017年版，第48～51页。

的逻辑性,在庭审实践中倒未必一定要先质疑关联性后,才能质疑合法性与真实性。

证明力是证据的灵魂

证明力问题是质证的重头戏,有人比喻"证明力就是证据活的灵魂"。对于真实可靠的证据,能否足以证明所要证明的案件事实,双方仍然可以提出质疑。庭审中,如果仅对证据"三性"进行质证,不对证据证明力的有无或者证明力的大小进行说明、辩驳,这样的质证并不全面,而且对证据的审查判断工作也不算完成。审判实践中,也常常会遇到这种情况。当事人明确表示,对证据的"三性"均无异议,但对其证明的内容有异议,认为某证据对待证事实不具有证明力或不足以证明待证事实。后半部分的质证意见,实质就是对证据证明力发表的质证意见,这部分意见是无法确切地归结到"三性"当中的任何一性的。从这个角度看,质证的顺序依次应该是:关联性、合法性、真实性、证明力。①

拆分证据内容质证

对于所涉事实内容较多的证据,三性的符合情况可能交叉混杂,此时不可简单质证,应拆分内容予以质证。因为一概质疑其真实性、合法性、关联性,可能给法官一种不够客观的印象。应当跳脱非黑即白的简单思维,对该证据所涉事实进行拆分,对拆分后的待证事实,联系该证据分别进行质证。

辨别对方是否认还是抗辩

在民事诉讼中,还要识别针对原告事实主张的反驳是否认还是抗辩,这里涉及是否举证的问题。否认是指不承认原告所主张的利己事实,包括直接否认和间接否认。抗辩,是在承认原告所主张利己事实的前提下,附加性地提出一个新的事实。被告可以提出权利限制事实、权利妨害事实或者权利消灭事实进行抗辩。否认者通常不负举证责任,抗辩者通常负举证责任。这一法则最早源于罗马法,"否认者不负举证责任,抗辩者负举证责任"。②

兹以笔迹鉴定的申请为例:原告主张被告(中国籍自然人)系原告的代理商,并在代理期间抢注了原告的一枚商标,为此向法院请求判令被告停止使用抢注的商标。为证明双方的代理关系,原告提交了一份代理合同,上面有被告的英文签名。但被告答辩时否认该英文名字是他自己(辩称原告把对象告错了)。

被告的答辩究竟是一种否认,还是一种抗辩。如果被告的答辩是抗辩,那么他就负有证明自己事实成立的证明责任(比如申请笔迹鉴定);如果认可其答辩是否

---

① 王新平:《民事诉讼证据运用与实务技巧》,中国民主法制出版社 2017 年版,第 51~52 页。
② 同上书,第 29 页。

认,被告则无须提出证据证明,不承担举证责任。被告不承认其系该代理合同的签约一方,实质是对代理事实的否认,而不是一种抗辩。根据"否认者不负举证责任"的证据理论通说,被告无须承担举证责任。

发现对方的自认事实

对于对方提交的证据,在未经详细审查之前,不宜忙着予以否定。经常存在一方急于想证明某种事实,而忽略了证据中可能对其不利的情形,此时可以善加利用。因为一方当事人在法庭审理中,或者在起诉状、答辩状、代理词等书面材料中,对于自己不利的事实明确表示承认的,另一方当事人无须举证。除非当事人有充分证据证明其自认与事实不符,才不免除对方当事人的举证责任。自认不包括对诉讼请求的承认。对诉讼请求的承认,在民事诉讼理论上称之为认诺,实际上是对权利的自认。

在诉讼过程中,法庭往往主持调解或当事人自行组织和解,为缓和矛盾或力求纠纷顺利解决,当事人会作出一些让步。若达成调解协议或者调解、和解不成,当事人在此过程中的让步是否产生诉讼中自认的效力?《民事诉讼证据规则》第67条明确将其排除在自认的范围之外,"不得在其后的诉讼中作为对其不利的证据"。《民诉法解释》第107条坚持同样的立场,只是在文字上稍作修改,"不得在后续的诉讼中作为对其不利的根据"。因为调解、和解所作的让步,是让步方为求平息争端而为假定或附条件的退让,与自认者在诉讼中对事实的主动承认具有本质的区别,这种让步当然不得作为自认。[①]

借助经验法则质证

律师不仅要有法律素养,还应当兼备专业常识、道德伦理知识,积累社会经验。社会生活经验,即平常所谓的社会生活常识、常理、常情,它对于判断证据的真实性、证明力等亦大有裨益,此即所谓经验法则——人们从生活经验中总结和归纳出的关于事物因果关系或事物状态的知识。比如,传真机可以自行设定号码,它属于一个专业常识。运用该种专业的常识或知识,将使质证更加具有说服力。

借助于经验法则,不仅有助于证据的判断、事实的认定,而且有助于正确理解和适用法律。比如,在下面的不正当竞争诉讼案件中,针对被告提供的几份所谓"证人证言",原告律师从经验法则出发提出了合理的质疑:

被告该证据第43页与第46页的证词由被告公司不同部门的员工,在不同的时间、在不同的地点分别撰写出具,但从其表达形式、陈述过程到事实细节却惊人的一致。从"我问为何会问这个问题"开始,直至"对此事我给于否定答复并感到此事的严重性"结束这一大段文字,分别占据两份证词2/3以上的内容,但内容完全

[①] 王新平:《民事诉讼证据运用与实务技巧》,中国民主法制出版社2017年版,第17~18页。

相同,甚至"给于"中的错别字"于"也没有修改过,只是把"采购员"换成了"主管","近期"换成了"前几天"。显然,被告无视法律和诉讼诚信,恶意伪造证据,不仅是对原告的继续诬蔑与伤害,而且公然欺骗法庭、扰乱民事诉讼秩序,应当受到相应的法律制裁。

8.2.3 质证内容

质证内容:证据资格和证明力

根据《民事诉讼证据规则》第50条的规定,质证时,当事人应当围绕证据的真实性、关联性、合法性,针对证据证明力有无以及证明力大小,进行质疑、说明与辩驳。可见,质证主要包括两项内容:(1)证据资格(证据能力):俗称证据"三性",即真实性、合法性、关联性。(2)证明力有无及大小:包括其可靠性(从证据来源、内容两个角度分析)、充分性(证据与待证事实之间关联为直接关联还是间接关联、为必然关联还是偶然关联)。对"证明目的"有异议(不能达到证明目的)本质上也是对证据证明力的质疑。

就对方当事人的证据应当进行逐一审核、评估和分析,紧紧围绕证据的三性、证明力及证明目的展开,对证据的来源、形式、效力、唯一性、逻辑与常理符合性、先天缺陷等方面展开质证,着重阐述判断我方的结论及其理由,需提示法庭注意的对方主要证据内容页码、对方证据间的矛盾冲突等。如对于原告提交的3份证人证言,可以质证为"真实性不认可,3份证人证言的内容几乎一致,但证人各在不同的省市,作出高度一致的证言,不符合常理。"

质证意见的类型

质证的内容是指质证主体即当事人对证据进行质证时所涉及的范围,实际是质疑和辩驳证据能力与证明力问题。从内容上看,可以把质证意见分为五类:(1)对证据无异议,即对证据的关联性、合法性、真实性及证明力均没有争议;(2)对证据关联性异议;(3)对证据合法性异议;(4)对证据真实性异议;(5)对证据证明力异议。对后四类质证意见的类型将在后面略加阐述。

好的质证意见,应当逻辑清晰、理据充分、直击要害,并足以降低法庭对对方证据的采信概率。王新平律师、杨永东律师从证据关联性、合法性、真实性、证明力等维度,并结合质证的实务经验,探讨了如何有效地进行质证,如何增强质证理由的说服力,下面兹撷其精要以简介之。[①]

[①] 本节以下内容主要参见王新平:《民事诉讼证据运用与实务技巧》,中国民主法制出版社2017年版,第52～59页。如无特别注释,皆来自该书的内容概括或摘录,特此致谢。

对证据关联性的异议

所谓关联性异议,是认为证据要证明的目的与待证事实不相关,不具有实质性,认为对方提供的证据对于证明待证事实无意义,或不具有证明待证事实的可能。对关联性提出异议,必然要同证明目的或证明对象结合起来。如果不知对方的举证目的,也就难以提出质证异议。法庭有时问当事人,你举这份证据要证明什么,申请证人出庭要证明什么,其实就是在审查证据的关联性。

对证据合法性的异议

所谓合法性异议,是认为证据主体、证据收集方式、证据程序、证据形式不符合法律规定。比如:认为鉴定人员不具有鉴定资格,鉴定意见主体不合法;律师从工商行政管理局,现在叫市场监督管理局摘录的企业登记资料未加盖印章,证据的形式不符合《民事诉讼证据规则》第31条的要求,就可以提出合法性方面的异议;对于将某书籍中的专家观点作为证据提供,我们可质疑它不符合证据的形式要件。当然,违反法定形式往往与违反法定程序搅在一起,在质证的时候,要注意从证据程序、证据形式两方面进行全面分析并提出意见。

对证据真实性的异议

所谓真实性异议,是认为证据非原件、原物,或与原件、原物不相符;认为证人虚假陈述,等等。有些证据,形成于对方当事人与案外第三人之间,我方当事人并不知道,也无法确认这份证据是真是假,此时我们可以说,因为我方并非该证据的当事人,也不知道该证据的形成过程,对该证据的真实性无法确认或无法发表质证意见。因此,对证据的真实性有三种质证意见:一是有异议,二是无异议,三是无法确认或无法表态。

对于证据真实性的质证,通常有以下情形:[1]

——基于对签名、印章真实性的质疑。如对签名、印章的真实性、形成时间等提出质疑。

——基于矛盾律、同一律和排中律等基本逻辑的质证。比如,在民商事诉讼中,当事人对于同一个事实,应当且只应当有一种解释或者描述,而不能同时有另一种与其矛盾或不相兼容的解释或者描述。

——基于事实细节的质证。虚假的陈述或证据,往往经不起推敲和追问。

——基于利害关系的质证。通常用于对证人证言的质证。如证人提供的对与其有亲属或者其他密切关系的当事人有利的证言,其证明力一般小于其他证人证言。

---

[1] 杨永东:《庭审如何有效质证》,高杉LEGAL,2019-01-03。

对证据证明力的异议

所谓证明力异议,是认为对方提供的证据与待证事实没有实质关联,没有证明力;或者证据与待证事实之间关联弱,证明力较小,不能证明对方的证明目的。对于有些证据,仅仅从证据三性的基础维度展开质证,无法找到突破口时,则需要从其他维度,对其证明力进行质疑和打击。

模拟示例:被告质证意见

原告证据50:原告"LEDE"商标在门店使用的照片

被告质证:对该份证据的真实性、关联性不予认可。

原告提交的该份证据是关于第92×××67号"LEDE"商标在位于上海市3家店铺的使用照片。我们认为该份证据未经公证,无法确认拍摄的时间、地点,因此对于该份证据的真实性不予认可。

另外,在原告所提交的3家店铺照片中,只有2家店铺照片有显示时间,且时间均为"2018年11月28日",还有1家店铺照片没有显示时间。而根据被告所提交的证据31和35显示,商评委认定"LEDE"商标在2014年4月17日至2017年4月16日期间没有进行真实的商业使用。退一步而言,即使能够确认照片形成的时间为2018年11月28日,该时间也晚于商评委认定的两商标没有进行真实的商业使用时间。因此被告认为该证据与本案无关,不应被采信。

8.2.4 设问清单

设问清单的准备方向

法庭调查环节,法官都会针对案情向各方发问。同时,也会根据审理案件的需要,给当事人相互发问的机会。律师可以根据案件情况,预备设问清单(提问大纲)。设问清单可以分三部分:

(1) 法官发问。出庭律师可以预设法官发问,在庭前与当事人充分沟通,避免答非所问或不知所答的尴尬局面。法官的有些问题还要特别当心(特别是被告),比如,法官问被告销售被控产品时间有多久?销售数量多少?成本和利润多少?这些问题不能随便回答。

(2) 对方发问。预设对方提问,以防对方挖陷阱,让你陷入不利境地。对于一些不好正面回答的非本案事实的问题,可以借"与本案无关"为由回避之。除对方当事人外,还可以针对专家证人或技术辅助人员、证人准备问题。

(3) 自己发问。律师在出庭前针对性地设计好问题,制作设问清单,根据庭审的实际情况向对方发问。

设问的意义

对于自己发问的部分,尤其要注意揣摩,认真对待。设问有其独特的意义:

——强化己方主张的事实。

——弱化对方陈述的可信度。

——打乱对方阵脚。

对方准备不充分时,回答提问易自乱阵脚,还可能自认对其不利的事实。比如,原告律师出示了被告的一份宣传彩页,显示两个被告实际在同一办公场地,意在证明两被告存在法人混同问题,并当庭询问对方作何解释。结果对方代理人措手不及,并且回答得苍白无力,最后法官在判决书中还特别提及此事并表示也相信两被告存在法人混同问题。①

再如,在沃尔沃商标控股有限公司诉瑞安市长生滤清器有限公司商标侵权案②中,陈惠珍法官撰文指出:

……在该标识上虽有被告客户的公司简称,但如果不仔细辨认,根本无法看出标识上还标注了该公司的简称。在当庭辨认中,即使是被告的代理人,在仔细辨认了数分钟后,也没能辨清上面的文字内容。关于上面有客户简称一节,还是在被告方人员的指点下,在一定角度、对准一定光线时,才可依稀辨认。再说,企业名称应使用全称,只使用简称本身就不规范。可见被告隐匿了真实的产品来源,具有使消费者对滤清器的来源产生混淆的意图。③

假设在此案中,如果原告发现"被告客户的公司简称"无法辨认的事实,即使没有法官提问,原告也可以自行提问,从而进一步揭示对方故意制造产品来源混淆的意图。

8.3 诉讼可视化

8.3.1 可视化:一种诉讼思维

诉讼可视化的兴起

在天同所成立之初的 2003 年前后,就开始推行"两张图"工作法,即每个案件要画两张图,一张"案件事实图",一张"法律关系图",尝试通过更加形象、准确和可视的方式,来呈现复杂的案件事实和法律关系。2011 年,天同所一位年轻的辅庭律师系统性地梳理了天同律师在这方面的实践,总结出了"用图表说话"的基本规

---

① 金振朝:《律师庭前准备实用技巧与庭审注意事项》,卓建律师事务所,2019-03-12。
② 上海市浦东新区人民法院(2005)浦民三(知)初字第 40 号民事判决书。
③ 陈惠珍:《"FOR VOLVO"与商标合理使用辨析》,载《电子知识产权》2006 年第 11 期。

律,并将其上升为处理每个案件时的基础工作方法。①

2017年,由天同律师编写、法律出版社出版的《诉讼可视化》图书终于面世,集结了天同律师对于诉讼可视化的全部理解与全部实践,用真实的案例、翔实的图表,讲述了画好一张诉讼图表的步骤要点,剖析不同案件中不同图表类型的选择和应用。② 时至今日,诉讼可视化、法律检索、模拟法庭成为热门的诉讼技巧,甚至被天同所称为三大"诉讼法宝"。

诉讼可视化的本质

诉讼可视化是以图表等更加可视的形式来呈现案件事实、法律关系,或时间、数据等内容。简言之,诉讼可视化即是图表化。诉讼可视化表面上是一种工具、一种方法,实质上,它是一种诉讼思维方式。

可视化的本质是增加信息接收的维度,即通过添加色彩、线条、距离等维度扩充信息载体的表达力。可视化是一种贯穿整个诉讼的思维,它通过图表来叙说故事,同时为故事构造场景。③

长期从事可视化课程教学的郑玮律师,将他对诉讼可视化的理解,融为三句话。第一句:"诉讼可视化=信息的固定和传递",让诉讼律师的所思所想能够"看得见"。第二句:"诉讼可视化=无形服务的有形化",让诉讼律师的服务过程能够"看得见"。第三句也是最重要的一句:"诉讼可视化=诉讼催化剂"。让律师的专业和努力能够"看得见",让律师以专业赢得诉讼,以专业引人敬意。④

诉讼可视化的价值

诉讼工作的本质和核心都是信息的处理和传递。而可视化能够帮助我们更好地进行信息的处理和传递。诉讼可视化的基本原理:人类更容易理解图表,而不是文字,因此用图表来表达信息,可以起到化繁为简的效果。图表与文字的搭配,更能表达丰富的内涵,如图8-2所示。诉讼可视化的价值如下:⑤

——诉讼可视化可以帮助我们更好地说服法官。在证据繁多、事实复杂的案件中,一张案件事实图,可以让法官不时地对照着翻阅案卷,提升开庭效果。

——诉讼可视化可以帮助我们更好地保障办案质量。不同类型的案件应该画什么图,如何配合需要阐明的不同核心观点设计不同的图表结构,这可以牵引律师深入思考如何高效地向法官传递信息。

---

① 蒋勇:《诉讼可视化:一场诉讼技术的"启蒙运动"》,载蒋勇主编:《诉讼可视化》,法律出版社2017年版。
② 本节的主要内容参考或摘编蒋勇主编:《诉讼可视化》,法律出版社2017年版,特此致谢。
③ 赵宇先:《探秘诉讼可视化》,iCourt法秀,2014-04-09。
④ 郑玮:《看得见的改变——写在iCourt诉讼可视化两周年》,iCourt法秀,2015-05-11。
⑤ 蒋勇:《诉讼可视化:一场诉讼技术的"启蒙运动"》,载蒋勇主编:《诉讼可视化》,法律出版社2017年版。

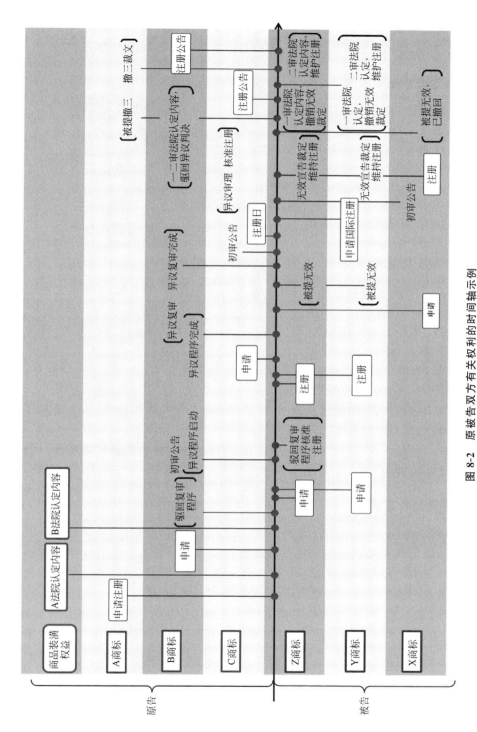

图 8-2 原被告双方有关权利的时间轴示例

本示例由北京万慧达(上海)律师事务所沈美丽律师制作,特此致谢。

——诉讼可视化可以帮助我们获得客户的更多理解。诉讼可视化让律师的工作看得见,而且看起来更有技术含量,可以帮助客户理解律师的工作。[①]

制作图表不是必需的

图表越漂亮,背后花费的时间就越多。而对律师而言,时间永远是稀缺的。可视化只是表现工具,既不是诉讼的最终目的,又不是诉讼的唯一手段,如果制作图表花费的时间太长,就必须考虑它的必要性,在时间和成本之间进行平衡。在每个案件中挑选最值得用图表来呈现的案件事实或法律关系等,不要过度沉迷于可视化的图表制作,本末倒置,反而受累于它。

8.3.2 诉讼可视化的方法论

诉讼可视化的步骤

如何将纷繁复杂的案卷材料转化成简单明了的图表,即诉讼可视化应该怎么做?诉讼可视化方法论分为四步:

第一步,明确图表呈送对象,并根据对象的不同选择合适的图表类型,确定图表的主要内容;

第二步,选择合适的图表类型,即根据案件核心要素——时间、关系或数据,选择相对应的时间图、关系图及数据图;

第三步,筛选内容,即通过全面罗列、逻辑整合及精简内容的方式,确定需要在图表中展现的核心案件事实;

第四步,更好表达,即通过线条、框架和颜色的设计,使得图表在简明美观的基础上,突出绘图者的观点。[②]

明确图表呈送对象

呈送对象不同,决定了是否提交某些诉讼图表。比如,对当事人呈送涉案的诉讼流程图,便于当事人了解和参与诉讼进程;对法官则呈送涉案的行业讲解图表(如涉案药品生产许可的审批图),便于法官了解事实。显然,法官不需要诉讼流程图,而当事人不需要行业讲解的图表。(见图 8-3)

呈送对象不同,决定了选择的图表类型不同。比如,在特定的案件中,可能需要对当事人提供涉案的法律关系图,而对法官则可以提供案件事实图(如案件大事记)。

---

① 蒋勇:《诉讼可视化:一场诉讼技术的"启蒙运动"》,载蒋勇主编:《诉讼可视化》,法律出版社 2017 年版。

② 蒋勇主编:《诉讼可视化》,法律出版社 2017 年版,第 3~4 页。

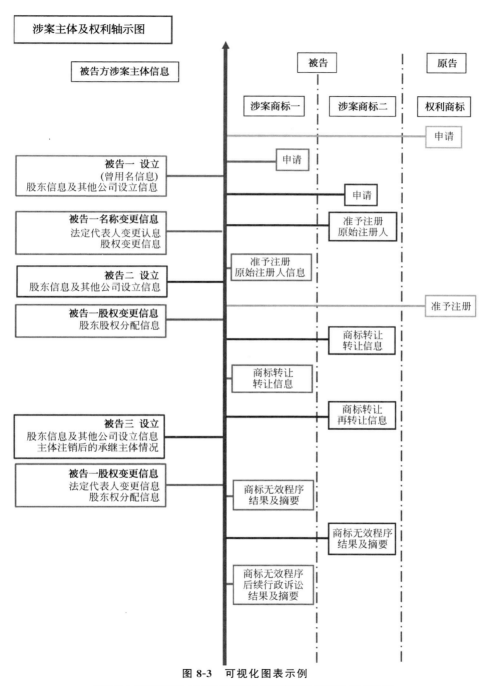

图 8-3　可视化图表示例

本示例由北京万慧达(上海)律师事务所沈美丽律师制作,特此致谢。

呈送对象不同,决定了图表内容不同。比如,对内,为了让客户全面了解有关事实,图表可以翔实,增加细节(但不建议对内制作需要耗费大量时间和精力的复杂图表)。对外,在保证客观公正的基础上,对法官要着重突出己方观点。①

选择合适的图表类型

时间、关系和数据,这三种元素涵盖了所有案件。相对应地,时间图、关系图和数据图,这三种图表类型基本涵盖了案件需要的所有图表。不同的图表类型,其绘制重点及方法均有所不同,需要根据案件呈送的对象和内容的不同,而选择合适的图表类型。②

确定图表的主要内容

确定图表的内容,需要对繁多复杂的案件事实和法律规定进行提炼加工,通常可以分以下三个步骤:③

第一步,全部罗列。对全部案件事实和细节进行罗列,常见的要素包括主体、时间、法律关系等;

第二步,逻辑整合。按照时间或关系逻辑对全面罗列形成的细节图表进行整合;

第三步,精简内容。根据案件事实进行精简,删掉与争议焦点无关的事实。对内容的精简,必须符合整体的诉讼策略。

更好的内容表达

图表的作用,不仅要"赏心",更要"悦目"。如何才能更好地表达?在诉讼可视化领域,可以通过线条、颜色、框架的使用和变换,对文字的处理和布局,来对信息进行突出、强调或淡化处理。④

绘制图表,除合理使用色彩外,构图的整洁与平衡对图表的整体观感也至关重要。构图要遵循四个原则:⑤

——对比原则:把不同元素之间的不同特点更清楚地体现出来;

——重复原则:突出统一,比如,同一类选择同样的要素图形来表现;

——对齐原则:不允许要素图形随意摆放,要选择一侧对齐或居中对齐;

——亲密性原则:把相互联系的元素放在一起,并与其他元素呈现出空间上的距离。

---

① 蒋勇主编:《诉讼可视化》,法律出版社 2017 年版,第 20~21 页。
② 同上书,第 86 页。
③ 同上书,第 86 页。
④ 同上书,第 110 页。
⑤ 同上书,第 119~123 页。

8.3.3 可视化图表的基本类型

时间要素与时间图

时间图适用于核心要素（争议焦点）是时间的案件。在案情复杂的时候，需要对时间图进行加工，让复杂的案件信息能够有序、有效地在图表中排列。制作过程中可以依据主体不同、时间段不同进行合理的横向分层和纵向分层。时间轴线图是呈现时间要素的主要表现形式，除此以外，呈现不同事件先后顺序的流程图也可以使用。[1]

关系要素与关系图

关系图适用于核心要素（争议焦点）是法律关系梳理的案件。关系要素往往通过图表的结构和关键事实予以体现。在法律主体繁多、关系本身为争议焦点、案件事实为各方关系时，可以绘制关系图。对律师而言，要绘制的不是"关系"本身，而是能体现"关系"的事实，并通过这些事实的安排和呈现，突出己方的主张。[2] 绘制关系图要尽量减少线条交叉，避免线条太长，每一类线条的逻辑含义要保持统一。

数据要素与数据图

时间与关系是每个案件都包含的要素，但有些案件的核心争议焦点不是发生时间、先后顺序或法律关系，而是案件事实中的数据要素。需要使用数据图的情形主要有三种：一是数据量非常大，二是存在重要的数据变动，三是需要强调数据间的关系。数据图主要通过表格或折线图来表现。[3]

当然，图表不限于上述时间图、关系图和数据图三种，有时路线图、立体图等也能发挥作用。特别是在专利侵权诉讼中，绘制立体的专利结构图，将专利说明书和权利要求立体化呈现，更能发挥侵权对比的效用。

8.3.4 诉讼可视化的要求

掌握常用的画图工具

作图工具有很多，比如 Visio、illustrator、Mindmanager、Keynote 和 ProcessOn 等。有的直接使用 Word、PPT 或 Excel 也可以画出精美的图表。熟练掌握一两个工具即可，熟能生巧。

---

[1] 蒋勇主编：《诉讼可视化》，法律出版社 2017 年版，第 22~49 页。
[2] 同上书，第 50~56 页。
[3] 同上书，第 65~66 页。

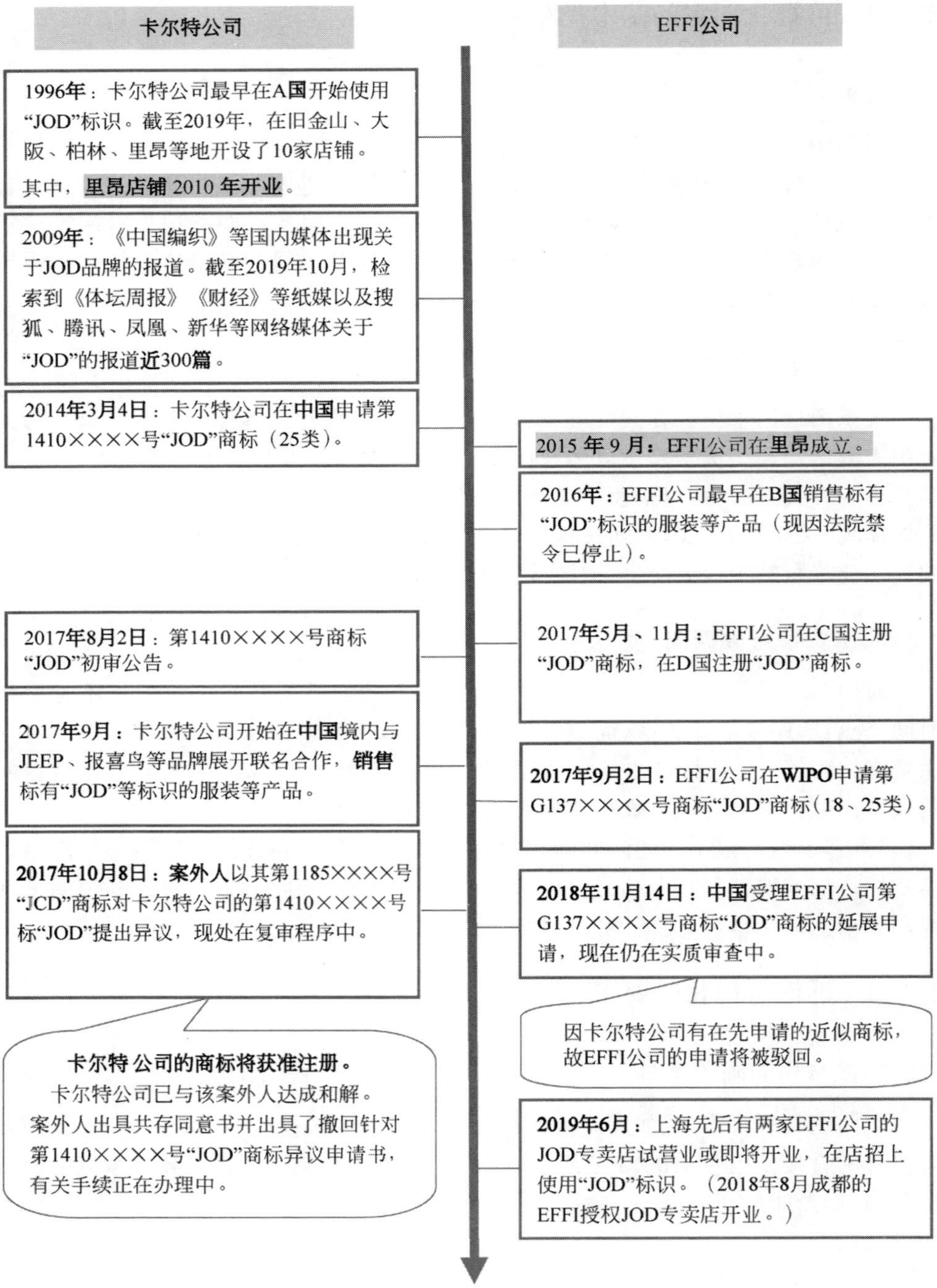

卡尔特公司

1996年：卡尔特公司最早在**A国**开始使用"JOD"标识。截至2019年，在旧金山、大阪、柏林、里昂等地开设了10家店铺。其中，里昂店铺 2010 年开业。

2009年：《中国编织》等国内媒体出现关于JOD品牌的报道。截至2019年10月，检索到《体坛周报》《财经》等纸媒以及搜狐、腾讯、凤凰、新华等网络媒体关于"JOD"的报道近300篇。

2014年3月4日：卡尔特公司在**中国**申请第1410××××号"JOD"商标（25类）。

2017年8月2日：第1410××××号商标"JOD"初审公告。

2017年9月：卡尔特公司开始在**中国**境内与JEEP、报喜鸟等品牌展开联名合作，**销售**标有"JOD"等标识的服装等产品。

2017年10月8日：案外人以其第1185××××号"JCD"商标对卡尔特公司的第1410××××号标"JOD"提出异议，现处在复审程序中。

> **卡尔特公司的商标将获准注册。**
> 卡尔特公司已与该案外人达成和解。案外人出具共存同意书并出具了撤回针对第1410××××号"JOD"商标异议申请书，有关手续正在办理中。

EFFI公司

2015 年 9 月：EFFI公司在里昂成立。

2016年：EFFI公司最早在**B国**销售标有"JOD"标识的服装等产品（现因法院禁令已停止）。

2017年5月、11月：EFFI公司在C国注册"JOD"商标，在D国注册"JOD"商标。

2017年9月2日：EFFI公司在**WIPO**申请第G137××××号商标"JOD"商标（18、25类）。

2018年11月14日：中国受理EFFI公司第G137××××号商标"JOD"商标的延展申请，现在仍在实质审查中。

> 因卡尔特公司有在先申请的近似商标，故EFFI公司的申请将被驳回。

2019年6月：上海先后有两家EFFI公司的JOD专卖店试营业或即将开业，在店招上使用"JOD"标识。（2018年8月成都的EFFI授权JOD专卖店开业。）

图 8-4　请求保护标识与涉案标识使用及申请注册时间轴示例

本图由北京市万慧达律师事务所杜彤律师制作，特此致谢。

在使用画图工具前,先要提炼法律主体、法律关系、时间、数据等要素,思考一下如何构图,可以用铅笔在纸上画出框架,再用电脑制作,然后再慢慢调整修改。(见图8-4)

构图要求:一目了然

"可视化",即"一目了然"。构图要简洁明了,切忌用过于艳丽的色彩和过多的形状,点、线、图形含义统一。构图平衡,留白足够,避免线条交叉曲折,以至于"长途奔袭"。文字和图形要合理布局,避免图表过于拥挤。如果图表不够简洁,不如放弃可视化的方式,或者需要重新思考如何构图。

善用颜色区分

除括号、箭头、框架等元素外,还可以善用颜色。通过颜色分层等技巧,有意识地增加不同等级元素之间的对比。当然,颜色可以用,但不能多用,表达某一元素尽量用一种颜色,保持一致的色彩风格和使用含义。还可以通过变换线条颜色的方式来表达时间区间,使用颜色而非形状区分不同主体,但要注意避免突兀,尤其注意打印出来的颜色效果。

8.4 代理意见

8.4.1 代理意见的提前准备

庭前准备代理意见的原因

庭审前(当然,最好不是开庭前一两天),承办律师应当准备一份翔实的代理意见(或代理词)。如果时间紧急或基于客户费用等原因,可以准备一份代理意见大纲。代理意见应当随着诉讼进程尤其是庭审情况,不断修改充实和完善,及时吸收新事实,回应新问题,查漏补缺。

为什么要在庭审前准备好代理意见?

——通过准备代理词吃透案件。准备代理词本身就是一个整理思路、深化思路的过程。把代理词写清楚了,案件本身也就基本吃透了,庭审准备就完成了一半。

——方便律师随时回顾案件。有时一场诉讼从立案到开庭可能要拖很长时间,而且有可能反复开庭,一份完备的代理词可以帮助律师在开庭前迅速回顾、理解案情,掌握要点和重点。

——向客户展示工作成果。开庭前如果能提交给客户一份思路清晰、逻辑严谨、论证有力的代理词,无疑能展现律师兢兢业业、认真负责的工作态度和扎实的工作成果。

——有利于开展法庭辩论。代理意见可以作为律师法庭辩论的基础,"手中有粮,心里不慌"。

——有利于庭后及时提交代理词。通常在开庭后七天以内要提交代理词,如果事先不作准备,开庭后才下笔,有可能因各种繁忙或急迫的事务而耽误撰写,甚至影响代理词的质量。如果庭上争议焦点变化不大,开完庭就可以直接把代理词交给法庭了。

代理词的一般格式

代理词是代理意见的载体,并没有固定的格式。一般而言,代理词由以下几个部分组成:

——标题

标题应反映案件性质和所代理的当事人在案中的地位,例如"原告代理意见"等,使听众一开始就了解代理词的性质。在标题下方或页眉位置,"永远记得标明案号"。

模拟示例:代理词标题

上海XXX娱乐有限公司诉YYY娱乐有限公司侵害商标权纠纷案
原告代理意见
(2018)沪0115民初6ZZZZ号侵害商标权纠纷案

——称呼

代理词开头的习惯称呼语是"审判长、审判员",直呼其名也未必不可,如"尊敬的陶凯元大法官,尊敬的王闯法官、夏君丽法官、王艳芳法官、杜微科法官"。

——序言

序言亦即开场白,不是重点,尽量简洁。序言包括以下内容:(1)说明代理人出庭的合法性,概述接受委托和受指派情况,担任本案当事人哪一方的代理人;(2)说明代理人接受代理后的工作情况,即在出庭前做了哪些方面的工作,如查阅案卷、调查了解案情等;(3)表明代理人对本案的基本看法,也可以不说。如系上诉案件,则要说明对一审判决的看法和意见。

——正文

正文是代理词的核心内容。从认定事实、适用法律和诉讼程序等方面,陈述并论证委托人提供的事实与理由成立,从而支持其主张和请求,同时揭示和驳斥对方的错误。如系二审,还应对原判决进行评论,提出要求和意见。考虑到法官的阅读体验,代理意见的正文一般不宜太长。不过,通常当事人会认为代理词的长短体现律师对案件的重视程度,所以可以根据情况决定代理词的详略。

——结束语

归纳全文的结论性见解和具体主张,为委托人提出明确的诉讼请求。要求要言不繁、简洁明了。

——尾部

主要是代理人具名,并注明日期。

8.4.2 代理意见的表达逻辑

抱持撰写判决的思维

撰写代理意见的目的是什么?当然是获得法官的认可。律师代理意见中的内容原文出现在判决书中(尤其是"本院认为"部分),可能是大多数诉讼律师职业生涯的最高境界,茶余饭后的自豪谈资。因此,撰写代理意见必须从法官撰写判决书的角度出发。如果案件复杂、证据繁多,更需要通过代理意见的梳理,帮助法官尽快理清案件事实,让法官码字更轻松,进而推动案件进程,早点出判决。

以争议焦点为中心

代理意见主要是围绕争议焦点,从诉讼目的出发,结合双方证据,根据法律规定和类案研究,从多个方面进行阐述。因此,撰写代理意见时,首先就是要列出争议焦点,再逐一阐述。对案件的争议焦点,从事实、证据、法律、案例、司法政策、价值观等依次进行论证。

重要观点放在前面

按时间顺序和结构逻辑来撰写代理词是一种常见的叙事方式,有枝有叶,有花有果,固然不错。不过,若树叶过于茂密,花果则隐藏不露。最重要的争议焦点,是最需要法官看到的部分,因此,在代理词的结构安排上,针对争议焦点的重点论述,可以提至篇前,先声夺人,直奔主题。

试想,一篇代理词洋洋洒洒,罗列了八九个观点,但最为重要的是第 6 个观点,这是需要展现给法官的重中之重,也是打击对方当事人的一记重拳。显然,这种深藏不露的叙事方式,有可能不会引起重视,甚至会被忽略。最好将第 6 个观点调到第 1 页,法官一翻阅首先映入眼帘的就是它。

代理词不是教科书

教科书式的代理词,不是从争议焦点谈起,而是从法律概念或立法政策谈起,喜欢解释基本法律概念、法律条文,喜欢论述法学理论、回顾立法历史,这不仅浪费篇幅,而且容易引起法官的反感。

言之有据 vs. 言之有理

虽然写代理词不是写论文,但其行文方式有互通之处。写学术论文要言之有理,比如要引证参考文献,不能自说自话。写代理词要言之凿凿,言之有据——法律依据和事实证据。写代理词不能天马行空,不需要引经据典,不必搬来一套又一套的理论,但需要标明证据出处(证据编号或证据页码),以便法官核实,增强信服力。

模拟示例:不正当竞争纠纷案一审代理词(节选)

一、原告 XXX 公司生产、销售的"YYY"(商标名称)黑胡椒粉、椒盐、鲜辣味粉、花椒粉、咖喱粉、八角、红辣椒等调味品系《中华人民共和国反不正当竞争法》(1993 年)上的"知名商品"。

……(略)

(一)从原告调味品的销售时间、销售区域、销售额、销售对象等方面看,YYY 调味品系知名商品。

1. 从销售时间来看,原告 YYY 系列调味品的生产、销售至今已有 20 年左右的历史。

根据原告提供的系列销售发票和存根联(证据编号 5-9),可以看到原告至少在 1991 年即开始销售咖喱粉、八角粉、花椒粉、椒盐、黑胡椒粉等调味品(第 5~6 页),至少在 1993 年即开始销售辣椒粉等调味品(第 8~9 页)。

2. 从销售区域来看,原告 YYY 系列调味品的销售区域几乎覆盖了中国主要的市场区域。

《XXX 公司经销商城市列表》(证据编号 25)显示,原告 XXX 公司在中国的经销商覆盖华东、东北、华北、西北、西南、华中等地区共计 113 座城市,销售区域所覆盖的城市达到 299 个(第 100~101 页),显示了原告 YYY 调味品的销售渠道和销售范围十分广泛,几乎覆盖了中国主要的市场区域。

……(略)

8.4.3 代理意见的内容要求

开篇陈述会归纳

一篇好的代理词,可以首先以对诉讼争点的归纳做开篇陈述,言简意赅,直抒胸臆,其他无关问题就不再赘述。

示例

代理人认为,要回答合议庭归纳的焦点问题"争议商标的注册是否损害了申请人主张的姓名权,并违反《商标法》第 31 条有关在先权利的规定",首先需要回答以下四个问题:

1. "乔丹"是否是申请人的姓名?
2. 申请人主张"乔丹"系其姓名能否成立?
3. 申请人主张的"乔丹"是否属于商标法第 31 条中的"在先权利"?
4. 第三人申请"乔丹"商标的行为是否违反商标法第 31 条的规定?

——摘自马东晓律师:《最高人民法院"乔丹"商标争议行政纠纷案乔丹体育公司诉讼代理人代理词》。

内容要有层次感

代理意见的正文内容要体现出层次感。比如,陈述重要事实时,不要写流水账,可以对相关事实类型化,提炼出核心观点,然后将与核心观点对应的或能够印证核心观点的证据进行展示。必要时可以围绕争议焦点或核心观点,以表格等方式对比展示原被告所出示的证据。

层次不要太多

代理意见的结构层级不要太多,一般控制在三级标题以内。扁平化的论述,更容易把观点凸显出来,否则藏的层级太深,不易惹人注意。

善用结论式标题

代理意见要体现出层次感,设置有意义的标题也是关键所在。标题不是越短越好,比如,"被告的行为不构成商标正当使用",这类标题表述虽然简短,其实空洞乏力。当然,一个有内容、有依据甚至有论证逻辑的标题,有可能会长达两三行、三四行,可以把它当作一个小小的摘要对待。

事实上,结论式的标题更有表现力(特别是第二、三级小标题)。如果法官只看标题就能了解正文的论述逻辑和核心内容,不需阅读全文内容后另行概括总结,即为标题表述成功的标准。兹再从被告抗辩的角度举例以示之:

(二)原告上海 XXX 公司使用并申请"ABC"商标时,案外人 YYY 股份有限公司的"ABC"商标尚在有效注册期间,因此,在 2009 年 4 月 27 日案外人"ABC"商标被撤销前,原告对"ABC"商标的使用行为系侵权行为。

重视段首第一句

每个段落的第一句可以理解为是一个结论式的小标题——在有的代理词里，段首第一句就是不分段的小标题。要提升法官的阅读体验，段首第一句就必须能够高度概括全段的中心思想或含义，这也是重点放在前面的体现。事实上，如果段首第一句无法归纳出一个简要的观点，则需要审视这一整段内容是否为可以删除的废话。

行文要言简意赅

代理词要简明突出，不宜烦琐，用最简洁的语言传达出最清晰的案情。一方面，法官时间有限，诉讼文书冗长，难免不堪其扰，这是首先要避免的；另一方面，作为阅读者的法官，通常已是诉讼专家，心中自有天地，所以点到为止，点到即可。

减少复杂的句式

包括代理词在内的诉讼文书，如果句式复杂，有可能增加阅读者的阅读负担。代理词要做到简明、有力，就要多用短句、主动句，少用长句、倒装句、多重转折句。

比如，"被告以系其商标使用来自第三人合法授权，且依照许可协议支付了权利人许可费，其使用属于善意为由，主张其无需承担法律责任没有法律依据"，这句话本来就相当拗口，里面的法律主体也未保持表述一致（一会儿第三人，一会儿权利人），显然会带来糟糕的阅读体验。

言语不要有攻击性

代理词行文风格应以冷静、客观为主，不要攻击对方当事人、对方律师或其他诉讼参与人，更要切记不能攻击法官，或进行道德评价，哪怕言语看似很温和，否则容易招致反感。比如，下面摘录的专利侵权案代理词就对法院以及法官充满了情绪：

被告在接到法院的诉状材料后提出（专利）侵权实物无法确认是被告的产品，并依法提出管辖异议，尽管管辖异议被裁定驳回，但被告仍有异议，并对本案在原告住所地法院审理表示担忧。……但基于目前状况，被告只能相信法官能够公正审理本案，也恳请法官公正审理本案。

8.5 庭审工具

8.5.1 打造庭审工具箱

出庭律师除需制定科学的庭审策略外，还应精心打造"庭审工具箱"。准备好五大庭审工具,庭审效果将事半功倍。①

《案情大事记》

《案情大事记》将全案证据按时间顺序排列,能全面、准确、简明反映案件事实,法官可快速翻看或在律师引导下查找《案情大事记》记载的案件细节问题。

庭审提纲

无论案件类型或难易程度,出庭律师宜准备一份简明的《庭审提纲》。《庭审提纲》至少应包含开庭陈述(或答辩纲要)、举证要点、质证要点、辩论提纲、设问清单、最后陈述,以及其他需要包含的内容。

可视化图表

庭审的工作主要是向法官传递信息。人们获取信息的主要方式是通过眼睛,对眼睛来说它更容易理解的是图形而不是文字。出庭律师可以考虑使用"两张图"的工作方法——一张"案件事实图",一张"法律关系图",旨在更好地向法官传递信息、表达观点,更好地说服法官,从而保障办案质量。

法律检索报告

在法庭上,出庭律师对法律条文的信手拈来不仅彰显专业水平,而且有助于说服法官,形成倾向性意见。法律检索报告应当围绕案件法律关系、诉讼请求、案件争议焦点,列明相关的法律法规或司法解释条文。法律检索报告中还应包括辖区高院的指导意见、问答、解答、批复等文件。

对于不太常用或者层次较低的法律规范,比如国务院部委的规范文件或通知(如《中国药品通用名称命名原则》)等,应当全文打印出来,以备法庭查核。或者,直接作为证据材料交上去。

类案研究备忘

对庭审而言,案例检索报告也不可或缺。将类似的案例进行整理,撰写案例概要,可以备不时之需。对案例的检索,宜本着"同法官、同法院、辖区高院/最高院同类案例"的原则进行。② 类案研究一定要注意比对案件的核心要素。重点法条、案例还可以多准备几份,以便当庭向法官提交。

---

① 参见陶举富:《出庭律师的秘诀都在"五张纸"上》,天同诉讼圈,2018-06-02。
② 同上。

8.5.2 《案情大事记》

《案情大事记》源自案件事实,成之于表格,旨在准确、简明地反映整个案件的事实。律师在开庭时可以借助《案情大事记》从容、准确地陈述案件事实,及时、准确地回应法官对事实问题的发问。当然,《案情大事记》也可以开庭时(甚至开庭前)提交给主审法官,方便其了解案情。

《案情大事记》可以表格形式呈现,按"序号""日期""事项""主要内容"列表记录;也可以以时间轴为表现形式,按时间节点列明主要事项,原告和被告可以分列时间轴两侧。

8.5.3 庭审提纲:书面的模拟法庭

"没有庭前十分的准备,就没有庭上半分的自信"。一份好的庭审提纲,是支持律师完成庭审的重要工具,特别在庭审时间不充分,或者直播公开庭审等情形下,准备好庭审提纲,可以帮助律师缓解压力、抓住关键。庭审提纲可以包括以下内容:①

——诉讼请求

将起诉状中比较模糊的诉讼请求进一步明确具体,准备诉讼请求的请求权基础、诉请依据和涉及案件标的额的计算依据及赔偿项目拆分等。比如,主张多个被告承担共同责任或连带责任有无明确法律依据;同时,要根据庭审前收集的证据,再次审核各项诉讼请求是否有相对充分的证据支撑,是否具备可执行性。比如,请求"销毁库存专利侵权产品",但直到开庭前也没有搜集到关于专利侵权产品库存的证据。

——开庭陈述

简述《民事起诉状》的主要内容(主要是"事实与理由"部分),但不必照搬摘抄。争取三五分钟,可以概述案件的来龙去脉,甚至可以适当补充一些纠纷背景。对起诉状照本宣科,很难吸引听众(包括法官)。建议在开庭陈述时尽量变通方式,重新组织叙事逻辑,以简洁、口语化的方式脱稿将案情、观点表达清楚。

——举证意见要点

以证据目录为基础,但并非证据目录的简单重复,需要突出重点证据、证据链,可以适当摘录证据材料中的重要内容,节省在庭上翻阅证据材料的时间。举证意见可以注明对方可能提出的质疑、我方的应对等。

——质证意见要点

针对对方的证据材料最好书面撰写质证意见,并在庭前将书面质证意见及相

---

① 参见华轶琳:《庭审纲要:你的作战全书》,iCourt法秀,2016-08-16。陶举富:《出庭律师的秘诀都在"五张纸"上》,天同诉讼圈,2018-06-02。

应的电子文档提交法官及书记员,以方便法庭准确记录。

——设问清单

发问环节有可能是一个"帮助补缺事实、补充质证"的机会。善于利用提问,或许能够揭示前后证据的矛盾,甚至直接戳穿对方编造的谎言。设问也是向法官传递信息的重要途径,其效果甚至要好于开庭陈述、举证甚至辩论。

——辩论意见提纲

辩论提纲的撰写关键在于预判争议焦点,从而有的放矢,围绕争议焦点从事实与法律适用两方面入手撰写辩论提纲。非关键性重要的争议点可以适当在质证意见中进行陈述。辩论提纲的设计主要可采用如下思路:对方观点—我方反驳—对方可能的反应—我方针对对方反应的应对。也可以采用撰写代理意见初稿的方式,作为辩论提纲。

——最后陈述纲要

最后陈述的内容,主要是归纳本方诉讼意见,以及就案件的具体处理向法庭提出最后请求。最后陈述是一次相对自由的发言机会,但内容须简明扼要,言简意赅,不要过于见长、多次重复或者说与案件无关的内容。

——其他内容

凡是认为与本案有关,且有必要的内容,都可以在庭审大纲中备忘。比如:

(1) 当事人信息。进一步核实双方当事人的信息有无错误或变化。

(2) 专业知识。专利侵权诉讼会涉及不少"专业词汇"、技术描述等,这些与案件有关的"常识"也需要提前检索、备注或梳理。

(3) 法律适用争议。考虑有关法律条文适用于本案中的情况是否会产生疑义,如何通过法律解释、类案报告或权威见解来解决这一问题。

8.6 出庭准备

8.6.1 需要实施的程序事项

从立案到庭审还有大量的工作需要做,包括一些程序性的事项应当尽早确定,充分沟通,及时申请:

- 是否需要申请变更(增加或删除)诉讼请求?
- 作为被告时是否提出管辖权异议?
- 作为被告时是否提出反诉或对抗性诉讼?
- 是否申请法院调查取证或申请调查令?
- 是否申请法院进行证据保全?
- 是否申请延期举证?
- 是否申请诉中禁令?
- 是否申请法院进行财产保全?

- 是否需要提出不公开审理的申请(特别是商业秘密案件)?
- 是否申请延期开庭?
- 是否申请证人出庭作证?
- 是否申请司法鉴定?
- 是否申请专家出庭?
- 是否申请其他必要的程序?

8.6.2 可以提交的文件

除证据和代理词外,还有什么文件可以提交给法庭?事实上,只要对案件有帮助,以下文件(或文书)都可以提交给法庭(有的文件或文书前已述及):

——书面质证意见
——书面举证意见
——法律检索报告
——类案研究报告
——权威学者或专家论述
——案件大事记
——专家论证意见
——其他可视化图表等

根据具体的情况,可以把法律条文、类案研究、权威文章等作为代理词的附件提交,或者把可视化图表等作为代理词的正文内容提交,而不必专门作为一个文件提交。

8.6.3 疑难案件的专家论证

对一些疑难案件,必要时可以邀请专家进行论证,出具专家论证意见,提交法庭参考。在知识产权诉讼领域,越来越多的案件会根据需要举办专家论证会(甚至会进行专门报道),甚至邀请业内专家出具专家意见书。尽管有人质疑是否属于专家干预司法,但实际上,专家的意见基本上不会对法官判决产生强制性的影响或约束,事实上,举行专家论证或研讨会,或者出具专家意见书,在个别情形下不失为一种策略选择:

——各路专家学者的意见,可以提供更丰富的办案思路和专业启发。这对当事人尤其是代理律师有所裨益。
——对于疑难复杂的新类型案件,或者定性有些模糊的案件,即使是法官也希望听到更全面、更专业和更多元的意见。
——专家意见也是一种引起法官关切的方式,毕竟法官一年办案太多,让法官关注你的案子并进行更多的思考,本身就是重要的诉讼目标之一。
——个别时候,受到认同的专家意见也是法官力拒压力坚持己见,或坚持改判一审判决的重要"工具"。

延伸阅读：

1. [美]斯蒂凡·克里格、理查德·诺伊曼著：《律师执业基本技能：会见、咨询服务、谈判、有说服力的事实分析》(第二版)，第三部分 有说服力的事实分析，中伦金通律师事务所译，法律出版社2006年版。

2. 离地七寸：《民事诉讼庭审程序20个操作节点详解》，法客帝国，2015-10-15。

3. 张健：《律师举证质证指引》，iCourt法秀，2014-09-18。

4. 杨永东：《庭审如何有效质证》，高杉LEGAL，2019-01-03。

5. 王新平：《民事诉讼证据运用与实务技巧》，第3～13讲，中国民主法制出版社2017年版。

6. 蒋勇主编：《诉讼可视化》，法律出版社2017年版。

7. 华轶琳：《庭审纲要：你的作战全书》，iCourt法秀，2016-08-16。

8. 陶举富：《出庭律师的秘诀都在"五张纸"上》，天同诉讼圈，2018-06-02。

9. 王业坤：《庭前证据交换的实务指引》，高杉LEGAL，2019-10-15。

第 9 章 开庭前后

关键词：庭前安排　庭审环节　庭上发言　庭审复盘　庭后事务

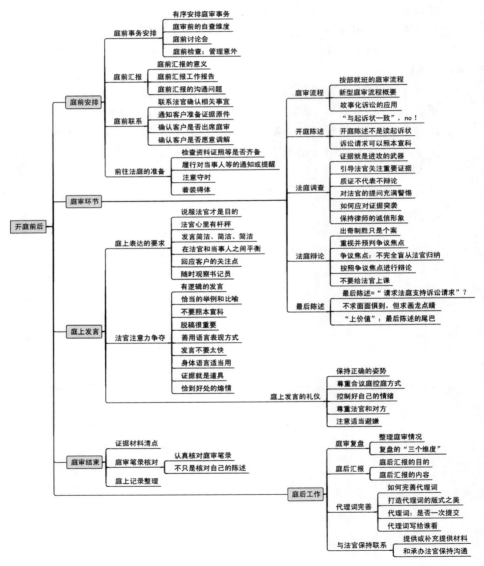

图 9-1　开庭前后

9.1 庭前安排

9.1.1 庭审事务安排

有序安排庭审事务

在开庭前一两周,按庭审工作流程,逐一准备各项开庭工作。比如:

——进一步熟悉证据内容及证明目的,包括自己提交的证据,以及对方提交的证据,均需要非常熟悉。

——有新的证据,及时递交或当庭递交。

——考虑是否安排庭前讨论会(或模拟法庭)。

——证人或当事人出庭的,应当提前推演在法庭上可能遇到的各种情形。

——安排向客户进行庭前汇报。

——出庭律师应当进行分工,由适合的团队成员负责庭审中的举证(或质证)、辩论等工作。

——必要时,提前安排律师助理或实习律师在庭下进行庭审记录,等等。

庭审前的自查维度

庭审准备的三个自查维度:一是案件事实维度,二是法律适用维度,三是庭审主体维度。从前述三个维度,可以考虑以下列明的一些问题[1]:

(1) 针对案件事实,在庭审前应当自查以下内容:

——对案件基本事实是否足够熟悉?

——对关键事实是否掌握透彻?

——提及细节事实,是否能够准确回答?

——如果案件事实复杂,材料繁多,在庭审中能否在证据材料中迅速定位?

——各方无争议及有争议的事实分别有哪些?

——是否还有需要向当事人进一步询问的事实?

——是否还有需要穷尽可能途径查探的不明或争议事实? 等等[2]

(2) 针对法律适用问题,在庭审前应当自查以下内容:

——案件所涉法律关系是否清晰?

——相关法律、法规等规定是否已全面检索?

——法律适用上存在哪些有利解读,又可能面临哪些障碍?

——司法实践中如有类似案例,存在哪些可能的法律理解和处理方式?

---

[1] 俞雅琪:《这样出庭更敬畏》,天同诉讼圈,2018-04-21。

[2] 同上。

（3）针对庭审参加主体（我方当事人、对方当事人、合议庭），在庭审前应当考虑以下内容：

——从我方当事人角度系统思考，如何让我方的事实和观点更具可信度、接受度，特别是在证据组织和法庭辩论上，要区分层次、层层推进，或者多元视角、全面支撑。

——从对方当事人角度换位思考，对方可能关注和依据哪些事实？可能适用和援引哪些规定？可能会提出哪些抗辩及抗辩理由？换位思考的目的是思考、讨论应对方案。

——从合议庭中立角度客观考虑，合议庭关注和询问的可能是哪些事实？合议庭如何才会更愿意或者更容易接受我方主要观点？[1]

庭前讨论会

对于重要案件，可以举行庭前讨论会。庭前讨论会主要讨论以下内容：

——庭审策略，包括法庭调查阶段、辩论阶段、最后陈述阶段的各种问题及应对策略。

——证据运用，如何突出各种有利的证据及事实。

——质证意见，就对方的证据如何提出质证意见。

——其他可能发生的情形及应对策略。

必要时可以进行庭审预演，以模拟法庭的方式进行，由内部律师分别代表双方进行预演和辩论。

庭前检查：管理意外

诉讼程序的复杂性和长期性，其实给了律师充足的时间去思考各种问题、提供解决方案。事实上，庭前自查和庭前讨论，很大程度上也是一个常用的策略方法：遵循对手强大及充分管理意外的原则，做好不同的预案。

律师是一个严谨的职业，诉讼是一个重要的战场，最怕出现意外情况。比如：

——被告突然提出的抗辩主张，乍听之下很有道理。

——法官突然提出的问题，让原告始料未及，无从作答。

——己方证人出庭发表了严重不利或相互矛盾的言论。

——质证环节的关键证据找不到原件，惊出一身冷汗。

……

当然，如果律师有责任心，做足功课，充分准备，预判各种可能性，这种"意外"的发生就会大大降低，因此，律师扎实的庭审准备，某种程度上也是一个管理意外的过程。

---

[1] 俞雅琪：《这样出庭更敬畏》，天同诉讼圈，2018-04-21。

9.1.2 庭前汇报

庭前汇报的意义

在开庭前一周左右,可以安排时间就庭审准备及其他前期工作,向客户做一次统一汇报。庭前汇报通常以现场会面沟通为首选,辅之以工作报告(或以 Powerpoint 进行内容展示)。如果庭前无法与客户会面,开庭前应当以电话会议的方式,与客户充分交流。

庭前汇报的价值主要在于以下几点:

——呈现律师庭审准备的工作成果。
——根据案件进展情况,进行诉讼风险提示。
——通过诉讼风险分析,稳定客户诉讼预期。
——与客户沟通确认案件有关事项。

庭前汇报工作报告

庭前汇报的工作报告,在内容上可以围绕三个问题展开:

(1) 律师前期做了什么。比如,我方的证据收集(证据调取、调查令申请、现场走访等)、证据整理情况,在证据方面的优势、劣势、机会和风险;汇报对方当事人的举证情况(质证意见可以单独以附件方式呈送给客户)。

(2) 法庭可能关注什么。分析案件可能面临的问题。

(3) 哪种方案更能维护客户权益。将诉讼风险及应对方案,做一个简单的陈述。

涉及关键事实确认、争议焦点预判、诉讼策略甄选、调解方案建议等事宜,均有必要一一与客户做细致沟通,并需着重呈现不同诉讼方案之利弊分析及风险应对。①

庭前汇报的沟通问题

庭前汇报不只是单方面的工作汇报,还兼具与当事人再次沟通的意义。比如:

——再次核实有关事实和理由。
——询问当事人请求事项是否有变化。
——了解当事人一再强调的关切事项,在庭审中专门强调以作回应。
——核实证据原件持有情况。
——询问当事人是否有新的事实、是否有新的证据。
——询问和了解当事人的调解意愿,如何设计调解初步方案。
——其他需要现场讨论的情况。

---

① 张瑜:《一件案子,你至少需要这六份工作报告》,天同诉讼圈,2019-05-11。

9.1.3 庭前联系

联系法官确认相关事宜

如果开庭前尚未收到对方的证据,务必向承办法官打电话确认是否寄出证据。开庭前最好向法官确认开庭时间是否变更,对方当事人是否出庭,特别是在外地法院开庭时。开庭前应当联系承办法官,了解本次开庭的内容,比如,是庭前调解,还是证据交换?对于互联网法院,更要注意并询问线上开庭的特殊性。

通知客户准备证据原件

证据原件一般由客户保管,特别是对于责任重大的证据原件,律师不应保管。证据原件应在开庭前通知客户做好准备,证据较多时须给客户留出足够的准备时间(比如一个月)。对于律师费、差旅费等发票等,应事先通知当事人留存原件,不要交由财务入账装订成册。

确认客户是否出席庭审

征询客户意见,客户或其法定代表人是否作为当事人上庭?公司负责本案的员工(如技术人员、法务)是否作为代理人上庭?如果公司员工需要出庭,应让客户准备授权书,并提供员工的劳动关系证明(劳动合同、社保缴纳证明)。客户确需出席庭审的,应提前向其介绍庭审程序和发言的注意事项。

如果客户委派出席庭审的代表不熟悉法律和程序,在接受法官或对方律师提问时应答不当,或者自身发言不当,可能会对客户产生不利的影响,因此,对客户是否出席庭审,特别是以当事人或者代理人出席时,应当谨慎对待。如果客户的代表不是法律专业人士,除必须上庭说明相关技术问题等情形外,一般建议以旁听人员身份出席庭审。

确认客户是否愿意调解

征询客户意见,如果法院或者对方当事人提出调解,是否接受调解。如果接受调解,必须拟定一个调解方案的大纲,载明客户的诉求。必须与客户充分沟通,了解调解时可以接受的底线。

9.1.4 前往法庭的准备

检查资料证照等是否齐备

——检查证据材料及其原件等案件材料是否齐备。
——检查庭审提纲等庭审资料是否齐备。

——检查举证意见、质证意见等材料的电子版是否携带,以方便庭前向书记员提交电子版。

——检查律师执照等证件是否齐备。

——检查是否带上笔和记录本,方便庭上作记录。

——检查是否携带水杯或矿泉水等饮料,防止开庭太久,口干舌燥,等等。

履行对当事人等的通知或提醒

——提前一天再次告诉当事人开庭时间、地点。

——再次提醒当事人携带原件。

——由于安检的原因,有些物件(如电脑)当事人自己可能无法携带入庭,应当通知当事人提前到达法院,交由律师带入法庭。

——申请证人出庭,应当通知证人带好身份证或其他身份证明文件,等等。

注意守时

开庭要注意守时,要提前一定的时间到达法院。提前预估交通时间和安检时间,特别是自驾车时,要注意停车问题。

在开庭前,应当掌握法官的联系电话,以方便联系。临近开庭,如果由于交通等问题可能无法准时赶到时,务必提前向法官电话说明或解释情况。同时,前往法庭时应当保持电话畅通。

经验:律师谈守时

开庭千万不能迟到,特别是在级别较高的法院,律师开庭迟到就是对法院尊严的漠视,法官很有可能缺席判决,即使开庭也要训诫当事人或律师,造成"诉讼未开打,气势输一半"的不利局面。笔者曾经担任被告代理人参与一起案件,案件标的有4000万元。开庭当日,原告代理人迟到。法官等了原告半个小时,半个小时后法官就开始做开庭笔录,做完了就宣告原告缺席按撤诉处理。后原告代理人赶到,发现法官已经退庭,十分着急。因为这个案子诉讼费按撤诉减半处理都要20万余元,而且一旦撤诉处理,原查封的财产就会解封,以后再查封也不一定能查封到。可见,不准时到庭的事情可大可小,千万不能疏忽。

——摘自朱加宁、徐鹏:《律师办案的思维和方法》,法律出版社2018年版,第107页。

着装得体

代理律师应注重自己的穿着和仪容仪态,切不可穿着休闲、吊儿郎当。根据北京市律师协会与北京市高级人民法院会商的要求,律师出庭应当着律师袍。

9.2 庭审环节

9.2.1 庭审流程

按部就班的庭审流程

法庭并不像影视剧里表现得那么精彩,事实上,绝大多数情况下,庭审都是一个按部就班的流程。只要熟悉证据、熟悉案情,在前期又做好了法律研究、庭审大纲,律师开庭时就可以做到胸有成竹、气定神闲,一切都尽在掌握中。其实,庭审需要完成的工作,在庭审前都应该准备好,包括但不限于举证意见、质证意见、代理意见。

当然,一个诉讼律师必须对庭审的流程了如指掌。从开庭陈述到法庭调查,从法庭辩论到最后陈述,都必须清楚每个环节的流程,每个环节的使命。

新型庭审流程概要

2019年9月10日,上海市浦东新区人民法院结合知识产权民事案件的审判特点和规律,制定并发布了《知识产权民事案件新型庭审流程指引(试行)》。兹节录其庭审流程指引(序号重新编排),以飨读者。

《知识产权民事案件新型庭审流程指引(试行)》(节选)

1. 庭前会议流程指引

在完成"书状先行"(即鼓励案件当事人在正式庭审前以书面形式提交诉辩材料和举证、质证意见,庭审中仅就争议证据进行审查——作者注)的基础上,法院可通过庭前会议的形式固定无争议的案件事实,并就双方诉争事实进一步听取双方意见,梳理案件争议焦点。

对于出现新的待证事实、争议焦点,或具有当事人申请法院调查收集证据、委托鉴定、要求当事人提供证据、进行勘验、证据保全及申请证人出庭等情形的案件,可以召开庭前会议,在继续查明案件事实、完成庭前准备的基础上择期开庭审理。

对于案件事实清楚、争议相对不大的案件,可在庭前会议中进行调解。对于案件事实清楚、争议焦点明确的案件,可径行开庭审理。

2. 法庭审理流程指引

(1)各方当事人简要发表诉辩意见

各方当事人应就诉讼请求、答辩内容以及所依据的事实和理由择其要点进行陈述。

(2) 法庭明确争议焦点、排除无争议事实

根据双方证据交换以及庭前会议所固定的事实,法庭归纳并引导双方当事人确认案件争议焦点。

开庭时可以询问各方当事人对庭前交换的证据以及提交的书状是否还有补充意见,如无补充,庭审不再重复询问各方证据意见。各方提交的证据书状均系案件审理的依据,对各方当事人具有法律效力。

(3) 围绕争议焦点发表意见

根据案件审理需要,在征得各方当事人同意的前提下,可以将法庭调查和法庭辩论合并进行。

在法庭调查和法庭辩论合并进行的庭审中,各方当事人在法庭主持下围绕争议焦点并结合相应证据发表法律意见。有多项争议焦点的,可以逐项陈述。法院可以在征询各方当事人意见的基础上合理分配各争点的陈述时间,指挥庭审有效有序进行。

对于争议焦点中尚不能形成心证的部分,可由当事人互相发问或由法庭直接发问的形式进行进一步查明事实。

对当事人尚未经过充分辩论或缺乏合理预期的判决关键内容,法官将通过适当的方式释明和公开心证,确保当事人有发表意见影响法官心证的机会,防止突袭性裁判。

——摘自上海市浦东新区人民法院:《知识产权民事案件新型庭审流程指引(试行)》。

故事化诉讼的应用

参加庭审当然要注重举证质证和法律适用,这是一个讲究专业化,也极其法律化的过程。不过,如果在开庭陈述和最后陈述时,能将关键事实以讲故事的方式陈述,而不是完全照读事先准备的起诉状或代理词,可能会起到更好的庭审效果。

讲好故事的目的当然是加强证据的可信度,影响法官的自由心证。讲故事的过程,更能吸引法官的注意力,从而加强法官的认可度。毕竟,法官也是听众,听众自然更喜欢有主角、有情节、有冲突、有高潮的故事,而不是枯燥的数字和凌乱的事实。华滨律师对故事式诉讼作了一个小结:

诉讼的精彩之处在于每一个诉讼其实就是一个故事,大多数情况下原告有一个版本,被告也有一个版本。故事中有主角和配角,诉讼律师的角色就像导演,如何收集素材及如何定调,如何围绕胜诉目标巧妙布景(图表和音像)和做铺垫,如何安排人物出场,如何描述人物形象,如何将复杂的法律理论用通俗易懂并深入浅出的方式,通过通俗的类比等修饰方式展现给法庭,让法官先知道并了解你的故事,然后自然地从公平合理角度相信你的故事,最后根据你的故事版本找到合适的法律理由支持你的诉讼请求。[①]

---

① 华滨:《跨越:律师执业思维、方法、规划》,法律出版社 2015 年版,第 40 页。

9.2.2 开庭陈述

"与起诉状一致",No!

开庭陈述①也是一次展现律师对案件的想法和立场的机会,但是,有的律师在开庭陈述时,一句"与起诉状一致"就结束了(不排除个别法官在开庭前,根本没有或未来得及阅读起诉状)。事实上,法官并未亲身经历案件的纠纷,也不像律师那样在庭前听过了当事人的陈述。

因此,对原告律师而言,多数案件开庭陈述之目的,是要把纠纷的全貌简明扼要地呈现给法官,让法官在短时间内大致了解案件的整个轮廓,形成一个整体印象,从而为之后的法庭调查和法庭辩论框定范围。当然,如果是小额、简单或事实无争议的案件,开庭陈述的步骤可以简单化。

开庭陈述不是读起诉状

开庭陈述不必长篇大论,主要针对案件进行轮廓概述,而非细节描述。保持思路的清晰也是在陈述阶段所要具备的素质。开庭陈述一般以起诉状(被告则以答辩状)为主,但不是照本宣科地朗读,而是简洁清晰地展示诉讼请求和相应法律观点,可以说重要事实,但不要援引证据,只需帮助法官形成对案件要点事实和各方观点的基本了解即可,无须过于深入法庭调查及辩论环节之内容。

照本宣科地宣读起诉状(包括答辩状、代理词等)可能会引发一个后果:当法官发现代理人在宣读书面材料时,有可能会忽略聆听(因为文本可以庭后自行阅读),从而将注意力转移到别处,比如整理庭审思路,设计法庭询问等。此时,即使有代理人当庭口述补充的内容,可能也会被忽略或漏掉。

诉讼请求可以照本宣读

诉讼请求是整个案件的审理核心。因此,虽然说不要对着起诉状照着念,但在陈述诉讼请求时,一定要注意自己的表述。为保证诉讼请求表述的严谨性,建议照着起诉状上的诉讼请求进行陈述。②

律师必须对诉讼请求了如指掌,根据诉讼请求逐条进行准备。法官往往会问你:消除影响的依据是什么?赔偿金中的具体项目分别是什么?赔偿金的计算公式是怎样的?……因此,诉讼请求的计算方式和依据一定要尽量详细清楚地列出,特别是不能只丢给法庭一个数额。否则,律师一开庭就被法官问得哑口无言,特别

---

① 严格来说,开庭陈述也是法庭调查环节的一部分。
② 宋迅:《诉讼律师如何打好庭审这场仗》,惟胜会,2016-09-02。

是年轻律师,经此一击,会严重影响后面的庭审发挥。

专栏:庭前答辩 vs. 当庭答辩

法官:现在民事诉讼实务中有一个我非常希望以后能够改善的现象,按照民事诉讼法规定,被告应当在答辩期内提交答辩状,但实际上许多被告并没有这么做,这其中一部分是聘请有律师的。

我可以理解有的律师把这当作一种诉讼策略,希望出其不意地进行当庭答辩,干扰对方的应对。但是从整个案件的处理角度来说,没有庭前答辩,法官在庭前就无法充分了解案情,确定不了应该调查的事实和争议焦点,这会大大削弱庭审本应当发挥的作用,往往不得不再开一次庭,拖延了案件的审理。

还有的律师不提交书面答辩状,当庭进行口头答辩,导致庭审要浪费很多时间记录他的意见,如果书记员打字不够快,还不一定能记得完整准确,这对律师其实也毫无益处。

律师:……因为我当原告代理人居多,我很认同最好是有答辩。不过,现在一般情况下,我们都还是当庭答辩,我的一位前辈曾经跟我说过,答辩很容易泄露我们防守和反击的重点,会给对方伺机补充证据的机会,所以在法定答辩期内答辩弊大于利,即使答辩也不过是泛泛谈一下。说实话,从律师角度,我觉得这句话还真不是没有道理的。当然,在这个问题上,我们因为身份原因看问题的角度不同,甚至出现一定程度的对立。另外,为了配合书记员的打字速度,我们一般也会当庭提交书面答辩状,或者用U盘将答辩意见电子稿拷贝给书记员。

法官:我并不认为在答辩期内避不答辩对于被告而言是有利的。我刚才说过,法官在庭前准备的时候会结合被告的答辩状来审核原告的诉讼请求,如果律师是当庭答辩,那么在庭前法官的脑子里就只有原告的一面之词。再加上律师当庭的答辩内容如果比较繁杂或者出乎意料,法官不可能马上消化,也就无法给予恰如其分的注意。

对于法官而言,有效的庭审准备是建立在双方完备的材料基础之上的。如果被告没有在答辩期内答辩,我就只能凭经验预计他的答辩方向。但有时候,当庭提出的答辩理由真是完全出乎我意料的。这时我就要现场调整争议焦点,补充发问提纲,而临时作出的判断很有可能不够成熟,庭审的作用就大打折扣。

我希望律师转变观念,在答辩期内答辩不一定会损害你的诉讼策略,反而可以令法官更好地理解你的观点,也有利于整个案件干净利落的处理。

——摘自黄琳娜、何远:《什么是理想庭审》,iCourt法秀,2014-10-16。

9.2.3 法庭调查

证据就是进攻的武器

庭审中律师最重要的武器就是证据,如果律师对自己的证据都不清楚,庭前很多问题没有核实,很可能被法官或对方的几个问题给问住,那时就会显得非常被动,场面难看。

我方有什么证据,对方有什么证据,哪些证据是有利的,哪些证据是不利的,哪些是关键证据,哪些是辅助证据,做到清清楚楚。最好提到哪个证据不用翻看,也知道是什么内容。而且心中有整个证据链条,可以互相呼应。这样才不会被对手打个措手不及。①

法官有权分配举证责任?

法官是否有权分配举证责任?让我们把目光转向《最高人民法院民事诉讼法司法解释理解与适用》一书②,司法解释起草人在"审判实践中应当注意的问题"一栏中对这个问题作了回应。以下系解答内容:

审判实践中涉及举证责任的分配问题时,首先应当明确的是,举证责任的分配具有法定性,即举证责任是由法律分配而原则上不能由法官来分配。《民事诉讼证据规定》第 7 条规定,在法律没有具体规定,依本规定及其他司法解释无法确定举证责任承担时,法院可以根据公平原则和诚实信用原则,综合当事人举证能力等因素确定举证责任的承担,赋予法官在特殊情况下分配举证责任的权力。但从审判实践中适用的情况来看,这一条适用的条件并未得到严格的执行,滥用该条规定、随意调整法律确定的举证责任分配规则的情况在实践中十分普遍。鉴于此,《民诉法解释》删除了该条内容。

审判实践中如果出现特殊情况,有必要对法定的举证责任进行调整的,也应当通过司法解释的方式进行。法官在具体案件的审理中,应当在对民事实体法规范进行类别分析的基础上,识别权利发生规范、权利消灭规范、权利限制规范和妨碍规范及其构成要件,并以这些要件事实为基础确定举证责任的负担。因此,法官在举证责任的分配问题上是适用法律的过程,是通过实体法规范的分析发现法律确定的举证责任分配的过程,而非创造举证责任分配规则的过程。

看起来,法官没有权力分配举证责任。如果法官依职权分配举证责任,将构成适用法律错误,当事人可以作为上诉的理由。③

---

① 芮刚,《律师不得不知的十大庭审技巧》,iCourt 法秀,2018-04-15。
② 沈德咏主编:《最高人民法院民事诉讼法司法解释理解与适用》,人民法院出版社 2015 年版。
③ 王新平,《民事诉讼证据运用与实务技巧》,中国民主法制出版社 2017 年版,第 32~33 页。

引导法官关注重要证据

因有庭前精心制作的证据目录、举证或质证意见,律师其实可以仅宣读前述内容即可完成举证或质证工作,但这样的简单宣读无法确保法官同步在听取律师发表的意见。此时,装订成册的证据材料可发挥"道具"作用。①

在提及对案件影响重大的重要证据时,可以通过适当的方式引起法官注意。比如,提示法官关键证据内容的具体位置(页码、行数),向法官说:"请法官翻看证据册第几页第几行……",并主动停顿,翻找证据,引导法官翻阅;或者举起该项证据向法官展示,加强法官对重要证据的印象。

当证据较复杂并涉及某领域专业知识时,可主动向法官举实例细致讲解。比如,让法官快速明白某类表格、单据及报告中数据记载方式、数据含义及各数据之间的关联性,无须法官自行研究。②

质证不代表不辩论

通常在法庭调查完毕后,方才进行法庭辩论。一般在质证阶段,法庭不会组织辩论。质证环节的核心原则是重点围绕证据合法性、真实性、关联性及证明目的发表意见,意见需简洁明确。但是,律师陈述自己的观点,也不能局限于法庭辩论阶段,因为在有的案件里,法庭给你的辩论时间并不充足。因此,可以抓住开庭陈述、质证、回答法官提问、法庭调解等每一个环节、每一个机会,发表自己的辩论意见。

尤其是在举证和质证阶段,都可以阐述甚至反驳对方的观点,而且在举证和质证过程中,结合证据发表辩论意见其实更有针对性。比如,针对我方提交的核心证据,对方发表了有杀伤力的质证意见后,有必要及时采取挽救措施,予以回应和辩驳。否则,等到辩论阶段再去跟其他观点混为一谈发表意见,效果会大打折扣。③

虽然质证时可以抓住发表辩论意见的机会,但也不要把证据质证环节演变成庭审辩论。在质证环节陈述辩论意见要适可而止,不要过于展开,长篇论述,以免被法官打断,甚至频频打断,自寻尴尬,反而给旁听庭审的当事人留下观感不佳的印象。不了解庭审规则的当事人甚至可能将法官多次打断己方律师的发言,视为有严重的倾向性,进而质疑"司法不公"。

对法官的提问充满警惕

回答好一个法官关心的问题,比律师自己滔滔不绝说上半天更管用。律师要

---

① 胡雅蓓:《带你看一场证据交换庭审背后的博弈》,天同诉讼圈,2018-08-18。
② 同上。
③ 《最高人民法院关于民事诉讼证据的若干规定》第50条规定:"质证时,当事人应当围绕证据的真实性、关联性、合法性,针对证据证明力有无以及证明力大小,进行质疑、说明与辩驳。"从该规定可见,质证中的说明与辩驳,也是整个质证环节的题中应有之义,应充分利用该程序权利,及时把问题澄清和说透。参见杨永东:《庭审如何有效质证》,高杉LEGAL,2019-01-03。

说服法官才能打赢诉讼,当然应该重视法官在这个案件里所关心的问题是什么,因此,庭审中千万不要忽视法官的提问,要有问题的敏感性,在回答这些提问时要尽量谨慎小心,不要给出对自己当事人不利的信息,否则有可能犯下一个致命错误。

法官看似不经意的一句发问,其实可能隐藏了非常关键的案件信息,因为法官的提问隐含着他对案件的思考,他希望通过律师的回答来帮助他完善对案件的认识。在回答法官的提问时要仔细琢磨后谨慎回答,但也切忌给出模棱两可的答案,在一时不知作何回答时可向法官答复庭后提交书面回答。①

如何应对证据突袭

在庭审中遭遇证据突袭不可避免。在当前的司法实践中,面对证据突袭时,简单地拒绝发表质证意见并无任何意义。律师在面对证据突袭时必须保持冷静,既不能简单拒绝发表质证意见,也不能仓促回应。比较稳妥的做法是,首先指出对方超期举证,且违背诚信诉讼原则,请求法院不予采信证据并对对方予以训诫。如果法官要求我方必须当庭质证,则可考虑先做简要回应,同时强调具体质证意见以庭后书面意见为准。②

保持律师的诚信形象

如果法官觉得律师不讲诚信,则律师的每一次发言都可能被打上问号。特别是在质证和回答提问环节,如果无视证据,或者对于己方不利的证据或事实一概否认,则无疑是自毁形象,不仅对正在代理的案件没有帮助,还会给法官留下不好的印象。③

9.2.4 法庭辩论

出奇制胜只是个案

不要受到律政剧的影响,奢望法庭辩论的效果,出奇制胜只是个案。事实上,有的法庭只给律师几分钟的辩论时间,因此,在举证和质证上下足功夫,打下基础,可能更关键。当然,这并不代表法庭辩论不重要,充分做好准备,拟好代理词,利用法庭辩论的时机,重点突出地阐明我方的观点,仍然有其独特的法律价值。特别是在一些定性上都存在争议的案件中,主审法官自己都未必吃得准,这时更愿意倾听律师的辩论意见。

---

① 宋迅:《诉讼律师如何打好庭审这场仗》,惟胜会,2016-09-02。
② 王峰,石睿:《庭审秘笈之"独孤九剑"》,天同诉讼圈,2014-07-10。
③ 金振朝:《律师庭前准备实用技巧与庭审注意事项》,卓建律师事务所,2019-03-12。

重视并预判争议焦点

通常,法官会根据双方陈述和法庭调查归纳争议焦点。① 对于争议较大的案件,争议焦点一般比较明显,甚至不止一个争议焦点。对于法官而言,归纳争议焦点的确是很重要的功力。律师在庭前若能站在法庭的角度思考,这个案件的争议焦点是哪些,也会有助于律师的庭前准备。

如果律师能提前预判并归纳好争议焦点,既可以使自己准备充分,又可以帮助法官将庭审顺利进行,自然会赢得法官的好感。针对争议焦点,还应准备好辩论提纲,充分阐明己方观点并反驳对方主张。② 如果律师忽略了一个重要的争议焦点,那么在法庭上可能就会手忙脚乱。

争议焦点:不完全盲从法官归纳

虽然在法庭上,争议焦点是法官归纳的,但一般都会征求双方当事人的意见。因此,法官归纳争议焦点时,律师也可以有所作为,在记录法官归纳的争议焦点的同时,可以请求法官补充列入我方认为应当列入的争议焦点。

有时候,庭审里"争议焦点"的一二三四,往往就是法官写判决时在"本院认为"部分逐个回应的一二三四。如果律师忽视了对争议焦点发表意见,那就等于是说,在决定案件胜负的关键点上,律师没能有效地向法官传达己方的意见。

按照争议焦点进行辩论

在法庭辩论阶段,律师首先应当逐一针对法官归纳或确认的争议焦点发表辩论意见,然后再在争议焦点之外补充其他辩论意见。有时律师准备的代理意见,与法官归纳的争议焦点并不完全匹配,此时就要临时调整发言思路。

以下行为不是值得鼓励的表现:

——有的律师只想把自己准备的代理词一口气说完,或者坚持按照自己准备的发言节奏来发表辩论意见,结果在庭审中自说自话,完全无视法官归纳的争议焦点。

——有的律师过分关注对方,忙着回应和攻击对方的每一句话(对方有时会提出非常琐碎、明显不成立的意见),结果法庭辩论限于鸡毛蒜皮之争,这些都会削减

---

① 虽然目前不少著作甚至实践中,都主张或采用在双方当事人发表诉辩意见后、进行证据交换前就应当归纳争议焦点,但根据《最高人民法院关于适用〈中华人民共和国民事诉讼法〉的解释》(2015 年)第 226 条的规定,"人民法院应当根据当事人的诉讼请求、答辩意见以及证据交换的情况,归纳争议焦点,并就归纳的争议焦点征求当事人的意见。"显然,归纳争议焦点应当在当事人发表诉辩意见并进行证据交换后,否则如果法官没庭前阅卷或深度阅卷,将难以在证据交换前精准地归纳争议焦点;而律师也来不及按照法官在证据交换前归纳的争议焦点,去临时筛选已提交的证据并调整举证顺序、重新排列证据(在证据材料厚达数百乃至上千页时更是难以完成)。

② 金振朝:《律师庭前准备实用技巧与庭审注意事项》,卓建律师事务所,2019-03-12。

庭审发言的有效性。①

——辩论重点主次不分,没有把火力聚焦在争议焦点上。辩论是在质证意见的基础上,通过反驳对方观点而达到进一步论证己方观点的作用。但辩论绝非是质证意见的重复,而是升华。要用有力的论据去攻击对方在质证环节反驳己方的观点,对于双方经过质证环节无争议的问题就无须再谈。②

不要给法官上课

代理词不是教科书,同样,法庭辩论也不是给法官上课。目前的法官,特别是知识产权法官,学历普遍较高,见多识广,能办案,能讲课,还能写文章,可谓全能选手。法官审判分工精细,就某一特定领域而言,法官身经百案,往往具有比律师更丰富的处理经验,因此,律师在法庭辩论时(以及在其他庭上发言环节),不要在法官面前过多宣读或者解释法条,阐述法理,班门弄斧,把法庭当作课堂,把法官当作学生,这样只能招来法官的不快。

9.2.5 最后陈述

最后陈述="请求法庭支持诉讼请求"?

有的律师将最后陈述简略为"请求法庭支持诉讼请求"/"请求驳回原告诉讼请求"。其实,律师可以抓住最后陈述的机会影响案件的走向,从公平、公正、情理、情感、己方最大优势、对方最大弱势等方面着手准备,强调关键点,补充遗漏点,突出着重点,抓住突破点,找准价值点,言简意赅地放大我方优势,直击对方痛点。

不求面面俱到,但求画龙点睛

在最后陈述时,律师无须面面俱到地重复观点,要用最简单的语言强调己方最有可能打动法官的观点,将法官的注意力拉回到案件最核心、最具决定性的问题上,不求一锤定音,但求画龙点睛。

有时候,让当事人(如果在庭上)在最后陈述时发言,会产生意想不到的效果。当事人最了解案件情况,但又不是专业律师,其真情流露的发言反而可能以普通人的情绪和表达影响法官对整个案件的看法。但律师应当注意控制当事人的发言时间和情绪表达方式,以免引起法官反感。③

"上价值":最后陈述的尾巴

所谓"上价值",是指给当事人的请求或案件结果赋予高尚的价值和意义。比

---

① 黄琳娜,何远:《什么是理想庭审》,iCourt 法秀,2014-10-16。
② 宋迅:《诉讼律师如何打好庭审这场仗》,惟胜会,2016-09-02。
③ 王峰,石睿:《庭审秘笈之"独孤九剑"》,天同诉讼圈,2014-07-10。

如,在与恶意抢注商标并进行维权的被告因恶意提起知识产权诉讼损害责任纠纷案中,原告律师发表意见认为,"请求判决支持原告的诉讼请求,这将极大地削弱职业注标人不劳而获的动机,极大地抑制恶意抢注、恶意诉讼的不当行为;将有助于塑造诚实信用的商标秩序,有助于营造更加公平有序的营商环境。"此即"上价值"。

事实上,法官未必喜欢律师"上价值"。特别是那种长篇大论、绵延不绝的"上价值",或者是离题太远、无限拔高的"上价值",比如把本案的判决结果与"中美关系"扯上边,与"创新型国家建设"扯上边。但不可否认,很多判决书都存在价值判断,甚至还会就"价值观"进行阐述。因此,律师在最后陈述阶段,适当的"上价值"也无可厚非。

有趣的是,有时当事人(特别是自然人)倒是比律师还喜欢拔高案件判决结果(当然是对他有利的结果)的价值。这个时候,律师在庭审的最后陈述阶段(当然也可以在法庭辩论等其他环节)"上价值",可能也是基于回应当事人的需要。从这个意义上,作为法律共同体,法官也应当体谅一下律师。尽管如此,律师依然应当言简意赅地给出观点,而不是长篇累牍地赘述。

9.3 庭上发言

9.3.1 庭上表达的要求

说服法官才是目的

法庭不是辩论比赛,并不是在所有情况下都需要雄辩高谈,也不是在任何情形下都需要滔滔不绝,关键是围绕争议焦点和要件事实,一语中的,张弛有度。有些律师极力想在法庭上说服对方律师,想和对方争个高下,好像如果在法庭上能够取得上风,能够压倒对方,就能取得胜利。庭审发言更不是去和对方吵架或斗嘴,图一时之快。虽然有时一方律师会遭遇对方大打感情牌的论述,或者哗众取宠的威胁和施压言论,其实不需过多理睬,沉默不语或点到即止的简单应对即可。

法官是法庭之王。律师发言的最终目的,永远是说服法官,而不是驳倒或说服对方(包括对方当事人和对方律师)。庭审发言本身就是说服的过程,因而站在法官的角度思考问题很重要。优秀的律师往往能够洞察法官如何思考,如何形成裁判思路,知晓"裁判背后的故事",找出案件细节来影响法官的判断。

法官心里有杆秤

稍微资深的法官都见多识广,如果律师滔滔不绝,但完全说不到点子上,甚至胡说八道,颠倒黑白,其实也是在浪费大家时间,因为法官心里有杆秤,法官不是那么容易糊弄的。如果律师发言短小精悍,能讲到点子上,也一样能解决问题。这就好比去看很多专家门诊,医生基本上两三分钟就把你打发了,但病也能看好,这是同样的道理。

律师在庭上刻意的表演和花哨的技巧,也许可以骗过客户(特别是不懂的外行),但骗不过法官的双眼,因此,在法庭之上,展现专业性才是真实的较量,从证据目录、法律文书到现场表达,在司法日益昌明的时代,努力做好专业,更令人尊敬,包括法官和对方当事人。

发言简洁、简洁、简洁

庭审时间是有限的,法官的时间和精力也是,因此,庭上表达的核心,就是简洁,简洁,简洁。但是,知易行难,不少律师一上庭仍然是滔滔不绝。对于律师而言,庭审的目标是说服法官;而对于法官而言,庭审的目标是获取信息。如果律师提供的信息量太多,又没有逻辑,法官可能无法获取到他想要的信息。发言做到简洁、清晰,才能让法官更好地获取有效信息。

——对于陈词滥调,可以不讲。开门见山、直奔主题。

——突出重点内容,紧紧抓住争议主线、围绕争议焦点陈述。必要时放弃阐述一些不重要的观点,更不必讲与案件无关的内容。

——发言内容要善于创新,自我突破,通过变换角度来表达同样的观点,因为法官会禁止内容明显重复的发言。

——没有证据的话不多说,过分情绪化的话不要说,循环重复的话不必说。

——虽然不要过多地重复观点,但特别重要的观点,适当重复也未尝不可。

——对于基本常识一般不讲,不要讲"内行不想听,外行听不懂"的话。

——如果有些问题确实几句话说不清楚,那最好先亮明观点,可以庭后补充详尽的代理意见。

专栏:开庭表达的核心,就是简洁

虽然很多律师都听说过,开庭表达的核心,就是简洁,简洁,简洁。但由于很多律师美剧看多了,以为在法庭上就该滔滔不绝,如长江之水天上来。最终,你会发现,法官一定是抽刀断水,你的水一定流得不畅。因为,美国法庭是陪审团决断,我们国家是专业法官决断,他们已百炼成精,最喜欢你三句话把话说完。上周开庭的法官说,第二轮每人两分钟。有一个老律师说,两分钟我不行,我得把话说完,不然我对不起我的良心。最终,良心让他说了近十分钟。老律师确实有一套。另外,要是我说对不起,我得说对不起当事人的律师费啊。举这个例子,只想说明,专业法官的想法就是我想表达的重点:简洁。

说起来,简洁二字似乎很简单,但实际上最难,因为,说话多,如同散弹枪,一筒子过去,总归有人中弹,但简洁就是狙击枪,只有几颗子弹,必须命中,所以要求精准。达到精准,首先肯定得把握案件的争议焦点,争议焦点就是人的脑袋或者腹部,反正中枪了得死。所以,庭前准备是最重要的。
——摘自斯伟江:《律师在法庭上该怎么表达?》,麦读,2019-03-06。

在法官与当事人之间平衡

律师在庭上的发言,不能只是迎合法官的喜好,还得让委托人满意,必须照顾到委托人是外行这一点,人家付了不少律师费,你三句话讲完,法官是听懂了,但当事人没懂,他就会认为你不负责任。因此,法庭发言,委托人在场的情况下,你如要简短发言,要事先沟通好。另外,虽然不是废话,但稍稍讲多一点,平衡法官和委托人之间,还是有些必要的。①

对于可能很长的代理意见,即使不能全部在法庭上充分表达出来(当然极不鼓励照本宣科),但也一定要把代理意见记载的观点给说出来,除非被法官凶残地打断(一般法官也没有那么凶残)。

事实上,法官也会在双方当事人之间平衡。有时候,法官"默许"当事人或代理人长篇大论地陈述观点,特别是其中一些论点明显牵强附会、循环重复,仍然听之任之的时候,并不是一件好事情。为了平衡或抚慰双方当事人的利益、情绪,也为了避免当事人的投诉、信访,法官可能会允许"心中的败诉方"多陈述一些。当然,法官的心思你别猜,这并不是铁打的规律。

回应客户的关注点

很多客户(或其代表)基于对案件的重视,或者对法庭的兴趣,甚至是基于对律师工作的督促,也会积极参加庭审。客户无论是坐在庭上,还是在下面旁听时,律师庭审发言务必要回应客户的关注点,即使客户的关注点并不是本案的核心问题,但仍有必要,以显示对客户的重视。有时,还需要律师适度使用情绪来打击对方的嚣张气焰(比如,原告抢注被告在先使用的商标,又用该商标来起诉被告),让客户稍显心安、感到欣慰。当然,在对客户来说一些无关紧要的关注点上,不要浪费太多时间,不能喧宾夺主。

随时观察书记员

庭审笔录是法官庭后阅读的重要文件。法官在开庭后,可能要间隔一段时间才会写判决,到时翻阅庭审笔录时,律师当时发言的很多内容没有被记录,那么律师在庭上讲得再多,也可能是白讲了。因此,观察书记员的记录情况,照顾书记员的记录速度,包括庭审结束时认真核对庭审笔录,是必须引起重视的问题。

律师发表对己方重要的观点时,要放慢语速,确保书记员能跟上记录。在对方

---

① 斯伟江:《律师在法庭上该怎么表达?》,麦读,2019-03-06。

发表对己方有利的陈述、自认时,可以委婉地提醒书记员记录,但这时要切记注意态度,因为有经验的书记员往往已经记录了这些内容,他们可能特别不喜欢听到律师"要求"他们一定要记下来。律师可以在自己的陈述中重复对方的陈述,如"对方代理人刚才已经确认了……(事实),我方认为……",以达到提醒和确保书记员记录的效果。

9.3.2 法官注意力争夺

有意吸引注意力

法庭之上也是法官注意力的争夺战。如果律师在庭上的发言无法吸引法官,或者给法官留下深刻印象,发言效果自然大打折扣。争夺法官的注意力,可以通过发言组织、发言形式、发言内容、发言语速,甚至身体语言等方面进行有意识的引导,从而吸引法官的注意力。

但是,吸引注意力不要太刻意,甚至通过夸张的方式去赢得注意力。不要把自己变成一个小品表演者或者单口相声演员,否则注意力是争夺到了,但效果就不知道了。

有逻辑的发言

有逻辑的表述必然优于混乱不清晰的表述。要做到逻辑性强,除了取决于对案件的熟悉和掌握,以及精心的庭审准备,也取决于律师的专业素养,甚至有赖于临场应变能力。

发言的内容要有层次,逻辑清晰,最好表明有几点,并在每一点前表明这是第几点,否则书记员分不清要点。通常,可以采用"总分"式有逻辑的表达,先亮明观点,再分层阐述理由,相比先陈述长段事实后再表明意见更有说服力。

恰当的举例和比喻

发言要善于举例,可以事先准备例子以说明问题。辩论能力的好坏,有时取决于举例能力的高低。发言可以在适当的时候打比喻,但要简练。

在沉闷的法庭,一个恰当的比喻,能打破僵局,但也不要让法庭双方纠缠于例子是否恰当,例子只是一个甜点,不是主菜。[①] 但一个恰当的比喻不仅可以吸引法官的注意力,甚至能发挥说服法官的作用。

当然,幽默和段子一般来说尽量不用,但当法庭过于沉闷,有时条件具备时,也可以说一下。但有时会适得其反。有一次,一位律师在认为检察官不知道现在富人的生活状况时,引用了一句"贫穷限制了你的想象力",严重刺激了检察官。总体

[①] 斯伟江:《律师在法庭上该怎么表达?》,麦读,2019-03-06。

而言,法庭上,严肃胜于幽默。①

不要照本宣科

作为专业律师,在庭审发言中不要照本宣科。事先准备了书面意见(如代理词、最后陈述等),也不要在法庭上念,如果一味地按照庭前准备宣读而不会灵活变通,即使没有让人昏昏欲睡,也会给人留下呆板的印象。

有书面意见之后,最好是把书面意见口头化,法庭毕竟就是口头表达的好机会,如果照着念,就失去了这个优势。人们形容谈恋爱时说的话是甜言蜜语。说明天然话语比文字有感染力,当面交流比电话或者录像要有感染力,所谓见面三分缘。关键是,讲话是双向交流的,目光、表情都是可以看到的,且可以互动。②

脱稿很重要

律师阐述意见及观点时尽量要脱稿,不要一直盯着起诉状、答辩状、代理词、举证意见、证据材料等照本宣科,更不要埋头朗读。虽然庭上发言不是讲课,但也要讲究与听者的交流,因为庭审本身就是与合议庭、与对方当事人在交流。通常而言,脱稿发言容易口语化表达,更有感染力。

庭审中,律师脱稿陈述观点的目的在于以下几点:

——促使律师能保持一种"交流感"来陈述观点,而非僵硬低头朗读预先已准备好的材料。

——旨在能时刻注意到法官的表情,通过法官间或可能出现的点头、皱眉等动作或表情判断法官是否已经理解、是否认同各方想要表达的观点。③

善用语言表现方式

庭上发言应当简练、有力,尽量用单句,不要用复句。虽然有法官提出建议:少用感叹号,少用反问句,少用排比句,少抒情(家事纠纷可能是个例外,情绪成分很难剥离)。④ 不过,笔者认为,发言还是可以适当地、少量地使用排比句,有时更有表达效果。比如:

通过刚才的法庭调查,代理人认为有一点是不争的事实,那就是,柴丽杰是个合格的博士生。和最高人民法院 38 号指导案例田永诉北京科技大案中的田永不同,他没有考试作弊;和于艳茹诉北大案中的于艳茹不同,他没有论文抄袭;和最高人民法院第 39 号指导案例中的何小强不同,他没有任何成绩不合格。⑤

---

① 斯伟江:《律师在法庭上该怎么表达?》,麦读,2019-03-06。
② 同上。
③ 胡雅蓓:《带你看一场证据交换庭审背后的博弈》,天同诉讼圈,2018-08-18。
④ 黄琳娜,何远:《什么是理想庭审》,iCourt 法秀,2014-10-16。
⑤ 曹竹平,何渊:《柴丽杰案代理意见》,数据法盟,2019-07-24。

发言不要太快

表达尽量要流畅,尤其是发言语速不要太快,否则听众不容易跟上,也难以抓取法官的注意力。发言宁可少说一些,让法官听清楚,也不要因为时间紧而快速发言,导致法官根本没有听清楚,或者书记员无法记录,效果会适得其反。

语速、音量、停顿和语调变化也对听众的吸引力有影响,因此,发言的声调尽量有重有轻,突出重点,坚定有力,不要有气无力,平静如水,波澜不惊,听得大家索然无味。当然,有理不在声高,不要表现出咄咄逼人的气势。

身体语言适当用

庭审本身就是法官与律师的沟通互动的方式。沟通方式除口头语言之外,律师的肢体语言、神态、表情等,都是沟通的一种手段。发言特别是法庭辩论时,可以适当运用身体语言吸引注意力,律师的坐姿、身体、手臂和手的动作,面部表情和眼神交流等身体语言,在一定程度上都可以传递权威感和可信赖程度。在发表意见时要既要注意法官的表情,和法官保持适度的眼神交流,又要注意书记员是否如实记录。

但身体语言不要过度使用,伴随手势切忌浮夸,手势动作幅度较大也不可取,尤其禁止拍桌子(可能涉及触犯法庭秩序),使用攻击性手势或姿势,比如,用手指或笔尖指指点点,特别是指着法官。

证据就是道具

律师在发言时,可以拿起证据,用笔指证据内容再陈述观点,这样更有可信度。发言需要引用证据时,如果证据太多,一时无法查找,可以随便指一个即可,不要手忙脚乱找证据,使发言停顿过久,但前提是该证据真实存在,并且在提交的证据中。

恰到好处的煽情

"完美的庭审,就如一次展现律师精湛技艺的表演。"煽情也可能是枯燥庭审中不多的表演亮点之一。恰到好处的煽情,要铺垫自然,不做作,不露痕迹,引燃情绪共鸣,让合议庭闻之动容,让听者印象深刻。但也要因案而异,对家事纠纷可能更适合煽情,对知识产权民事案件而言,煽情的空间并不大。

9.3.3 庭上发言的礼仪

保持正确的姿势

在交流过程中,注意基本礼仪会让人如沐春风。庭审发言时,律师的坐姿主要朝向法官,其视线也基本聚焦于法官。在整个庭审期间,律师的姿势要端正,不要斜靠、倚靠、蜷伏在桌椅上,也不要将桌椅前推后挪。

尊重合议庭控庭方式

遵循庭审秩序和规则,尊重合议庭控庭方式,经合议庭允许后再做发言。除非存在程序问题,未经许可一般不要去打断法官或对方当事人的发言。对合议庭为本案付出的努力表示感谢(但也不要动辄感恩,令人肉麻),等等。

控制好自己的情绪

无论是在开庭陈述阶段,还是在法庭调查和辩论阶段,律师的发言时常会被合议庭"打断",要求简要说明,重复的话无需再说等。在实践中,有的法官态度很凶,动辄呵斥律师或当事人。此时,代理律师一定要保持情绪稳定,内心镇定。其实,每个律师在成长过程中,甚至一些大律师,都会得到这样的"待遇",可谓司空见惯,个人情绪千万不要受此影响。

冷静是律师必须具备或必须练成的性格。无论面对何种不适情形和突发状况,包括对方当事人的挑衅,都应控制和保持情绪的稳定,避免情绪激动、暴跳如雷,更不要自己在主动发言时情绪失控,激怒对方当事人,从而不利于后续调解或和解。如果律师能够把工作表现和个人喜好分开,就更容易把握执业过程中的情绪控制。当客户(或客户代表)也在庭上时,还要注意劝导客户,防止其情绪失控,引发不良反应。

尊重法官和对方

尊重法官自不待言。当法官入庭或者退庭时,代理律师应起立致敬。法官发言或者提问时应专注聆听,双目注视。在庭审中不要和法官激烈地辩论(人身攻击更不用说)。当然,在实践中,的确有个别律师和法官在庭上抬杠甚至怒怼,甚至庭后在网上发文对法官施压,长远来看,这并不可取。法律的圈子并不大,你的名声(肯定是不好的)很快就会在圈内传播开来。

诉讼是对抗性的活动,但律师其实不需要攻击性太强。在法庭上,代理律师应当注意文明用语,谨言慎行,不要粗俗无礼,攻击或侮辱对方当事人,尤其是要尊重同行,不要攻击对方律师,也不要就对方的不当言论反应过度,但可以请求法庭制止或惩戒其不当行为。尊重对方律师也是尊重自己,因为大家身上都有律师的标签,都是法律共同体的一员。

注意适当避嫌

有时候,律师和对方当事人、代理人,甚至法官、书记员都很熟悉。此时,要注意把握分寸,不可在自己委托人面前和对方当事人或代理人过多寒暄、套近乎。[①]更不要和法官或书记员像平时开会遇到一样,热情地打招呼,甚至上前握手,以免节外生枝,比如,对方可能在败诉后故意将此细节写进投诉信或公开信中,炮制出所谓"司法不公"的例证。

9.4 庭审结束

9.4.1 证据材料清点

在证据交换和质证环节提交的证据原件,在庭审结束时要进行清点,不要遗漏。如果证据原件交至对方当事人或者法庭核查时,应及时取回,特别是提交给法院的原件,如不当庭取回,容易被作为证据一并装订存档,事后难以取回。

9.4.2 庭审笔录核对

认真核对庭审笔录

庭审笔录是法官写判决的重要依据,也是二审时查核相关事实的重要依据,而且庭审笔录里的内容(尤其是法官的提问、对方的发言),对律师将来撰写或完善代理意见也非常有帮助。庭审结束后,在阅读和核对庭审笔录时,一定要认真看,而且要仔细看。

很多代理律师在签阅笔录时几乎不怎么详阅,这是不对的,因为书记员的记录不一定完整,有时错漏一个字,就会让你的陈述和要表达的意思千差万别,甚至恰恰相反。

核对笔录不能凭记忆,要认真比对案件材料,特别是关于日期、数字、金额等容易出错的地方,一定要认真核对。在各方在庭审笔录上签完字后,如果允许的话,最好对庭审笔录拍照,以便庭后复盘和回顾庭审情况。

律师在开庭前,可以向书记员主动提交电子版的举证及质证意见,方便书记员复制粘贴。这样做的目的是,庭审笔录记载的内容会更翔实且不易出错,可以大大减少庭后校对和修改笔录的时间。

不只是核对自己的陈述

核对笔录首先是确认书记员的记录是否与自己当庭陈述的意见相一致,检核自己关键的发言或观点有没有记录。如果自己的重要观点或质证意见没有体现在庭审笔录上,应当要求补上笔录。比如,律师发表质证意见时,认为所谓侵权使用的商标其实在出售时已经用不干胶贴上,这句话比较重要,必须写上。

---

① 金振朝:《律师庭前准备实用技巧与庭审注意事项》,卓建律师事务所,2019-03-12。

有的书记员为了节省时间,可能会要求律师只看与自己一方有关的记录,但是,核对庭审笔录时,不仅需要核对己方庭上所述重要内容,也要查阅对方在庭审中所作出的利于己方的陈述是否被记载。若无记载,则应及时向书记员、法官反映情况,予以更正。①

9.4.3　庭上记录整理

承办律师出庭应做好庭审记录,庭审记录应包括时间、地点、出庭人员、对方当事人发言要点、案件争议焦点、法官要求或询问、证人证言要点等问题,因此,庭审时须带上笔和记录本,以备记录等。同时,承办律师可以带领律师助理或实习律师参加开庭(在庭下旁听),由其协助完成前述更详细的庭审记录。

由于庭上记录比较凌乱,最好在庭审结束后就立即整理一下庭上记录,以免时间一久,自己都不清楚记录的内容是什么。特别是以下事项,应当立即记录清楚,需要客户协助或处理的,应当及时在庭后汇报中告知客户:

——法庭要求补充提交的证据或资料,以及补充提交的期限。

——法庭当庭提出的其他要求,应当特别记录,并作出标示。

9.5　庭后工作

9.5.1　庭审复盘

整理庭审情况

律师根据自己及助理的记录,就庭审记录进行简要整理,可以按程序、法律和事实等几个方面进行整理,并突出重点和关键问题,同时,根据庭审情况,研究如何应对新出现的证据、(法庭)要求或其他情况,制定下一步的诉讼策略安排。

复盘的"三个维度"

复盘原为围棋术语,意为下完一盘棋后再按原落子顺序重新走一遍,以检视对局中招法的优劣与得失关键。复盘作为一种检视方法,是庭审结束后的首要工作。于案件而言,复盘可知庭审准备的缺失、法官对案件的关注点,借此及时补漏和调整代理思路;于律所或团队而言,复盘有助于总结经验,优化方法,将庭审得失提炼成日后指导团队或律所办案的宝贵经验;于律师,尤其对于年轻律师而言,复盘才能更好地理解代理和承办案件的关节和诀窍,否则,出庭次数的增多也仅是量的积累,而无法实现办案能力的质的飞跃。②

---

① 胡雅蓓:《带你看一场证据交换庭审背后的博弈》,天同诉讼圈,2018-08-18。
② 白鹤敏:《律师代理工作不止于庭审》,天同诉讼圈,2019-01-26。

如何进行庭后复盘？兹从三个维度谈起：

——庭前准备的充分度。包括携带的材料是否完备，庭审内容的准备是否全面。

——庭前预判的准确度。法庭归纳的争议焦点、对方提出的反驳的观点，双方的争辩思路以及法官关注的事实，是否与庭前判断的一致。

——庭审表现的满意度。在表达形式上，如语速是否适中，语言是否流畅等；在表达内容和效果上，表达是否清楚、是否准确、无误地向法官传达了关键信息，庭上的回答是否准确以及完整，是否还有更佳的回应方式；在法庭礼仪上，情绪是否稳定，对待法官和对方律师有无做到有礼有节等。[①]

承办律师可以在复盘后，就本次庭审的经验教训进行总结，不断形成和丰富办案经验，将来可以利用案件讨论或例会的机会，向新任律师或律师助理讲解和传授。

9.5.2 庭后汇报

庭后汇报的目的

承办律师应当在开庭后 2～3 日向客户汇报庭审情况。必要时，提供一份简明的庭后工作报告。基于客户对庭审结果之关切，律师可先打电话、发微信或邮件告知基本情况，再以书面方式详细汇报。

庭后汇报的目的在于以下几点：

——让客户及时了解和掌握案件进展，无论客户是否参与庭审。

——呈现律师的工作内容及工作成果，持续建立信任机制。

——及时通报需要客户协助配合的事宜，比如提供法庭要求补充的材料。

——向客户提示法律风险，适当管控客户的预期。

——方便客户内部的信息沟通，比如法务负责人向其分管领导汇报。

庭后汇报的内容

书面的庭后汇报（工作报告）一般包括庭前准备情况（如果已有庭前汇报，此部分内容可以省略）、庭审情况概要、诉讼风险提示、后续工作安排汇报及请示。

——庭审情况的汇报重点要呈现案件争议事实或焦点、重要证据的举证质证情况、双方的主张和抗辩意见、合议庭关注或者强调的内容，以及法官的态度或倾向。

——对于法庭提出的补充证据或说明的要求，须特别向客户强调说明，并提出是否补充的建议，以及补充提交的时间期限。

---

① 白鹤敏：《律师代理工作不止于庭审》，天同诉讼圈，2019-01-26。

——根据庭审情况提示诉讼风险,适当调整当事人预期,但不宜对诉讼结果作肯定性的预判,既不要作过于乐观的预测,又不要作完全悲观的预测,以避免出现意料之外的结果,但可以根据庭审情况表达对案件结果或特定证据、事实认定的担心。

——向客户请示或告知律师的庭后工作安排或下一步工作计划,以使客户了解和配合律师工作。律师可以向客户建议,就庭审后出现的新问题、新情况,举行电话会议或会面讨论,以进一步确定或调整诉讼策略,安排下一步工作。

——如果在庭审后有调解的可能性,而之前并未制定调解方案的,可以与客户共同制定调解方案。

9.5.3 代理词完善

如何完善代理词

庭审后应当立即根据庭审情况,对之前起草的代理词(代理意见)进行调整、修改和更新,使之更有针对性。承办律师应当根据庭审时所出现的新问题和新意见,尤其是围绕双方质证意见、法官关切焦点,以及事实认定、法律适用等,调整、补充和完善代理词。

代理意见的撰写应以法庭总结的争议焦点为核心,就重点问题所持观点进行系统化论证,而不是对起诉状(或答辩状)"换汤不换药"的重复。如果之前起草的代理词所归纳的争议焦点与庭审时主审法官列明的争议焦点不完全一致时,可以适当调整。如果有新的证据,也可以作为代理词附件一并提交,虽然该证据未经质证。

——**回顾法官的问题**

在庭后完善代理词时,首先要回顾一下法官在庭上向各方当事人提出的问题,思考法官为什么会这样问,这样的问题可能会导致什么样的结果。法官在法庭上问的问题很重要,即使法官看起来像是想起了什么突然一问,但法官的提问很可能代表了他的审判思路或关注点。

——**注意法官特别强调的事项**

在庭审中,法官有时会特别强调某些问题,甚至特别要求书记员记录,这通常有两种含义:一是律师的表述对案件审理意义重大,二是法官对律师产生怀疑。律师在撰写或完善代理词时,需要琢磨一下这些事项的意义,从而有针对性地进行回应。

——**关注对方的观点**

在一个商标案件中,原、被告商标的构成要素非常近似,我们作为原告认为案件根本没什么争议,但被告在庭上提出一个观点,认为其系将被控标识作为商品型号使用,而非商标使用。我们认为这不过是对方的狡辩之词,所谓"型号"不过是称谓上的差异和主观认知而已,不影响商标侵权的定性。后来的判决却让我们始料不及。法官认为被告是作为商品型号使用的,再加上其他案件情况,认为二者不会构成混淆,认定不侵权。虽然经过漫长曲折的二审,最终得以改判。①

打造代理词的版式之美

回想一下你见过的公众号,有的公众号文章明显质量一流,但排版难看。有的文章其实质量一般,但版式清新可人,让人不知不觉就浏览了一遍。代理词也是如此,代理词不是法官必须要阅读的法律文书。如果代量词通篇文字拥堵,面目可憎,估计法官没法产生阅读欲望,也没有耐心"欣赏"。

越长的代理词,越需要提纲挈领。虽然说代理词能短的,就不要长。但有时证据繁多,事实复杂,法律问题颇有争议,要两三页纸写完也挺有困难。这时代理词的格式和版式就很重要,要让人能看得下去,或者找到自己想要的部分。

代理词的格式和版式应尽可能规范、简洁、大方、美观。除了基本的字体、行距、页码以外,还有很多制造美观的小诀窍,比如:

——标题有趣

给代理词起个标题。标题也许不能涵盖你所有的观点,但是题目为引发法官兴趣迈出了第一步。比如,方顺和案的被告代理词命名为:"恢复老字号,是否为创始人后代的专有权?"当然,这个不能强求,有的案件并不好找到一个标题的切入点。

——内容摘要

如果代理词过长,可以使用摘要的方式,将重要观点拎出来。就像论文的摘要一样,接受过学术研究严谨训练的律师,应该都可以轻松驾驭。

模拟示例:代理词摘要

原告上海 XL 科技药业股份有限公司诉被告国家工商行政管理总局商标评审委员会商标行政诉讼纠纷案

上海 XL 科技药业股份有限公司(一审)代理词

主要观点摘要

一、本案的实质在于"XL"商标被不合法地当作药品名称使用,而不是"XL 颗粒"药品名称被当作商标注册,因此,应当纠正"XL 颗粒"药品名称,而不是撤销"XL"商标注册。

1. 按照《中国药品通用名称命名原则》的总则规定和关于"中成药命名"的规范,"XL"商标作为药品名称"XL 颗粒"的一部分,完全不符合《中国药品通用名称

---

① 何华玲:《如何写好一篇代理词》,道方图说,2018-04-17。

命名原则》关于药品通用名称的命名规范,依法不应当被纳为药品名称"XL颗粒"的构成部分。

2. 不能将错就错,而把"XL颗粒"被不当收载为药品标准中药品名称的错误行为,作为撤销"XL"商标注册的前提事实。

3. 本案原告XL公司正在向国家食品药品监督管理局申请修改"XL颗粒"等不合法的药品名称,而改变为"银杏酮酯颗粒"等符合药品命名原则的药品通用名称。

四、在商标评审委员会和相关法院已经裁决或判决的"丁桂"商标与"丁桂儿脐贴"药品名称、"三九胃泰"商标与"三九胃泰颗粒胶囊"药品名称等商标与药品名称冲突的同类型案例中,仍然承认已经进入药品标准的药品名称,可以享有注册商标的合法权利。

有鉴于此,商评字(2009)第3××××号《关于第14××××号"XL"商标争议裁定书》,认定事实有误,适用法律不当,属于裁定错误,应当依法予以撤销。

—— 插入图表

代理词的表现形式不必拘泥于纯粹的文字式表达,可以穿插证据截图(比如商标图样、产品图片),甚至图表等,既丰富了代理词的表现形式,又能向法官更加直观地进行观点展示。

—— 段落间隔

段落之间可以空一行,如果觉得间距太大,可以段前或段后0.5行间距。总之,文字不要太挤。

—— 重点加粗

对于重要的观点和事实,可以用加粗或下划线的方式突出。当然,一页纸上出现各种加粗或下划线也是让人崩溃的,过犹不及。

—— 打造事务所的形象

代理词的格式(包括开头的序言部分),最好采用律师事务所常用的统一格式。

代理词:是否一次提交

承办律师应当在开庭后3~7日内向法庭提交代理词,一般应当加盖承办律师的印章。代理词是当庭提交好,还是庭后及时提交好?

不同的律师有不同的做法,有的律师是当庭提交事先准备好的代理词,然后根据庭审情况再提交一份补充代理词。但有的律师认为,即使事先准备有代理词,也最好在庭后补充完善后,再一次性提交代理词。除非庭后不要补充,才会在开庭结束时直接提交。

站在主审法官的角度,可能更倾向于庭后一次性提交一份完整的代理词,特别不想看到一次又一次的补充意见,然后还要法官去归纳哪些是重复发表过的意见,哪些是新发表的意见,哪些是前后矛盾的意见。但是,如果当庭(甚至庭前)能够提供代理词(特别是代理词的电子版),也有它的妙用——书记员会根据代理词的内容,将律师的法庭辩论意见,记录(拷贝)得比较完整或翔实。

代理词写给谁看

毫无疑问,代理词是写给法官看的。但是,代理词也不仅仅是给法官看的。有的律师写的洋洋洒洒,还有可能是给当事人(客户)看的。毕竟客户才是衣食父母,从某种程度上讲,客户满意有可能比法官满意更重要。

还有一种可能,代理词是给围观群众看的。特别是一些关注度较高的案件,特别是刑事案件,有不少代理律师庭后都发布了自己的代理词,公众号转发量和阅读量都是妥妥的10万+,不仅赚足了眼球,而且引来了客户。当此之时,有的律师的代理词还会"不走寻常路",抛弃说服法官的套路来写,而是从媒体传播的角度来构思代理词。

9.5.4 与法官保持联系

提供或补充提供材料

——按照法庭的明确要求,在指定期限内补充提交相关证据、事实,或者提供相关说明等。如确实无法取得该材料,则应及时告知法官并给出合理解释。如对法庭补充相关材料或事实的要求或观点,持有不同见解的,应认真起草书面回函。

——对于与案件有关的部门规章、地方性法规以及地方政府的规范性文件,如果很多法官并不了解,甚至并不掌握,律师可以庭后提供(有时法官会主动要求提供)这些具有法律约束力的规范性文件,最好在颁布部门的官网查找并打印出来。

——根据庭审中法官的关注点或疑惑点(有时需要律师敏锐捕捉),由律师主动提供相关的类案研究成果、可视化图表、背景资料、权威论述等材料(当然是有助于己方观点的材料)。比如,白鹤敏律师提道:"在我们代理的一宗案件中,我方律师为反驳对方律师提出的主张,提到最高人民法院某法官在一次商事审判会议中就该法律问题的表态。审判长当庭询问该法官是何许人也?我方律师除在庭上予以解释外,庭后即提交了该法官在会议中讲话内容的材料。"①

——按照一些法院(或仲裁委会)的要求,尽快将起诉状、答辩状、证据目录、代理意见及其附件的电子文本,提交至指定的邮箱。

和承办法官保持沟通

在庭审结束后,不是"静候佳音"就可以了。承办律师可以"主动出击",继续与

---

① 白鹤敏:《律师代理工作不止于庭审》,天同诉讼圈,2019-01-26。

承办法官保持联系和沟通(时间不限于庭后),尽可能地在第一时间掌握案件的进展情况,尤其是不要出现委托人都知道判决结果,而作为代理人的律师却对此毫不知情的尴尬局面。比如:

——介绍诉讼背景情况,影响法官自由心证。可以在庭前、庭后等适当场合,主动向法官介绍一下诉讼的背景情况,包括当事人诉讼的真实意图、原被告的纠纷史或者相关的行业情况。这些内容虽不会被记入笔录作为定案依据,但可能会对法官的自由心证产生影响。

——就庭审中的某些法律问题或事实问题,可以庭后在电话中与承办法官进行沟通和交流,及时提供解答,视情况表达观点。

——如果法官在庭审时留存了证据原件以庭后阅读,应当及时联络取回,以防作为证据装订存档,特别是在当事人还需要该原件时。

——向承办法官确认是否收到庭后提交的材料。

——询问下次开庭预计在何时,以作好下次庭审的准备工作。

——反映案件现实状况或当事人需求,如当事人经营困难,或者当事人有调解的强烈意愿等。

——以委婉的方式询问裁判文书制作进度,甚至以旁敲侧击的方式探询法官的倾向性意见。如果感到结果不太有利,经过综合分析后,可以和委托人讨论撤诉等应对措施。

延伸阅读:

1. 胡雅蓓:《带你看一场证据交换庭审背后的博弈》,天同诉讼圈,2018-08-18。

2. 俞雅琪:《这样出庭更敬畏》,天同诉讼圈,2018-04-21。

3. 黄琳娜、何远:《什么是理想庭审》,iCourt 法秀,2014-10-16。

4. 芮刚:《律师不得不知的十大庭审技巧》,iCourt 法秀,2018-04-15。

5. 宋迅:《诉讼律师如何打好庭审这场仗》,惟胜会,2016-09-02。

6. 李清:《民事诉讼中法庭陈述及法庭辩论的技巧》,载《律师之道:新律师的必修课》,第 13 章,北京大学出版社 2016 年第 2 版。

7. 斯伟江:《律师在法庭上该怎么表达?》,麦读,2019 年 3 月 6 日。

8. 白鹤敏:《律师代理工作不止于庭审》,天同诉讼圈,2019 年 1 月 26 日。

第 10 章 结 案 前 后

关键词：调解之道　上诉决策　结案程序　案后宣传　案卷管理

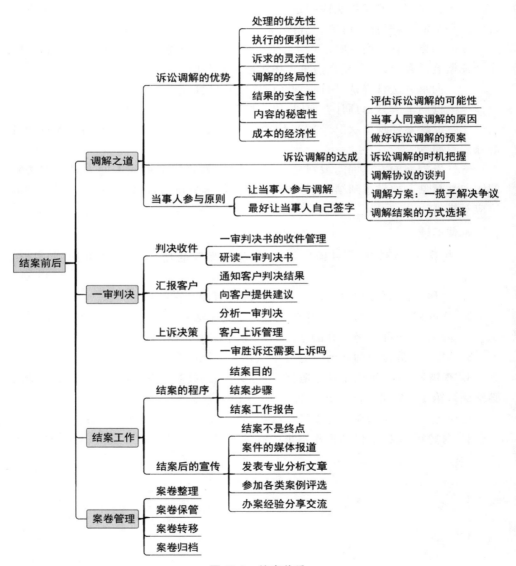

图 10-1　结案前后

10.1 调解之道

10.1.1 诉讼调解的优势

知识产权诉讼最终达成调解(和解)是再正常不过的事情。最高人民法院发布的《中国法院知识产权司法保护状况(2016年)》所披露的数据显示,在2016年,全国地方各级人民法院知识产权民事一审案件调解撤诉率达到64.21%,二审案件调解撤诉率达到27.44%。为何这么多案件以调解结案而非以判决结案?了解诉讼调解背后的独特优势,即可获得解锁秘密的钥匙。

处理的优先性

基层法院案多人少的矛盾比较突出,不少法官手头未结的案子少则数十,多则数百,如果按庭审程序走,案件开庭可能被安排在立案后较长的时间。如果双方当事人愿意调解,往往可以见缝插针,向法官申请提前到法院协商调解。法官一般情况下也会优先安排,早日结案,皆大欢喜。

执行的便利性

对于原告而言,调解最大的优势是可履行性强,相比于判决执行更加便于履行,因为当事人达成的调解协议是自愿妥协的结果。在有的诉讼调解中,还须以被告履行相应义务来作为签署调解的生效条件。在以小额赔偿或诸如商标转让之类作为和解条件时,还可以要求被告现场履行,如支付赔偿金或者现场签署商标转让协议(须立即去公证,且在调解协议中声明以商标转让合同公证为其生效条件)。

诉求的灵活性

调解经人民法院准许可以超出诉讼请求,因此,双方当事人诉求的表达与满足也相对比较灵活,通常会将与诉讼标的高度关联的事项一并纳入解决范围,有助于当事人将同一案件有关的争议一并解决,免去后顾之忧。

在调解过程中还可以提出一些程序上的要求。比如,被告需要将确认不侵权的调解书发送给多个经销商,且要求原件,那么可以和法官协商,给出多份调解书原件。

调解的终局性

只要调解过程不违反自愿原则,调解协议内容不违反法律规定,则当事人不能提起上诉(或再审),因而调解是一种终局式的纠纷解决方式,是双方当事人终结漫长诉讼的理想方式。事实上,调解结果的终局性也为法官所好,以调解的方式解决争议,可以避免错案,可以避免当事人找麻烦。

结果的安全性

有的案件双方争议较大,法官作出一审判决,容易出现上诉的结果。调解免除了当事人上诉从而遭遇改判的后顾之忧。有时候,二审法官在不同意一审判决结果时,也会积极促进上诉人与被上诉人进行和解,既避免了改判的问题(毕竟这对一审法官还有影响的),又平和地解决了双方争议。

内容的秘密性

调解或和解达成的协议内容通常是保密的,不能对外公开。这是有些被告最喜欢的一点,特别是案件涉及的信息比较敏感时,保密是最佳的策略选择。不过,进行维权的原告(权利人)可能就不太喜欢这一点,他希望既拿到赔偿,又能去宣传,因此,不排除个别原告仅仅是通过调解来试探被告的底线。比如,被告愿意赔 30 万元,但原告一口咬定要 50 万元,于是双方谈不拢,法官一看已经谈到了 30 万元,可能就判赔 30 万元(或者参考这个数字判赔)。

成本的经济性

在法院"案多人少"的现实背景下,调解作为一种成本较低的纠纷解决方式,简单、快捷,一直受到法官的青睐,因为调解可以大大降低法官的办案负担,比如,不用写判决书。越早达成的调解(如立案调解、庭前调解),越是受法官欢迎,因为这样节约的工作量越多。

此外,如果案件标的不大,而相比之下要耗费不少的司法资源;或者案件过于稀松平常,甚至单调乏味(比如使用他人图片侵权的著作权案件),法官都不愿花费太多的时间开庭审理,这时,调解是很多法官的优先选择。

事实上,有的法官甚至非常热衷于促成调解。诸多调解结案的诉讼,委实离不开承办法官的"晓之以理,动之以情"的耐心劝解,甚至"威逼利诱"。对于阅案无数的法官而言,要找出当事人值得接受调解的理由,可谓信手拈来。有时甚至只需援引此前类似案件的判决结果,并通过这其中穿透而来的阵阵不乐观情绪,就可以直接消灭原告把诉讼进行到底的士气。

在某种程度上,律师也不排斥调解。对计件收费的案件(尤其是一二审费用包干的案件),达成调解能大大降低律师的工作量,但又不会减少律师费的收入。担当被告代理人时,达成调解也让律师卸去了败诉的压力。

10.1.2 诉讼调解的达成

评估诉讼调解的可能性

并不是所有的诉讼案件都适合调解。在诉讼过程时,律师可以从下列维度预

判调解的可能性：①

——胜诉可能性。如果预判案件胜诉可能性接近"五五开"，那么考虑到为当事人争取稳妥而有利的结果，达成调解完全可以作为诉讼的重点目标。

——调解可行性。通过分析双方争议产生的原因，以及对方当事人的背景与性格，如果关系并未僵化，双方需求落差较小，则调解具有可行性。

——法官的态度。若法官极力劝说双方调解，有可能表明法官难以通过裁判平衡利益，特别是侵权定性复杂或困难的案件，更要关注法官的态度。

——当事人的态度。有的当事人对调解并不排斥，有的当事人则对调解比较抗拒，甚至基于某些需要或某种原因，坚持判决结案，此时则不必勉强以调解方式结案。

当事人同意调解的原因

律师应当向当事人全面阐述诉讼的走向和可能的风险，尤其是结合证据和法律适用，阐明判决结果可能出现的不确定性，提出调解的稳妥性与可行性，进而寻求当事人对调解方式的认同。

当然，当事人即使在诉讼请求上有所牺牲（比如，原告牺牲部分甚至全部赔偿请求），也同意诉讼调解，有着多方面的原因：

——诉讼和解能实现诉讼目标。诉讼本身只是策略手段而非最终目的，只要能够实现诉讼目标，自然不排斥达成和解（以调解方式达成），甚至和解还能创造双赢。

——诉讼结果的不确定性，让双方都存在败诉风险，谁也不能保证是最终的赢家。

——持续的诉讼成本开支太高，不如投入研发创新或营销活动。

——诉讼过程的复杂性、耗费时间的长期性，牵扯企业正常的生产经营。

——受制于对方对抗性诉讼反击的压力……

做好诉讼调解的预案

当事人（特别是权利人）在诉讼开始时，有时满怀信心，态度强硬，也比较难以达成和解。不过，和解的希望并不会因为诉讼的启动而随之破灭。相反，随着诉讼的进展，各自利益的博弈，双方基于各种考虑，在诉讼结束之前随时都有达成和解的可能。

因此，律师应当时刻做好诉讼调解（和解）的准备，包括判断诉讼调解的时机、期望和解的条件、初拟和解的方案等，唯其如此，才能在调解谈判的时候，显得胸有成竹，有条不紊。

---

① 蔡金兰：《诉讼调解的时机把握与谈判技巧》，天同诉讼圈，2019-04-27。

在当事人决定调解后,并且对方也有调解意愿时,律师可以与当事人沟通,事先搭建谈判的框架性方案,拟定调解的协议大纲,并设置好谈判底线,尤其要充分沟通哪些是不可放弃的条件或要求,哪些是可以协商或妥协的条件或要求。

虽然律师事先撰写的调解协议,法官一般不会照抄进调解书或和解协议,通常会简化或重新表达,甚至会遗漏内容。不要高估你的记忆力,经过一番紧张和反复的谈判,在签署调解协议后你可能才发现,有的不可放弃的条件或要求还没有写上去,因此,在调解签字前,必须与最初撰写的调解条件进行核对。

诉讼调解的时机把握

把握调解的时机是促进调解成功的一半。正确的时机有助于己方在后续谈判中获取心理优势。一般而言,可根据案件的实际情况选择提出调解的时机,比如:

——对于己方能够实现财产保全的案件,提出调解的时机一般在完成财产保全之后。保全措施能让对方当事人的财产出现流动性障碍,此时提出调解可以占据谈判的有利位置。

——对于现有证据材料不利于我方的案件,应该以合理的方式提出庭前调解。对方在庭审前很可能不了解我方的证据准备情况,此时为了合理掩盖己方劣势,充分利用庭前信息不对称的条件,在庭审前提出调解。

——对于现有证据材料充分,但法律适用争议较大、判决结果难以把控的案件,最佳方案是在庭审完成之后再提出调解。通过庭审攻防可以让对方对裁判解决的不确定性有充分的了解。①

调解协议的谈判

和商务谈判一样,调解的谈判同样有赖于律师经验的积累。无论是法官主持下的调解,还是原告与被告在庭外的和解协商,通常都需数轮艰辛的协调谈判、你来我往的讨价还价。必须强调的是,要想调解结案,必须学会妥协,否则就很难达成"和为贵"。

整个调解协议的达成过程,是一个不断试探需求、探明底线的过程,是一个不断妥协交换、求同存异的过程,是一个不断晓以利害、相互理解的过程。律师的表达艺术与谈判技巧,法官的掌控能力和施压水平,双方当事人的性格特点和需求差异等,都是调解协议最终达成的影响因素,兹不详述。

值得注意的是,承办律师就调解协议的内容,不要试图和法官及书记员发生争论,坚持诉求就可以,并简要说清楚原因,特别是声明这是当事人的意见。如果当事人对调解存在一些疑虑,必要时,可以让法官直接与当事人沟通、澄清。

调解协议通常会就一些定性或用词进行激烈的争议,比如,是否阐明侵权成

---

① 蔡金兰:《诉讼调解的时机把握与谈判技巧》,天同诉讼圈,2019-04-27。

立,是否可以"补偿"代替"赔偿"字样。这些都需要事先与当事人沟通协商,提出应对方案。

无论如何,在调解过程中要坚持"对事不对人"的原则,调解的目的在于解决争议,而不在于针对个人。不少案件中双方当事人相互之间本有不满情绪,如果不把调解的焦点放在案件本身,而时不时讲一些案件之外的牢骚、抱怨甚至指责,一不小心就会升级矛盾,让调解难以继续下去,因此,律师要注意管控当事人的言语和情绪,以免双方矛盾激化,无法达成协议。

调解方案:一揽子解决争议

调解方案如何制定,并无规则可循,只能因时因事,因地制宜。特别是对于被告而言,在考虑调解时,最好一揽子解决相关的争议,避免给当事人造成遗漏的风险。调解前,最好了解和调查本案的背景,比如是否存在关联案件,是否存在未被原告发现的侵权事实,然后在调解时以适当的条款和措辞将这些风险消除。比如:

——免除其他的相同侵权事实

比如,被告可能在多种不同系列、不同规格、不同型号的产品上,使用了原告的知识产权(专利或商标),但是,作为一种诉讼策略,原告可能只是起诉了一个系列、一种规格或一款型号的产品,此时协商和解时,绝对不要只解决本案中争议的侵权行为,否则在和解之后,又会有一波知识产权侵权诉讼等着你,因此,必须一并解决所有的相同性质的侵权事实。

——消除可能发生的新诉讼

在一件商标侵权案件的开庭期间,原告公司的总经理不太会保守秘密,在庭审过程中一怒之下,对被告宣称:"你等着,我们还要告你们侵犯著作权。"这其实是一个商标案件,当然,这是一个图形商标。因此,在最后调解时,被告坚持要求原告必须书面承诺,不仅要撤回本案中的商标诉讼,还得保证不得就同一系争商标向被告提出任何知识产权诉讼(包括著作权诉讼)。

因此,在最后调解时,即使一度僵持不下,被告也始终坚持要求原告必须书面承诺,不仅要撤回本案中的商标侵权诉讼,还得保证不得就同一系争商标向被告及其销售商提出任何知识产权诉讼(包括著作权诉讼)。被告拒绝妥协的原因在于,它用以交换原告撤回商标侵权诉讼的法律筹码只有一个,必须抓住机会堵住所有可能的法律攻击。

——免除关联公司的侵权责任

上海的A公司因为在文化创意类产品上使用了原告7幅漫画作品,而被法院判决赔偿35万元,要知道这7幅漫画作品其实是同一个简单卡通形象的系列造型设计,平均一幅作品被判赔5万元人民币,在中国当前赔偿力度普遍不大的司法实践中,已经算得上"巨额赔偿"了。A公司后来也爽快地支付了赔偿,但是,A公司的爽气并没有换来平安。

时隔一年后,它又被原告请进了法院,而且因为同样的漫画作品,同样的侵权产品。不过,严格来讲,原告这次起诉的不是同一个被告,而是之前被告 A 公司的关联公司 B。其实,从法律上讲,A 和 B 公司似乎也不属于"关联公司",从工商登记信息来看,两家公司在名称(包括字号和行业描述)、法定代表人、股东构成、注册地址、产品品牌等方面,完全找不出任何法律上的联系,但实际上,他们又的确是同一家公司披的两个马甲,同一个老板,同一个运营团队,同一个实际办公场所。之所以如此运营,据说公司老板的定位是,A 公司主攻特许加盟店,B 公司主攻批发市场。

事实上,诚实的 A 公司在被判决侵权后,不仅立即履行支付了赔偿金,而且全面停产了侵权产品,并删掉了 A 公司网站上的侵权产品介绍。不过,A 公司忘记了自己还有另一个马甲 B 公司,虽然 B 公司也停产了侵权产品,但 B 公司网站上仍然有这个侵权产品的介绍页面。原告正是公证了这个网页,并将 B 公司"再"次送上了法庭。

显然,A 公司在执行赔偿时,没有趁机和原告讨论一下 B 公司的责任豁免问题,最后,B 公司不得不再次支付了 3 万元的赔偿金,换回一纸和解协议,这个时候,B 公司想起了还有一个马甲 C 公司,于是,在协议中要求原告"不再追究此前 B 公司及 A 公司、C 公司使用原告作品(而且不限于本案涉及的七幅不同造型的漫画形象)的责任"。[①]

调解结案的方式选择

调解结案的方式主要有两种:

一是双方当事人签署和解协议,并由原告向法院申请撤诉,法院出具准予撤诉的裁定,不载明和解协议内容。

二是双方当事人签署和解协议,同时法院出具调解书,调解书简要载明双方和解协议的内容。

调解前,需结合诉讼目的,阐明前述两种调解结案形式的利弊,充分征求当事人的意见,从而作出选择。比如,基于原告的立场,因法院盖章的调解书简要载明了被告的侵权事实及解决方案,可用以威胁同行业的其他涉嫌侵权人,因此,倾向于要求获得调解书。

事实上,选择调解书的重要考量,即是其具有强制执行的效力,在一方不履行的情况下,另一方可以申请强制执行。比如,一方当事人未当庭完成给付且有违约、拖延履行等可能的,另一方当事人就应当倾向于要求获得调解书,以便将来申请强制执行。

---

① 袁真富:《诉讼和解方案的疏漏》,载《中国知识产权》,2014 年第 11 期。

10.1.3 当事人参与原则

让当事人参与调解

调解进行时,如有可能,可以让当事人(或其有决定权的代表)在现场参加调解。考虑到当事人的心态在法官的"威逼利诱"下会发生较大的变化,因此,当事人自己参加调解必须谨慎评估,或者事先做好风险提示。

如果当事人在调解现场,根据情况一些必须坚持的诉求最好由客户自己坚持,以消除法官关于律师阻碍调解协议达成的误解。当然,在客户不能清楚表达理由时,承办律师必须协助处理。

调解过程中的妥协经常不可避免,许多事先撰写的调解条件会在法官的调解下发生较多改变,因此,在最终签署调解协议前,必须和客户就调解条款逐一说明并确认,特别是在客户为自然人时,务必充分告知调解终局的风险。

和客户确认调解内容时,必须和对本案有决定权的代表进行确认。如果该代表不是最高决策层(如为部门经理或副总经理),需提醒或要求其向公司内部最高决策层进行确认。

最好让当事人自己签字

调解必须尊重当事人的意见,调解(或和解)协议中的任何实质性条款,未经当事人同意或认可,均不得擅自代表当事人签署。如果当事人不在调解现场,在目前通信条件允许的情形下,可以将调解协议文本发送给当事人阅读确认,避免当事人事后宣称对电话沟通的内容存在误解。

由于当事人(特别是自然人)存在事后反悔的情形,因此,调解协议最好由当事人自己签署。即使承办律师有特别授权,也要防止当事人称其"当初没有注意看授权书"的托词。

如果确需律师在现场签署调解协议,虽然当事人事先已经签署有特别授权的委托书,也必须和当事人再次确认是否让律师代为签署调解协议,尤其要告知"一旦律师签字,该调解协议即生效,并不能再行起诉或上诉"的法律后果。

对于一些影响较大的案件,调解协议可以在法院达成初步一致后,回来交由客户盖章确认,不必非要在法官的要求下现场签字。

10.2 一审判决

10.2.1 判决收件

一审判决书的收件管理

收到一审判决后应当由事务所行政人员(一般适用于公司制律所)或律师助理

(一般适用于合伙制律所)及时扫描存档,并发送到承办律师邮箱,以便于在外出差或旅行时阅读。

事务所行政人员在收到判决书后,应当立即明确地通知承办律师,防止承办律师不知情而错过上诉期限。承办律师应当安排及时填写送达回证,及时交邮,并记录上诉截止期限。

对于一审判决书(或行政裁定等),应当保存好送达的信封原件,以供二审法院(或行政诉讼的审理法院)查核是否超过上诉期限。

研读一审判决书

承办律师应当第一时间研读判决书,尤其是判决认定的事实、判决理由和判决结果。根据判决结果,并结合个人对案件的判断,向客户提出对本案的建议。对判决结果不满意的,考虑是否建议当事人上诉;对于没有希望胜诉,且判决合理的,可以建议当事人不上诉或不申请再审。

10.2.2 汇报客户

通知客户判决结果

律师在签收判决书之后应当立即告知客户(当事人),将判决书的扫描件发送给客户,并及时寄出一份或多份原件给客户存档,并发送邮件告知。

一审判决书的及时通知和寄送,涉及客户是否上诉、能否有足够的时间提起上诉的问题。考虑到许多客户体量较大,内部决策程序比较复杂,如果不能及时得知判决书的相关信息,就会耽误客户作出反应的时间,直接影响客户的利益。

向客户提供建议

通过邮件或电话等方式,除了向客户提出赞同判决结果、支持上诉等建议以外,根据一审判决的结果,特别是败诉的判决结果,还可以向客户提出非法律层面的处理或应对措施,或者其他防御性、替代性的解决方案。

10.2.3 上诉决策

分析一审判决

对一审判决,尤其是判决我方败诉的裁判文书,要依法、客观、公正地进行评价,尤其是分析一审判决中是否有效回应了我方的代理意见、质证意见;一审判决在事实认定方面、法律适用方面是否有遗漏、是否正确;一审判决结果是否符合客户的预期、是否实现了诉讼目标;如果法官依职权分配举证责任,该举证责任分配是否构成适用法律错误,等等。然后,再综合评估,建议客户是否提起上诉。

和客户对案件进行一次复盘,从诉讼策略、证据收集、质证意见、代理意见、庭审情况、法官裁判、客户日常经营风险等角度进行分析评价,并对客户下一步工作提出合理化建议。①

客户上诉管理

《中国法院知识产权司法保护状况(2016年)》的数据显示:2016年,地方各级人民法院知识产权民事二审案件的改判发回重审率为5.94%,知识产权行政二审案件的改判发回重审率为13.85%。可见,即使一审败诉,二审改判还是有一线希望。当然,对一审判决是否上诉由客户最终决定,但应要求客户及时向律师反馈处理意见。

律师必须明确地告诉客户上诉的法院,特别是上诉期限,防止客户错过期限。律师应当在上诉期限届满前几天(最好5天内),再次向客户征询是否上诉,或是否委托本所上诉,以便留出时间撰写上诉状。

一审胜诉还需要上诉吗?

表面上看,似乎只有败诉一方才会提起上诉,事实并非如此。有时候,当事人一方胜诉了,也可能需要上诉,当然可能只是策略性的上诉。比如:

——原告的诉讼请求未能完全得到支持,如果涉及核心的诉讼请求未能满足,比如判赔额远远低于预期,未能支持停止侵权等,原告即使一审胜诉(部分胜诉)也有可能提起上诉。

——原告的诉讼请求虽然得到了支持,但从原告律师的角度观之,判决支持的理由未必正确,如果被告上诉,而原告不上诉,二审时极可能处于被动地位。

——在请求权竞合的情形下,一审判决支持了原告基于A法的请求权,然后认为无须再以B法进行规制。如果原告认为已胜诉而决定不上诉,在被告上诉后,二审法院又认为应该支持基于B法的请求权,但由于原告未上诉,于是二审法院不能审理基于B法的请求权,反而判决原告败诉。②

——即使一审判决完全符合一方当事人的预期,判决理由和相关程序也没有硬伤,但是,也可能会提起上诉,以反制另一方当事人的上诉行为。比如,原告请求判决500万元赔偿,但法院只支持了100万元,事实上也满足了原告的预期,但如果被告要上诉,原告也可以上诉继续坚持500万元赔偿,让被告坚持上诉也有心理压力。

由上可见,在一些案件中,一方当事人是否上诉,完全视对方当事人是否上诉

---

① 王建锋:《律师如何给客户汇报败诉案件》,律道说,2018-07-04。
② 参见北京新浪互联信息服务有限公司诉北京天盈九州网络技术有限公司侵犯著作权及不正当竞争纠纷案,北京知识产权法院(2015)京知民终字第1818号判决书。

而决定。此时,可以在法定上诉期限内向一审法院提交上诉状,并和法官协调沟通好,如果对方当事人没有提起上诉,则撤回我方的上诉。

案例:一审胜诉而二审败诉的典型案例

在新浪公司诉天盈九州公司侵犯著作权及不正当竞争纠纷案中,新浪公司经合法授权,获得在授权期限内在门户网站领域独家播放中超联赛视频的权利。新浪公司认为,中超联赛赛事节目构成以类似摄制电影的方法创作的作品,天盈九州公司未经其许可,在其网站设置中超频道,非法转播2012—2014年两个赛季的中超联赛直播视频,严重侵害了新浪公司享有的著作权。故起诉至法院,请求判令天盈九州停止侵权,赔偿经济损失并赔礼道歉。

一审法院经审理认为,涉案体育赛事节目构成作品,被诉行为侵害了新浪公司的著作权,应承担赔偿责任。由于被诉行为已通过著作权法进行了调整,无需再以反不正当竞争法进行规制。

北京知识产权法院经审理认为:著作权法第三条第(九)项规定的"其他作品"需要以"法律、行政法规规定"为前提,法院无权在法定作品类型之外设定其他作品类型。电影作品至少应具有固定及独创性两个要件。涉案赛事整体比赛画面尚未被稳定地固定在有形载体上,不能满足电影作品中的固定的要求。中超赛事公用信号直播存在着赛事本身的客观情形、赛事直播的实时性、观众的需求、信号的直播标准等客观限制因素,使得赛事信号所承载连续画面在素材的选择方面基本上并无个性化选择,而在对素材的拍摄、对被拍摄画面的选择及编排等方面的个性化选择空间则相当有限。

因此,从类型化的角度分析,完全受上述因素限制的中超赛事直播信号所承载的连续画面,在独创性高度上较难符合电影作品的要求。而针对涉案赛事连续画面,新浪公司也并未举证证明或合理说明其未受上述客观因素限制,故涉案两场赛事公用信号所承载连续画面并未达到电影作品所要求的独创性高度。据此,北京知识产权法院无法认定被上诉人对涉案体育赛事节目享有著作权,故被诉行为未构成对被上诉人著作权的侵犯。

因一审法院未对新浪公司有关被诉行为属于不正当竞争行为的诉由进行审理,新浪公司亦未对此提起上诉。依据《中华人民共和国民事诉讼法》第一百六十八条及《最高人民法院关于适用〈中华人民共和国民事诉讼法〉的解释》第三百二十三条的规定,对于当事人没有提出的上诉请求,二审法院不应审理,除非一审判决违反法律禁止性规定,或者损害国家利益、社会公共利益、他人合法权益。故在被诉行为并未损害国家利益、社会公共利益及他人合法权益的情况下,二审法院对不正当竞争这一诉由无法进行审理。综上,北京知识产权法院判决撤销一审判决,驳回新浪公司全部诉讼请求。

——来源：北京新浪互联信息服务有限公司诉北京天盈九州网络技术有限公司侵犯著作权及不正当竞争纠纷案，北京知识产权法院（2015）京知民终字第1818号民事判决书。

10.3 结案工作

10.3.1 结案的程序

结案目的

如果客户决定不上诉，或者二审不再聘任承办律师，则可以结案。每个律所结案的要求与程序不一，但要求结案的目的是类似的：

——方便对全所的案件代理情况进行全面的概括统计分析。
——方便在律所内部交流与借鉴。
——方便案件代理人自己查阅、回顾。
——为律所对外投标等业务开拓提供支持，比如可以及时准确地调出相关文书或资料。
——应对司法主管部门的检查。

结案步骤

——结案小结撰写。通常事务所会要求撰写简要的结案小结（有的也称为"结案报告"），结案小结主要简述案件的必要信息及核心内容。如果只是对内使用的话，不必强调长度和细节，以节省律师或助理的时间。

——案卷整理。制定案卷目录，并将入卷材料按顺序排列。一些事务所对结案的材料种类与排序有规范性要求，缺少了必要材料将无法结案，比如，在没有调解或撤诉结案的案件中，代理词、判决书等是必备材料。有的律所还要求订卷时订上客户满意度调查表。

——初步核对。主要核对结案的材料是否齐全、整理的顺序是否正确，以免扫描或装订顺序错误，再行调整耽误时间。

——材料扫描。初步核对没有问题就可以扫描结案材料。

——装订成册。将材料都准备齐全后，领取结案对应的封皮，按事务所的要求，将结案材料装订制作成册。

——结案材料提交。将结案材料的纸版和电子版，提交给事务所的管理负责人或指定的邮箱、文件夹，或者在律师事务所管理系统中提交结案。

结案工作报告

结案工作报告旨在回顾、总结案件办理过程及案件结果。这里的结案工作报告主要是指提供给客户的结案报告(不是内部案卷归档用),其目的系方便企业、机关、事业单位等客户进行内部汇报,从而增加客户的黏性。

为客户提供结案工作报告,应当满足客户的需求,给出客户想知道的和需要知道的内容。结案工作报告通常包括以下内容:(1)案件事实和案件结果的简单概述;(2)裁判结果对客户的影响分析,不一定限于法律层面的影响;(3)为客户提供有价值、可操作的建议性意见或替代性解决方案。

10.3.2 结案后的宣传

结案不是终点

结案讲求进度,不建议花费太多的时间,除非大案要案值得细心整理,精心总结,以备后用。对于律师而言,一件代理成功的好案件无论在一审结案,还是经过上诉后二审结案,在某种程度上都不是终点,需要更深入的总结,更广泛的宣传。

必须提醒的是,有的客户基于各种考虑,并不喜欢律师对外宣传自己的案件,特别是自己充当被告的角色时。一定要注意查核客户是否有保密或不宣传的要求,即使客户没有特别的要求,也最好在对外介绍案件详情时,根据情况隐匿客户的企业名称、品牌名称或其他极易识别客户的特征信息。

案件的媒体报道

以知识产权领域为例,不仅有《中国知识产权报》这样的官方媒体,还有诸多新媒体,比如:中国知识产权杂志(公众号)、IPRdaily、知产力、知识产权那点事、知产库、法务收藏家等。可以邀请这些媒体刊载该案例的新闻报道,甚至直接刊发判决书全文(最好有裁判要旨或判决亮点的提示)。当然,也不要放弃自己事务所的公众号这个主阵地。

有的当事人可能出于各种诉讼目的、商业考量,在庭审前即发动案件报道的媒体攻势(当然,内容不限于报道法律问题)。或许站在当事人的立场,情有可原,但对律师而言,一般不可取,特别是在当事人有向法院施压的意味时,更不要掺和进这类报道中。

发表专业分析文章

承办律师可以结合代理的案件,撰写专业文章发表,包括分析案件的法律问题、介绍办案的成功经验,等等。北京万慧达律师事务所的团队即有结案后发表文章的好习惯。比如,在斯托克股份有限公司诉浙江多宝贝婴童用品有限公司等侵犯发明专利一案二审判决生效后,万慧达律师梁思思、沈美丽作为原告代理人就撰写了专业介绍文章《在专利侵权案件中通过"酌定赔偿"突破法定赔偿限额》。

参加各类案例评选

国内有许多媒体、行业协会(如中华商标协会、全国律协知识产权专业委员会、优质品牌保护委员会)等机构在评选各类"十大案例""十佳案例",承办律师可以积极参加评选,扩大承办案件的知名度,从而提升承办律师的影响力。

虽然很多法院也会在每年世界知识产权日(4月26日)前后评选前一年度的十大知识产权案例,但案件承办律师无法主动参与这种评选,只能静候佳音,看看是否有好运降临了。

办案经验分享交流

每办理一件案件,律师可能都有新的收获和感悟,代理一件大案、名案更是如此。这些案件的办案经验不仅可以在律所内部分享,也可以在各大论坛、会议上交流,从而提升律师的专业认可度和社会知名度。

10.4 案卷管理

10.4.1 案卷整理

结案最主要的工作当然是案卷整理与归档。诉讼案件的结案卷宗,可以按以下模块顺序排列:结案报告—终审裁判文书—我方律师工作文件—证据材料—对方文件及证据—诉讼程序材料—参考资料—其他材料。各模块内容一般按类别依时间正序排列(如多份工作报告,按出具时间顺序排列)。具体如下:

——律师结案小结。

——案件终审裁判文书/律师工作所涉所有裁判文书(判决书、裁定书等)。如出现多份裁判文书,建议按时间顺序排列。

——律师工作文件。一般按照律师工作前后顺序或文件重要程度排列,包括前期分析意见、诉讼法律文书(起诉状/答辩状、代理词,或诉讼请求变更申请书、延长举证期限申请书、证据保全申请书等各类申请书)、案件诉讼图表、工作报告(如备忘录、庭前工作报告、庭后工作报告等)、工作往来函件及其他材料。

——我方本次诉讼程序或本诉讼阶段所涉证据材料,包括证据目录、证据材料、举证意见,以及庭审记录等。

——对方本次诉讼程序或本诉讼阶段主要文件,包括对方主要证据、对方质证意见等。

——诉讼程序材料。包括法院受理法律文书(受理通知书、应诉通知书、举证通知书、缴费通知书等)、开庭通知书、传票、签收凭证(如有)等,一般按各审判程序或时间倒序排列。

——参考资料、法律法规打印件、参考案例、学术观点等。

——其他材料，包括收案登记表、律师授权文件、律师费支付凭证、与当事人的谈话记录、其他应入卷材料等。①

表 10-1　归档案卷封面模拟示例

<table>
<tr><td colspan="5">上海市 ×× 律师事务所
行政 案件卷宗</td></tr>
<tr><td>内部案号</td><td colspan="4">2016 年度××行诉字第 333 号</td></tr>
<tr><td>案由</td><td>商标无效宣告
行政纠纷</td><td>案号</td><td colspan="2">北京知识产权法院
（2016）京 73 行初 56××号</td></tr>
<tr><td>委托人</td><td>上海××有限公司</td><td>承办律师</td><td colspan="2">鲁××
徐××</td></tr>
<tr><td rowspan="2">对方当事人</td><td>国家知识产权局
（被告）</td><td>委托代理人</td><td colspan="2">张××</td></tr>
<tr><td>浙江××有限公司
（第三人）</td><td>委托代理人</td><td colspan="2">无</td></tr>
<tr><td>收案日期</td><td>2016 年 8 月 8 日</td><td>结案日期</td><td colspan="2">2019 年 6 月 6 日</td></tr>
<tr><td>审级</td><td>一审</td><td>审理
结案</td><td colspan="2">驳回原告诉讼请求</td></tr>
<tr><td>归档日期</td><td>2019 年 9 月 9 日</td><td>档案号数</td><td>201902
××××号</td><td>统计
类别</td><td>诉讼</td></tr>
<tr><td>保存年限</td><td>10 年</td><td>案卷册数</td><td colspan="3">第壹册（共壹册）</td></tr>
</table>

10.4.2　案卷保管

未结案件的案卷原则上由承办律师负责保管，保管律师对案卷内容的保密、材料保管负全部责任。律师助理使用卷宗应当取得承办律师的同意，使用完毕立即放回承办律师原存放位置。

客户交付的证据原件，应制作原件清单，原则上要求客户在交付与返还时进行邮件等书面确认，或者在寄还后发送邮件，内容载明已于何时交由何家快递公司寄还原件，并注明快递单号。

证据原件应与卷宗一同保存，尽量避免存放于不同位置。如存放于不同位置，应将原件妥善保管于某一固定位置，并在卷宗中注明原件存放情况。

---

① 郑玮：《结案卷宗整理规则指引 2.0》，iCourt 法秀，2016-01-08。

10.4.3 案卷移转

如果临时更换承办律师,需要调阅案卷的,该案卷由原承办律师交新任承办律师。交接双方签署《案卷移转登记表》,载明移交案卷名称、册数、移交时间、证据原件等内容,移交双方均应签名。

接收方应当仔细核对材料是否齐全。如记载不清,由接收方承担责任。如接收方有异议,可在登记表中注明。

重要资料移转比照案卷移转手续。

10.4.4 案卷归档

归档时间

案件阶段性结束或案件结束后,承办律师应及时(比如15日内)将案件归档。归档时如有原件证据,应及时归还客户,并签署结案确认表。归档后,如需使用,可由承办律师再行借阅。

电子档案

事务所可以根据具体情况建立电子档案,以便于内部分享和调阅。电子档案的扫描工作,由行政辅助人员完成。

电子档案至少包括两部分:一是所有案卷内容的电子化,二是由承办律师团队制作的其他电子文书。

每个案件都应当以一个独立的文件夹保存,并以"客户简称+案由"或其他适当的方式给文件命名,以便于调阅。

律师助理应当将案件的聘任律师合同、委托书、起诉状、答辩状、证据目录、证据材料、各类申请书、代理意见、代理意见附件等涉及案件的电子文档,存入指定的文档目录。

延伸阅读:

1. [美]斯蒂凡·克里格,理查德·诺伊曼著:《律师执业基本技能:会见、咨询服务、谈判、有说服力的事实分析》(第二版),第五部分 谈判,中伦金通律师事务所译,法律出版社2006年版。

2. 蔡金兰:《诉讼调解的时机把握与谈判技巧》,天同诉讼圈,2019-04-27。

3. 袁真富:《诉讼和解方案的疏漏》,载《中国知识产权》,2014年第11期。

4. 郑玮:《结案卷宗整理规则指引2.0》,iCourt法秀,2016-01-08。

后记：小而精的定位　小而美的视角

一、缘起

写作和研究不是高校教师的"专利"，特别是进入互联网时代后，人人皆可在网络阵地上成为作家或专家。但我仍然认为，高校教师最大的差异化竞争优势之一，就是知识或经验的体系化。律师、法官就事论事，就案论案，或许有他们的优势，因为他们掌握了第一手的资料，还有亲身体会。但大学教师历经多年的学术训练，在方法论方面驾轻就熟，且拥有宏大叙事的格局观，能够并且也应该肩负起知识体系化、经验理论化的重任。

更何况，"师者，传道授业解惑也。"知识传承即为教师的使命！

作为一名执业的兼职律师，我先后在沪上几家知名的知识产权专业律师事务所待过。和一般兼职律师不同的是，我与所任职的律师事务所保持着一种深度合作、深度参与的状态，是事务所知识产权律师团队的一员，也经常亲自上阵，或者会见客户，或者出庭应战，或者提供咨询意见，或者撰写法律文书，长期浸淫其间，对律师行业和诉讼实务颇有些了解。

正是如此，才有勇气承担起本科生的"知识产权诉讼实务"课程和研究生的"知识产权诉讼与仲裁"课程。2019年的寒假，我计算了一下，为这两门课程制作的教学课件竟然积累了接近9万字的内容。这字数乘2就可以变成一本知识产权诉讼实务方面的小书了，可以帮助入门律师学习和领悟，帮助高阶律师总结和顿悟。

虽然市场上一些律师或律所也贡献了不少优秀的律师实务著作，但是在律师执业的思维与方法的体系化方面，仍有更上一层楼的空间。我感觉有必要仰赖资料累积，灌注个人思考，结合教学实践，创新实务著作的结构和体例，总结律师执业的经验和感悟，梳理诉讼方法的要领和精华。

百舸争流千帆竞，百花齐放满园春。岂不快哉？何其快哉！

于是，心动，冲动，然后行动！

历经寒暑两个假期专心致志的写作，甚至在暑假的云南旅行途中也乐此不疲地挑灯夜战，终于大致完成了写作目标。这既是个人对律师职业的观察与总结，也是本人对自己执业的反思和鞭策。

二、定位

自写作之初，我就期望以翔实的内容、务实的角度，"小而精""小而细"，打造一本法科学生的实战教科书、一本青年律师的入门进阶书、一本资深律师的培训参考书、一本企业法务的诉讼指引书！这似乎有些野心勃勃。

——法科学生的实战教科书

在法科生的毕业选择中,律师是最具代表性的职业,也是许多法律人的职业梦想。如果以律师职业来衡量,倒过来看,法科生应该具备什么素养?此即以终为始的思维,也这是写作本书的驱动力。除每章所附的延伸阅读指引外,微信公众号"法务收藏家"(lawfiles)将主要依据本书的架构和定位,建立系统化、持续性的内容索引或发布,以方便查阅和持续学习。

——青年律师的入门进阶书

成为青年律师,尤其是从事知识产权业务的青年律师的必读书目,当然是本书以及同类著作的梦想。本书阐述了知识产权律师的职业特点和职业素养,创新总结了律师营销的操作模式和客户体验的提升路径,专门介绍了律师必备的法律、案例和文献检索三大检索技能,系统阐述了知识产权诉讼方案的设计思路,帮助青年律师迅速掌握入门要领,快速实现职业进阶。

——资深律师的培训参考书

有些资深律师或律所合伙人常抱怨,应届毕业生刚刚工作时根本上不了手,感觉法学教育与社会实际脱了节。我并不完全赞同,他们可能混淆了大学教育与职业训练的差异,也忘记了自己应当承担新人岗前培训的责任。本书强调接地气,注重实用性,经过精心提炼的观点将为资深律师培训新人提供重要的内容参考或思路启发。本书还将通过法务收藏家(lawfiles)发布配套的培训课件,以更好协助律所开展内部培训工作。

——企业法务的诉讼指引书

毫无疑问,这是一本面向青年律师或法科学生的著作,但也不只是面向他们。本书立足客户会见、立案准备、庭审准备、开庭前后和结案前后等阶段,全面梳理了从收案到结案各个环节的实务操作、执业方法和策略考量,对于企业知识产权法务或管理人员同样颇具参考价值。更何况,越来越多的企业知识产权经理人不再满足于对外部律师诉讼案件的管理,而开始深度参与、全面介入诉讼案件,甚至直接上庭参"战"。因此,本书阐述的诉讼思维和办案方法对于知识产权经理人也大有裨益。

三、视角

有些律师实务著作包罗甚广,甚至覆盖了民事、商事、刑事、行政等诉讼业务和合同、并购、IPO、咨询等非诉业务,但也导致每个章节只能泛泛而谈。有鉴于此,本书决定"小而美""小而优",凡事不必面面俱到,须有舍才有得,所以以五个角度作为切入点,极大地限制了信马由缰的空谈。

——以知识产权为视角

虽然本书重点阐述的执业思维和执业方法完全适用于民商事律师(甚至所有青年律师),但受限于作者的专业领域,主要以知识产权民事诉讼代理为例证。

——以心得体会为视角

虽然本书不会缺位案件的办案流程,并且会以较高规格的服务标准去审视,但本书更关注办案流程背后的处事逻辑、心得体会和经验教训,尽管个性化的心得或经验,事实上也无法穷尽。

——以原告律师为视角

主要从原告(权利人)委托的角度着手,介绍律师如何执业、如何办案,偶尔兼顾被告的诉讼代理人视角。至于知识产权申请代理、确权诉讼、非诉案件等业务,可以参照适用,但并非本书的关注点。

——以一审代理为视角

在大多数情况下,第一审程序对一个诉讼案件的结局具有决定性的作用,因而一审代理是执业律师最重要的能力展示舞台。虽然二审案件代理不在本书的关注范围内,但是,如果一审代理都能驾轻就熟的话,二审代理的驾驭也自不待言。

——以可标准化为视角

本书主要针对知识产权诉讼中可标准化或通用化的基础性、程序性工作展开介绍,而具体案件的诉讼策略或法律意见等,应当基于具体案情和证据进行制定或准备,难以体现于本书中。

四、精要

律师实务或诉讼实务的图书作者大多数是律师,因其身份的拘束(这是可以理解的),不愿、不便甚至不能披露其执业的看家本领或核心技巧,有很多较重要的内容,比如客户体验、案件报价等,都着墨甚少;有很多策略性的考虑,比如质证技巧、索赔方法等,也惜字如金。

虽然我也是执业律师,但我更认同的身份还是教师。作为一名老师,自然是希望毫无保留,倾囊相授,而且也乐此不疲,少有顾忌。我的写作理想目标是干货不一定都能写出来,但写出来的一定要是干货。

虽然本书也有面向法科生的定位,但我不想把这本书写成传统意义上的教材,因此,我极少讲概念下定义,尽量减少阐述通识性的内容。全书以律师办案的全流程为主线,再现了律师实务操作的生动场景,以传承知识经验、改善工作效率、提升客户体验为目标,期待借此塑造青年律师的执业思维,增强律师执业的核心竞争力。

同时,本书追求扁平化的结构,尽可能把知识点突显在三、四级目录之上,并以结论式小标题引出一段内容,全面呈现了知识产权律师的执业思维、策略考量和办案经验。每段内容也不必长篇大论,做律师的都是聪慧的人,点到为止,也能茅塞顿开。

五、风格

有人说,古龙小说的短句子,像刀一样的快、剑一样的利、酒一样的烈。古龙信奉美国作家海明威,对他的"电报体"语言风格极为欣赏。他在吸纳海明威的基础上,用散文诗的写法分行分段,"一句一段,一段一句",创造出电报式的"古龙体"。本书虽然谈不上"一句一段,一段一句"的"古龙体",但也尽量言简意赅,并着力丰富内容的表现形式。

——形式活泼

正文中嵌入"专栏""经验""案例""链接"等栏目,并搭配若干表格、实例,以生动活泼的形式,增强本书内容的表现效果和视觉体验。

——干货满满

本书从青年律师的角度,详细阐述了法律营销、客户会见、收案立案、庭审准备、开庭审理、结案归档等作业流程及其注意事项、经验教训,系统勾勒了知识产权律师的知识体系、技能体系、方法体系。

——一手资料

本书较多的实务经验与案例素材,来自作者一线的实务经验和同行访谈的交流心得,强高接地气,拒绝假大空,提供了许多务实可用的内容、生动有趣的细节、印象深刻的"金句"。

六、致谢

必须感谢这个时代的馈赠,不仅有律师同行丰富的同类实务著作可资参考,还有 iCourt 法秀、天同诉讼圈等法律公众号提供的知识宝藏。必须承认,本书有不少观点和内容都来自(引用)这些同行的著述,感谢法律共同体贡献的智慧和智识!

写作本书的过程中,也展现了师生合作的高校教师优势。在 9 月初完成初稿后,我首先发给了胡琛罡、杨士维、刘玙、沈美丽、傅姚璐、陈璟、杨肃平等已经进入职场工作的研究生审阅,他们中既有法官、律师,也有企业法务、公证员。他们以自身的职业经历去审视相关章节内容的合理性和可操作性,并反馈给我完善的建议。

周云勇、吴多、黄芳、严绿臆、石晨阳、陈杰、余盛斌、赵万田、郑弥弥、邓冰、耿婷、屈文超、胡婕、王星媛、娄积圆、朱淑旖、王珂、齐一硕、陈文静等在读的或已毕业的研究生,都主动请缨,利用周末的时光,相聚在学校西门的咖啡厅,齐心协力把全书进行了一番文字校对。此外,齐一硕承担了本书各章思维导图的制作,而宋春雨和王珂还将根据我提供的内容提纲,担负起本书配套课件制作的重任。

同时,我要感谢家人的支持。繁忙的教学任务、繁重的科研工作和繁杂的社会活动,日益压缩我对家庭的付出,特别是减少了陪伴孩子的时光。

特别感谢两位上海滩知识产权领域的"东方大律师",并不仅仅因为他们是本书的作序者。陶鑫良老师是我的硕士和博士生导师,自称"教师的一半是律师",获得了第四届"东方大律师"的称号，可谓知识产权理论与实务结合的典范。可以说，陶老师的教导对我的职业路径和学术兴趣产生了极大的影响。游闽键律师2007年时刚三十出头，就获得了上海首届"东方大律师"的称号，满身桂冠早已数不过来——上海首届律师辩论赛最佳辩手、全国优秀律师、全国劳动模范等。游律师也是我加入律师行业的重要领路人，更难能可贵的是，在我研究生刚毕业两年左右，游律师就敢于提携我去担任上海知识产权研究所的负责人——这是我第一个有分量的学术兼职。

感谢这十余年来协力律师事务所和万慧达上海分所的支持，使我在高校任教的闲暇，还有机会进入他们的律师团队接触法律实务，从"Thinking like a lawyer"到"Working like a lawyer"，既可将理论研究用于案例实践，又能将案例实践反哺课堂教学。但必须说明的是，本书的写作主要来自本人对律师行业的观察和总结，其内容和观点不代表本人曾经任职和目前任职的律师事务所的立场和看法。

此外，还有许多企业法务或律师提供了精彩的内容或观点，但基于他们身份的限制，无法在书中予以具名，在此一并致谢。最后要感谢清华大学出版社的李文彬主任，她对本书出版提供了诸多有益的建议。

七、期许

即使仅以知识产权律师为切入点，并在前述多重视角的限制下，本书需要容纳的内容仍然相当可观。确实有不少内容，比如司法鉴定、财产保全、临时禁令、执行程序等方面的操作实务，本书几乎未有提及。为叙事方便的考虑，本书从立案到收案的各个环节，均主要以权利人的视角讨论方案设计和诉讼策略，显然这并不完美。

之所以如此，既有面面俱到，缺乏重点的担心，又有学无止境，写无穷尽的缘故，更有本人当前时间、精力和能力限制的原因——最后一点或许才是主要的真相吧。

本书的出版不是终点。为突破个人阅历、经验和视野的限制，我将择机访谈一些久经沙场的成功律师、一些颇有潜质的青年律师，甚至知名企业的法务和阅案无数的法官，以全面审视本书的观点，持续完善本书的内容，不断提升本书的品质。在此也恳请读者和同行批评指正！

愿与诸君共勉！是以为后记。

2019年11月　定稿于京沪高铁上